无 锡 蓝 皮 书
BLUE BOOK OF WUXI

无锡市
新产业发展报告
(2019)

THE REPORT ON THE DEVELOPMENT
OF WUXI'S NEW INDUSTRIES

无锡市新产业研究会

上海社会科学院出版社
SHANGHAI ACADEMY OF SOCIAL SCIENCES PRESS

建设现代化经济体系，事关我们能否引领世界科技革命和产业变革潮流、赢得国际竞争的主动，事关我们能否顺利实现“两个一百年”奋斗目标。要更加重视发展实体经济，把新一代信息技术、高端装备制造、绿色低碳、生物医药、数字经济、新材料、海洋经济等战略性新兴产业发展作为重中之重，构筑产业体系新支柱。要以壮士断腕的勇气，果断淘汰那些高污染、高排放的产业和企业，为新兴产业发展腾出空间。科技创新是建设现代化产业体系的战略支撑。要着眼国家战略需求，主动承接国家重大科技项目，引进国内外顶尖科技人才，加强对中小企业创新支持，培育更多具有自主知识产权和核心竞争力的创新型企业。要以更宽广的视野、更高的目标要求、更有力的举措推动全面开放，加快发展更高层次的开放型经济，加快培育贸易新业态新模式，积极参与“一带一路”建设，加强创新能力开放合作。

——习近平同志在2018年3月7日参加十三届全国人大一次会议广东代表团审议时的讲话摘要

编　委　会

目　录

第一章　总报告：无锡新产业发展的历史、现状与前景

国际金融危机爆发后，发达国家先后提出“再工业化”战略，全力推动在新的技术平台上提升制造业和发展新兴产业，发展战略性新兴产业纷纷成为世界主要国家抢占新一轮经济和科技发展制高点的重大战略。面对新科技革命和产业变革蓄势待发的时代背景，党的十八大报告指出：“牢牢把握发展实体经济这一坚实基础，实行更加有利于实体经济发展的政策措施，强化需求导向，推动战略性新兴产业、先进制造业健康发展，加快传统产业转型升级，推动服务业特别是现代服务业发展壮大，合理布局建设基础设施和基础产业。”党的十九大报告进一步强调：“加快建设制造强国，加快发展先进制造业，推动互联网、大数据、人工智能和实体经济深度融合，在中高端消费、创新引领、绿色低碳、共享经济、现代供应链、人力资本服务等领域培育新增长点、形成新动能。”2015 年以来，在中共无锡市委十二届九次全会精神指引下，无锡市坚定不移实施产业强市主导战略和创新驱动核心战略，紧紧围绕建设智能化、绿色化、服务化、高端化现代产业高地，加快构建现代产业体系和产业科技创新体系，大力推进以物联网为核心的新一代信息技术、智能制造和现代服务业发展的三年行动计划。经过 4 年的努力，全市产业质态明显提升，经济动能加快转换，新兴产业对经济转型升级的推动作用明显加强。2017 年无锡经济跨上新台阶，首次进入 GDP 万亿元行列。2018 年，江苏省委对无锡提出了当好全省高质量发展的示范、标杆和领跑者的要求，无锡经济发展再次交出亮丽成绩单，15 个主要经济指标中有 10 个指标增幅高于全省平均；地区生产总值高达 11 438.62 亿元，增长 7.4%，增幅跃

居全省第二;全市完成规模工业增加值3 618.7亿元,同比增长9%,高于全省平均3.9个百分点,近20年来增速首次跃居全省第一;全市规模工业利润1 204.9亿元,同比增长18.6%,高于全省平均9.2个百分点,总量创历史新高、增速创近7年来最高。新兴产业发展势头良好并已处于全省领跑地位,规模以上新兴产业(制造业)工业总产值达到4 039.65亿元,同比增长14.1%,高于无锡市规模以上工业产值增长0.9个百分点,高于全省战略性新兴产业增长5.3个百分点。有6项科技创新主要指标位列全省前三,其中科技贡献率达到64.8%,已经连续6年位居全省第一。尤其难能可贵的是,实现了规模以上工业增加值增幅和大气环境质量改善,两项指标皆名列全省第一,走出了一条经济发展和环境保护相互促进的和谐发展之路。

经济高质量发展的成色取决于产业高质量发展的底色,而新兴产业的发展情况直接决定着一个地区产业发展的层次和水平。新兴产业在无锡推进产业强市、创新驱动、供给侧结构性改革并最终实现经济发展新动能转换的过程中扮演了尤为关键的角色。2018年,无锡在国务院对全国重点城市考核中,无锡战略性新兴产业发展的成绩受到国务院通报表彰。目前,无锡新兴产业发展呈现产业规模持续扩张、产业体系不断完善、市场影响力增强、产业创新能力显著增强、多项技术国际国内领先、发展载体逐步夯实、发展平台加快构建等发展态势,涌现出一批龙头骨干、科技小巨人和专精特新中小企业。现在,无锡全市上下正深入贯彻落实习近平新时代中国特色社会主义思想和党的十九大及省委十三届三次全会精神,围绕中央提出的高质量发展要求,积极应对国内城市之间的激烈竞争和国际复杂多变的发展环境,持之以恒推进实施创新驱动核心战略和产业强市主导战略,坚持以发展具有比较优势的战略性新兴产业为优先选项,以发展具有领先优势的智能制造为主攻方向,以发展具有特色优势的现代服务业为重要取向,努力打造国内一流、具有国际影响的现代产业新高地。

一、无锡新兴产业发展历程和政策支撑

多年来,无锡在促进产业结构调整升级的同时,突出推动科技创新创业

和发展软件、服务外包等新兴产业，以建设国家创新型城市为契机，把自主创新和科技创业作为无锡发展的第一驱动力和强大引擎。无锡新兴产业发展大体经历了三个发展阶段：

（一）起步实施阶段：打造“三谷三基地”

无锡在“十一五”期间致力于打造高新技术产业领域的“三谷三基地”——硅谷、液晶谷和生物谷，动漫产业基地、信息外包基地和流程外包基地。无锡充分利用宏观产业政策的带动作用，形成了以华晶集团等半导体企业为代表的“硅谷”，以微电子基地为基础、以日本夏普和索尼电子等一批电子信息企业为代表的“液晶谷”，以华瑞制药为代表的现代生物医药产业“生物谷”。无锡以“三谷三基地”建设为载体，同时大力推动现代服务业发展，推进“四高联动”——高新技术产业、高端服务业、高层次人才和高品质人居环境联动发展，实现“三大转变”——投资拉动向创新驱动转变、资源依赖向科技依托转变、生产制造向设计制造转变。

无锡市于 2006 年 4 月颁布《市政府关于鼓励和扶持动漫产业发展的若干政策意见》，为加快无锡国家动画产业基地建设，促进无锡市动漫产业发展，根据国家、省对动漫产业发展的有关政策，结合无锡市实际，制定了奖励、配套、资助、所得税抵扣、政策放宽等 14 条政策意见。2006 年 4 月，颁布《市政府关于加快无锡市软件产业发展的若干意见》，确定发展目标：“到‘十一五’期末培育一批骨干龙头软件企业，形成一批具有自主知识产权的软件知名品牌、优势产品、拳头产品，增强无锡市软件产业的综合竞争力，使无锡市软件研发水平和技术水平得到较大提升，软件产业产值占全省的份额得到较大提升，成为省内乃至国内重要的软件产业基地之一。”2007 年，颁布《无锡市政府关于加快服务外包产业发展的意见》，在明确总体要求前提下，积极构筑服务外包产业的发展载体和公共平台，大力建设和发展服务外包产业人才队伍，努力培育和壮大服务外包企业集群。这些政策举措大力推动了早期的无锡新兴产业从无到有、从少到多的起步发展，从而为第二阶段的加速发展做好了准备。

(二)加速发展阶段:全面推进八大战略性新兴产业

1. 新能源产业从爆发式增长到回归理性

在无锡新兴产业的继续发展阶段,新能源产业的爆发式增长作为一个重要的发展机遇,对无锡新兴产业快速成长发展起到了引领性、示范性作用。无锡是中国光伏产业蓬勃发展的发源地。无锡尚德太阳能电力有限公司于2011年以近2 400M的年产能成为全球最大的光伏产品制造企业,也是全球最大太阳能面板制造商。然而,由于光伏行业产能过剩、多晶硅价格暴跌造成长单解约损失、欧美"双反"形成连锁反应、欧债危机抑制市场需求、国家出台政策规范光伏行业、人民币升值带来汇率波动等外部表层原因,内部管理不善导致经营失控、过度融资且融资结构不合理导致债务负担沉重、采购决策失误导致巨额损失、全产业链投入产出不匹配导致超出自身承受能力等内部深层原因,以及公司的流动性危机这一直接导火索,2013年3月20日法院裁定无锡尚德进入破产重整程序,意味着尚德电力及其最核心的企业无锡尚德从辉煌跌入到了"谷底",最终无锡尚德的控股权和经营管理权平稳移交到"顺风光电"手中。由此,整个无锡光伏产业由爆发式增长转向调整并继续稳步发展。

2. 无锡国家传感网创新示范区的设立和示范效应

2009年8月7日,国务院总理温家宝视察位于太湖国际科技园的中科院无锡高新微纳传感网工程技术研发中心,指出要在激烈的竞争中,在无锡迅速建立中国的传感信息中心,或者叫"感知中国"中心;同年11月13日,国务院批准设立无锡传感网创新示范区;2012年8月,国务院正式批复,由工信部正式发布了《无锡国家传感网创新示范区发展规划纲要(2012—2020年)》(简称《规划纲要》),以详细规划的形式明确了"无锡国家传感网示范区"具体内涵和发展重点。《规划纲要》对于核心区的概念不只局限于产值,还包括科技创新、标准研究、核心企业培养等多重要求在内;确立的发展目标是:到2015年,无锡示范区拥有一批具有自主知识产权的物联网核心技术,形成具有国际竞争力的产业集群;在企业培养方面,培育多家年销售额超过 10 亿元的物联网企业，发展一批上规模的骨干企业，形成一批“专、精、特、新”的中小企业。这是我国最早提出的新兴产业与区域发展相结合的示范区概念和国家级战略规划，并首次以 8 年战略的纲要形式明确下来，对于地方通过新兴产业为出口，推动经济转型具有相当的示范效应，具有独特意义。国家工信部和无锡市还一同牵头打造无锡国家物联网创新示范区建设规划，详细规划了八个方面的物联网技术的应用，涉及市民生活方面的包括感知医疗、感知家居、感知安防、智能交通等。

3. “十二五”产业发展规划重点扶持八大战略性新兴产业

按照无锡“十二五”产业发展规划，市政府将重点扶持与发展物联网、新能源、新材料、电子信息、环保、生物医药、软件与服务外包、文化创意八大战略性新兴产业。2012 年，无锡市八大战略性新兴产业实现总产值（营销收入）6 043.66 亿元，比上年增长 9.3%，其中：软件和服务外包产业增长 34.4%，工业设计和文化创意产业增长 16%，物联网产业产值突破 600 亿元。2012 年，无锡颁布《市政府关于加快产业转型升级促进经济又好又快发展的政策意见》，提出“大力推进科技创新、鼓励引进各类人才、加快构建现代产业体系、积极支持金融创新发展、加强组织协调与服务”。2014 年，颁布《市政府关于进一步推进战略性新兴产业发展的实施意见》，进一步明确了推进战略性新兴产业的总体思路、主要目标、重点领域、主要任务和保障措施，总体思路是：“深入贯彻落实党的十八大精神，以转变经济发展方式为主线，以促进经济结构战略性调整、构建现代产业体系为战略目标，加快发展八大战略性新兴产业，突破一批核心关键技术，创建一批有自主知识产权的知名品牌，培育一批大企业大集团，打造一批千亿级新兴产业集群，为率先基本实现现代化打下坚实的基础。”主要目标是：“产业质量进一步提升、创新能力进一步增强、高端人才进一步集聚、龙头企业进一步成长、产业布局进一步优化。”进一步突出发展的重点领域即八大战略性新兴产业，主要任务是：“推动科技创新，增强新兴产业发展活力；加强规划引导，完善新兴产业平台功能；培育骨干企业，提高新兴产业市场份额；推动人才引育，提升新兴产业发展水平；发展科技金融，拓宽新兴产业融资渠道。”保障措施包括“加强组织保障、明确工作职责、加大政策扶持(促进要素集聚、创新扶持方式、优化配套环境)、加强考核监测”。2014 年,专门针对石墨烯产业颁布《关于促进无锡石墨烯产业发展的政策意见》,提出加大石墨烯产业扶持力度,鼓励石墨烯企业发展和市场应用,加快人才引进和培育,加大金融扶持力度。为了强化金融对产业转型发展的支撑效应,2013 年 8 月从金融支撑角度出发颁布《无锡市加快科技金融合作创新促进产业转型发展的意见》,指出“认清科技金融结合发展的重要意义,明确科技金融结合发展的目标任务”,着力推进金融市场、组织和业务创新,丰富科技企业投融资机构,拓展科技企业融资渠道,完善科技金融工作和政策体系,营造科技投融资良好环境,完善科技金融工作机制,优化科技金融服务体系。

4. 开放型经济和国际交流合作对新兴产业的推动

实施开放带动战略始终是无锡推动产业升级、实现高端化和国际化发展的重要抓手,全市开发区和产业园区成为新兴产业的主阵地和重要载体。无锡新加坡工业园成为新兴产业国际合作的先驱和样板,集聚了一批代表世界先进产业水平的跨国公司,如希捷、松下、索尼等。近年来,无锡利用国际友城的结交及友城间的交流合作,推进与国外城市在生态环境建设及节能低碳等新兴产业方面的合作,如通过与瑞典友城推进中瑞低碳生态城建设、与丹麦友城共建中丹生态城等。2010 年,在上海举行的中国国际友好城市交流会上,无锡荣获“国际友好城市交流合作奖”,是国内 15 个获奖的地级城市之一。该交流会上,芬兰、美国、德国等国家友城代表纷纷表示希望与无锡在生态、环保、科技等领域有更进一步的合作。日本在新兴产业领域全球领先,无锡也具备了承接新兴产业转移的人才、技术和市场条件,双方产业互补性强,合作空间广阔,发展潜力巨大。2011 年,中国无锡(东京)新兴产业合作恳谈会上现场共签约 18 个项目,涉及新能源设备、轨道设备、汽车零部件、电子元件研发、游戏软件开发等领域,项目总金额达 2.6 亿美元。无锡主动抢抓两岸经济合作框架协议(ECFA)实施和两岸金融监管合作备忘录(MOU)签署先机,搭建两岸新兴产业合作发展的平台,推动锡台经贸交流向高、轻、新方向提升。借助物博会、进博会等会展平台,无锡也积极推进新兴产业的对外交流合作。为了加快融入长三角一体化，乘着政策东风对接上海，2018 无锡锡东新城产业推介会在上海举行，吸引各界客商到锡山投资兴业。

（三）转型提升阶段：重点产业链环节和重点项目实现突破

2015 年，中共江苏省委常委、无锡市委书记李小敏带队，展开了密集调研与分析研判，梳理出无锡必须直面的 13 个方面问题、矛盾和不足以及 104 个进行横向纵向剖析的数据，撰写的“诊断报告”显示：“这些年来，无锡或多或少地忽视和放松了产业尤其是制造业的发展力度，由此不可避免地造成了原有产业优势的丧失，造成了支撑经济发展的骨架在‘脆化’；但无锡的产业基础尤其是制造业基础仍然比较扎实，无锡产业尤其是制造业依然具有比较优势。”由此，负重爬坡中的无锡“校定”了前进方向：无锡经济发展的历程、禀赋和定位，决定了无锡必须坚定不移地走产业强市的发展道路，重振无锡产业雄风；绝不能逾越发展阶段，绝不能“脱实向虚”。实体经济是无锡最大的优势，制造业是这座工商城市的基因。工业强则产业强，产业强则经济强，经济强则无锡强。必须坚定发展先进制造业，构建现代产业体系，为无锡经济的持续健康平稳发展提供创新动力。推进产业强市，必须以“智能化、绿色化、服务化、高端化”这“四化”为引领，加快推动产业转型升级，加快构建以新兴产业为先导、先进制造业为主体、现代服务业为支撑的现代产业体系和以企业为主体、市场为导向、产学研深度融合为支撑的产业科技创新体系，全力打造现代产业发展新高地。

2015 年以来，无锡围绕推进产业强市主导战略，先后制定出台《关于推进现代产业发展的政策意见》《关于深化现代产业发展政策的意见》，以及三个三年行动计划等一系列配套政策，基本形成了多渠道、全方位支持现代产业发展的政策体系。2015 年，从人才角度出发颁布《市政府关于加强技能人才队伍建设促进产业转型升级的实施意见》，明确了 1 个总体要求、5 项目标任务、8 大重点举措、3 个保障措施。2016 年，从资金管理角度出发颁布《无锡市现代产业发展资金管理办法》，按照“聚焦重点、创新方式、上下联动、注重绩效”的使用原则，确定了支持对象、范围、方式，建立政府股权投资基金和重大产业项目支持机制，整合归并现有各类专项；同年，专门针对集成电路产业颁布《无锡加快集成电路产业发展的政策意见》，涉及重点扶持、配套支撑、投资基金、鼓励引导、资金奖励、公共平台建设、人才补贴、基础环境建设等多个方面。无锡市市长黄钦认为，在新一轮集成电路产业发展中，无锡要围绕产业强链补链目标，重振无锡集成电路南方微电子基地雄风。2019 年 4 月 9 日，颁布《关于进一步深化现代产业发展政策的意见》，包括 8 个方面、40 条 89 款政策，这是时隔两年在原有政策基础上进一步优化调整，形成现代产业政策 3.0 版。目前，无锡致力打造“1＋N”的产业政策体系，其中：“1”是主干；“N”是分支，即其他专项政策。2016—2018 年，无锡市累计拨付产业扶持资金 178 亿元，支持企业项目 5 093 个，扶持企业 2 528 家，产业强市成效明显，经济实力迈上新台阶，形成了以集成电路、物联网、智能装备、节能环保为特色的优势产业集群。

二、无锡新兴产业发展的成绩和特点

(一) 传统产业与新兴产业呈现此消彼长的大趋势

一直以来，无锡制造业主要以黑色金属、纺织等传统产业为主，但受到产能过剩、市场需求不足等影响，曾经创造过辉煌的钢铁、纺织行业支撑全市制造业动力持续减弱，两个行业从 2005 年占全市工业 30％的份额下降到 2015 年不足 15％。从增速看，钢铁、纺织、电子、电器机械、化学原料 5 个行业产值占全市比重超过一半，增速在“十二五”期间均出现了大幅度回落，均从两位数增长回落到个位数增长，尤其是钢铁行业连续 3 年出现了负增长。传统行业的大幅度下滑直接影响到无锡制造业整体增长，“十二五”期间无锡规模以上工业产值连续 5 年徘徊在 1.45 万亿元左右。从规模以上工业主要行业产值、比重、增速变化情况(表 1－1)来看，传统产业中的黑色金属冶炼及压延加工业产值占比从 2000 年的 16.62％下降至 2018 年的 8.59％；纺织业产值占比从 2000 年的 9.10％下降至 2018 年的 4.41％；化学原料及化学制品制造业产值占比从 2000 年的 8.82％下降至 2018 年的 7.95％。而新兴产业中的计算机、通信和其他电子设备制造业产值占比从

2000 年的 9.94%上升到 2018 年的 14.60%；电气机械及器材制造业产值占比从 2000 年的 7.27%上升到 2018 年的 12.76%。可见，黑色金属冶炼及压延加工业等传统产业多年出现负增长，而计算机、通信和其他电子设备制造业等新兴产业基本呈现增长态势。无锡战略性新兴产业与传统产业在产值占比上基本实现了此消彼长，充分体现了新兴产业在无锡产业转型、转换新动能上强有力的带动作用。

表 1-1　　规模以上工业主要行业产值、比重、增速变化情况

行业	2000 年	2005 年	2010 年	2015 年	2018 年
规模以上工业总产值(亿元)	1 779.55	5 720.32	12 971.10	14 549.87	16 776.87
黑色金属冶炼及压延加工业	295.70	1 110.10	1 952.70	1 343.26	1 440.57
计算机、通信和其他电子设备制造业	176.90	670.70	1 446.50	1 876.93	2 449.25
纺织业	161.90	615.00	749.80	803.28	739.12
化学原料及化制品制造业	156.90	487.40	999.70	1 231.71	1 333.33
电气机械及器材制造业	129.30	432.70	1 781.20	2 142.63	2 140.87
行业	2000 年	2005 年	2010 年	2015 年	2018 年
规模以上工业总产值占比情况(%)	100	100	100	100	100
黑色金属冶炼及压延加工业	16.62	19.41	15.05	9.23	8.59
计算机、通信和其他电子设备制造业	9.94	11.72	11.15	12.90	14.60
纺织业	9.10	10.75	5.78	5.52	4.41
化学原料及化学制品制造业	8.82	8.52	7.71	8.47	7.95
电气机械及器材制造业	7.27	7.56	13.73	14.73	12.76

行业	2010 年	2011 年	2012 年	2013 年	2014 年	2015 年	2018 年
规模以上工业总产值增速(%)	20.6	18.5	2.9	2.4	−1.0	1.8	13.2
黑色金属冶炼及压延加工业	10.0	13.4	2.1	−2.8	−13.1	−5.1	27.8
计算机、通信和其他电子设备制造业	18.3	19.8	13.3	−6.9	7.7	6.8	10.5
纺织业	16.2	12.1	4.5	2.2	1.3	1.8	7.8
化学原料及化学制品制造业	21.2	19.8	0.7	4.9	−0.9	1.3	20.3
电气机械及器材制造业	25.4	31.9	−4.1	3.3	−2.4	5.9	10.7

资料来源：无锡市统计局。

无锡入选2018中国企业500强、制造业企业500强、服务业企业500强的企业总数位列全省第一，其中：13家企业荣登2018中国企业500强，入围制造业500强和服务业500强的企业数分别为25家和11家。从物联网龙头企业来看，截至2018年，无锡2 000多家物联网相关企业中已有24家在主板上市，55家在新三板上市，从业人员突破18万人。无锡市在构建现代产业体系过程中，把发展新兴产业特别是新一代信息技术产业作为优先选项，而集成电路产业又是新一代信息技术产业的重中之重，2018年集成电路产值超1 100亿元，产业规模位居全国第二。全市规模以上集成电路企业突破100家，其中规模以上集成电路设计企业38家。入围中国企业500强的均为制造型企业，显示出无锡制造业在省内乃至全国范围内的较强实力。

(二) 新兴产业规模持续扩张，产业体系逐步完善

2018年，无锡规模以上战略性新兴产业(制造业)企业单位数876个，工业产值达到4 039.65亿元(比上年增长14.1%)，占规模以上工业的比重为24.1%，营业利润291.96亿元(比上年增长25.8%)，利润总额313.346亿元(比上年增长28.8%)；新一代信息技术产业(1 349.59亿元，比上年增长7.9%)、新材料产业(1 243.16亿元，比上年增长28%)突破千亿产值，占到无锡市超千亿集群发展产业的一半；新能源产业(498.98亿元，比上年增长1.5%)、节能环保产业(419.22亿元，比上年增长15.9%)，集群发展规模优势逐步显现，成为支撑无锡产业强市的新支柱(见表1-2、表1-3)。

表1-2　2018年无锡市规模以上战略性新兴产业(制造业)全市完成情况

指标	单位	1—12月	增长(%)
单位数	个	876	
工业总产值	亿元	4 039.65	14.1
占规上工业比重	%	24.1	(+0.2)

续　表

指标	单位	1—12月	增长(%)
营业收入	亿元	4 088.49	7.4
营业利润	亿元	291.96	25.8
利润总额	亿元	313.34	28.8
平均用工人数	人	2 373.44	0.9

资料来源：无锡市统计局。

表 1-3　2018 年无锡市规模以上战略性新兴产业(制造业)工业总产值和营业收入按构成分组

指标	单位数	工业总产值		营业收入(亿元)	
		1—12月	增长(%)	1—12月	增长(%)
总计	876	4 039.65	14.1	4 088.49	7.4
新一代信息技术产业	112	1 349.59	7.9	1 335.67	2.1
高端装备制造产业	109	243.34	14.5	245.18	12.7
新材料产业	241	1 243.16	28	1 317.21	16.6
生物产业	77	252.39	11.5	1 317.21	16.6
新能源汽车产业	18	32.97	23.5	34.12	15.9
新能源产业	83	498.98	1.5	489.43	—8.5
节能环保产业	236	419.22	15.9	419.07	15

资料来源：无锡市统计局。

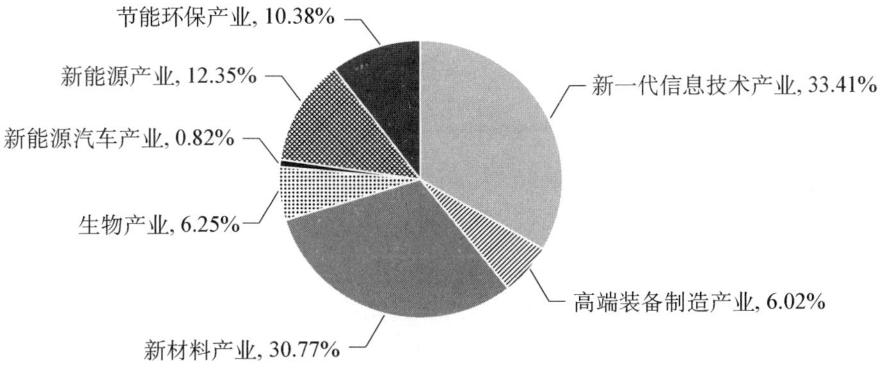

图 1-1　2018 年规模以上战略性新兴产业(制造业)各分产业产值比重

资料来源：根据表 1-3 绘制

2018 年,无锡战略性新兴产业工业总产值达到 4 039.65 亿元,同比增长 14.1%。按地区来分,2018 年,江阴(320 家)战略性新兴产业(制造业)单位数遥遥领先,江阴和新吴区战略性新兴产业(制造业)工业总产值分别达到 1 486.63 亿元(在全市占比 36.8%)和 1 469.47 亿元(在全市占比 36.38%)——远超其他区县,但同比增长幅度最大的是宜兴(37%)(见表 1-4)

表 1-4　2018 年无锡战略性新兴产业(制造业)工业总产值按地区分组

地区	单位数(个)	工业总产值(亿元)	
		1—12 月	增长(%)
全市	876	4 039.65	14.1
市区	383	2 132.61	8.6
江阴	320	1 486.63	17.0
宜兴	173	420.21	37.3
市区中:			
梁溪	7	4.55	19.9
锡山	111	307.74	16.3
惠山	141	247.23	15.4
滨湖	34	103.61	19.9
新吴	90	1 469.47	5.3

资料来源:无锡市统计局。

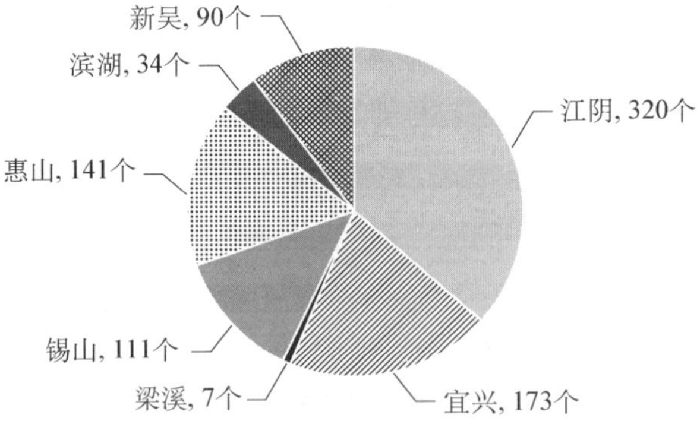

图 1-2　2018 年无锡市各板块战略性新兴产业(制造业)单位数

资料来源:根据表 1-4 绘制。

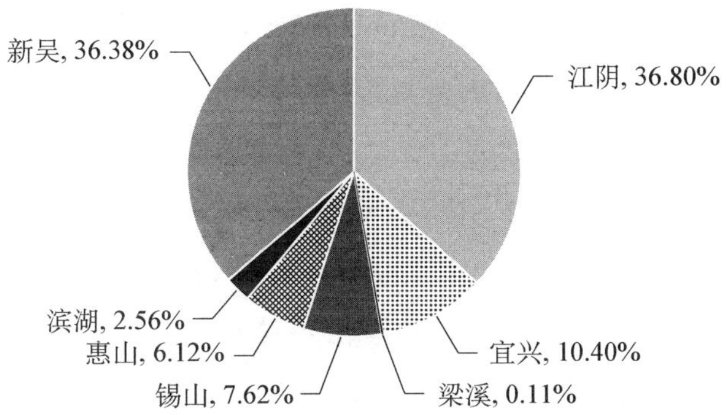

图 1－3　2018 年无锡市各板块战略性新兴产业(制造业)产值比重

资料来源：根据表 1－4 绘制。

1. 物联网产业规模持续快速壮大，产业体系逐步健全

经过多年发展，无锡市物联网产业规模持续快速壮大，产业体系不断健全。无锡物联网产业已形成明显优势，移动物联网连接规模于 2017 年 8 月在全国率先实现物联网连接规模超越手机通信用户规模与本地常住人口用户规模，支持无锡成为全国第一个实现“双超”的城市，并于 2018 年 4 月突破 1 000 万，支持无锡成为全国第一个实现物联网连接规模超千万的地级市。成功上线江苏省首个统一开放的物联网公有云 OneNET 平台。与公安部交研所等单位合作，在 2018 年 5 月正式启动全球首个 LTE-V2X 车联网城市级项目建设。积极参与智慧小镇示范应用，在鸿山小镇建成中国移动鸿山物联网体验中心、在宜兴丁蜀镇建成省内首个农业物联网小镇，打造集 20 多项物联网应用于一体的全方位物联网智慧小镇——巡塘古镇。建成国内首个正式商用的 NB-IoT 物联网停车系统——中华赏石园 NB-IoT 智慧停车场；研发基于 NB-IoT 网络的智能水表；研发国内首个基于物联网技术的共享单车智能车锁，打造一站式共享单车管控解决方案，获“2018 年中国信息通信与大数据应用创新优秀成果奖”金奖。无锡市物联网产业初步形成了以国家传感网创新示范区、新吴区、滨湖区、梁溪区“一核多元”的发展格局，产业体系较为完备，形成信息感知、网络传输、应用处理、基础支撑等全产业链条，其中：应用服务(系统集成、服务平台、信息安全)类企业约占 77%，RFID 高端仪器仪表等感知设备企业约占 10%，传感器领域企业

占5%。2018年,物联网产业营收2 507亿元,接近全省的1/2。

2. 集成电路产业形成较大规模,产业链较为完整

无锡市集成电路产业形成了包括芯片设计、晶圆制造、封装测试、配套支撑在内的较为完整产业链,产业配套能力较强,集聚效应初步显现。截至2018年年底,集群内入库规模以上企业137家,规模以上企业实现主营业务收入1 085亿元,增长7.1%。据初步统计,芯片设计环节产值约占8.1%、晶圆制造环节产值约占21.3%、封装测试环节产值约占35.6%、配套支撑环节产值约占35%。电子元器件产业基本形成了涵盖功率器件、微机电系统、光电产品、半导体芯片、石墨烯微电子器件等在内的较为完整的产业链,是支撑无锡市集成电路、石墨烯等相关产业发展的基础性环节。

3. 云计算和大数据、高端软件产业规模保持快速增长势头

无锡市云计算和大数据产业以新吴区和滨湖区为主要发展区域,形成了覆盖互联网+、系统集成、数据服务、公有云、私有云等主要领域的产业集群。以惠山区、滨湖区和新吴区为主要发展区域,形成了覆盖基础软件、工业软件、行业应用软件、嵌入式软件、互联网+、云计算、大数据、信息安全等主要领域的高端软件产业集群。

4. 高端装备、节能环保、新能源等产业规模占全省较大比重

高端装备产品初步形成涵盖高端装备零部件、整机及系统总集成在内的较完整的产业链。无锡市高端装备产业集群主要分布在惠山区、滨湖区和新吴区。无锡市"两机"产业结构较为完整,涵盖研发设计、关键材料(高温母合金材料)、核心零部件(高温热部件、叶片、盘件等)等环节,但在整机(航空发动机及燃气轮机)环节相对薄弱。无锡市高技术船舶和海工装备产业覆盖海洋平台配套、载人潜水器、船舶制造和修理等诸多生产领域,还没有形成全产业链。无锡市高技术船舶和海工装备产业主要分布在江阴市,航空发动机及燃气轮机(简称"两机")产业集群主要分布于锡山区、惠山区、滨湖区、新吴区。

节能环保产业在节能环保装备及产品制造、节能环保工程承包等产业链环节取得突出优势。无锡市节能环保产业形成了以江阴市、宜兴市、新吴

区为核心，覆盖惠山区、滨湖区的产业发展格局。

新能源产业中的光伏太阳能、风能、新能源汽车产业形成较为完整的产业链体系。无锡市光伏太阳能产业已经形成了以晶体硅太阳电池为核心产品，包括单晶提拉与多晶铸锭、硅片分切、晶硅电池制造、太阳能光伏装备制造和应用系统在内的较完整的产业链。无锡市光伏太阳能产业实集群主要位于江阴市、宜兴市、惠山区、新吴区等区域。无风能产业已初步形成涵盖风电设备零部件、风电整机制造和风电场运营等在内的较为完整的产业链。无锡市风能产业主要集中在江阴市、惠山区等区域，产业集聚效应初显。无锡市新能源汽车产业初步形成了涵盖新能源汽车整车制造、新能源汽车零部件、充换电装备制造、充换电基础设施建设与运营等环节的较为完整的产业链体系。无锡市新能源汽车产业主要分布于江阴市、锡山区、惠山区和新吴区等地。

5. 新材料、生物医药及医疗器械(材)产业规模较大，形成完整的产业链体系

2018 年，无锡市新材料产业异军突起，全年完成工业总产值 1 243.16 亿元，同比增长 28.0%，且一季度(同增 23.9%)、半年度(同增 26.7%)、前三个季度(同增 29.6%)的增幅不仅高，而且增幅一直处于增长势头，在新兴产业中表现十分抢眼，产值仅次于新一代信息技术产业，可以说是块头大、筋骨强，未来可期。新材料产业中的电子新材料产业、高分子材料产业、特钢产业形成完整的产业链体系。新材料产业形成了涵盖超高纯试剂、光刻胶、特种气体、酚醛模塑料、环氧模塑料、液态环氧封装料、动力电池材料、滤光片、硅基材料等在内的较为完整的产业体系。无锡市高分子材料产业集群主要分布在江阴市、宜兴市和锡山区。无锡市电子新材料产业集群主要分布在江阴市、宜兴市和新吴区。特钢产业形成了以大地机械、凯澄机械、中南重工等国内行业领军企业为主体的特钢标准件、特钢型材、汽车零部件、起重零部件、钢丝、钢绳、各种管件等下游应用企业的全产业链条。无锡市特钢产业主要以江阴市为集聚地，具备年产 600 万吨特殊钢的能力，主要产品有特厚钢板、管线钢、耐磨钢、高强钢、压力容器钢、高档轴承

钢、齿轮钢、弹簧钢、易切削非调质钢、系泊链钢、连铸合金大圆坯、帘线钢等，主要服务于国家航天航空、海洋、核电、风电、石油开采、工程机械和汽车等产业。

生物医药产业发展势头强劲。无锡市生物医药及医疗器械(材)产业集群主要集中于江阴市、锡山区、滨湖区、新吴区等区域。2018 年生物医药产业总产值已达 252.39 亿元，超过高端装备制造产业(243.34 亿元)产值，而且增长呈倍增态势，一季度(5.3%)、半年度(5.8%)都是 5%左右，而前三个季度(10.1%)和全年度(11.5%)即均突破 10%。这主要得益于龙头企业的支撑作用和带动效益。2018 年 5 月，无锡药明康德新药开发股份有限公司在上海证券交易所上市，并迅速成为无锡市第一家市值超千亿元的上市公司，实现了无锡市生物医药产业在较高平台上可持续发展的良好开局。

6. 现代服务业发展总体保持平稳运行态势，对市内经济平稳运行发挥了关键性作用

2018 年，无锡市服务业实现增加值 5 849.54 亿元，同比增长 7.1%，占 GDP 比重 51.1%，居全省第 3 位；社会消费品零售总额 3 672.7 元，增长 9%；现代服务业增加值达到 2 977.4 亿元，同比增长 8.5%，高于服务业增加值增速 1.4 个百分点，占服务业增加值比重 50.9%。入围 2018 中国服务业 500 强企业 11 家，比上年增加 2 家，创下近三年来上榜企业数新高。

2018 年，金融业增加值 832.12 亿元，同比增长 4.8%，占 GDP 比重 7.3%；金融机构各项存款余额 16 056.79 亿元，同比增长 6.1%，其中：人民币存款余额 15 568.68 亿元，同比增长 6.6%；金融机构各项贷款余额 12 102.76 亿元，同比增长 7.8%，其中人民币贷款余额 11 971.55 亿元，同比增长 7.9%。规模以上科技服务业营业收入(不含金融)317.17 亿元，同比增长 6.2%；无锡市专利申请量 62 681 件、授权量 35 256 件，万人有效发明专利授权量 38 件。规模以上物流业营业收入 161.14 亿元，同比增长 8.2%；货物运输量 18 639.8 万吨，同比增长 7.2%；港口吞吐量 23 240.08 万吨，集装箱吞吐量 61.56 万 TEU；完成航空货邮吞吐量 12.4 万吨，同比

增长15.1%。规模以上信息技术服务业实现营业收入333.98亿元，同比增长4.74%；规模以上集成电路产业实现营业收入1 099.1亿元，同比增长11.1%。从会展服务业来看，会展活动数量从2011年的48个增长到2018年的142个。主要展馆有2个，即太湖国际博览中心、市体育会展中心，总展览面积7万多平方米。规模以上文化创意业实现营业收入248.71亿元。无锡市凭借影视动漫出口贸易特色，成为全省唯一一个入选商务部首批国家文化出口基地名单的城市。从休闲服务业来看，2018年，无锡市共接待国内旅游人数9 817.68万人次，同比增长7%；接待入境过夜旅游者58.6万人次，同比增长18.3%；实现旅游总收入1 951.97亿元，同比增长11.9%。从商贸服务业来看，2018年无锡市实现社会消费品零售总额3 672.7亿元，同比增长9%。其中：批发和零售业完成社会消费品零售总额3 382.76亿元，同比增长8.9%；住宿业和餐饮业保持稳定发展，完成零售额289.94亿元，同比增长9.5%。

（三）新兴产业企业市场影响力增强，涌现出一批龙头骨干、科技小巨人和专精特新中小企业

2018年，无锡市企业入围中国企业、制造业企业、服务业企业、民营企业4个"500强"榜单的企业达69家，连续多年位居全省第一；全市境内外上市企业达138家，连续3年位居全省第一；2家企业入选中国大数据企业50强，3家企业入选中国互联网企业100强，全省第一；海澜集团、中信泰富特钢2家企业营业收入超千亿元。全市新增省科技小巨人企业10家、省专精特新产品企业10家，分列全省第一和第二。

1. 涌现出一批特色鲜明、市场占有率高、市场影响力强的产品和著名品牌

无锡市物联网企业在全球60多个国家和地区、700多个城市承建或参建物联网应用工程项目，涉及环保、交通、物流、安防等应用领域。在MEMS传感器、智能家电、电子标签、智慧物流、工业手持终端等细分市场，无锡市产品占有较大的市场份额，拥有驰名商标4只、著名商标42只。无

锡市集成电路产业已形成一定的规模优势，市场占有率逐年提高，代表性在国内已具有一定的市场影响力，产业总量已占全省5成以上，规模位居全国前列、全省第一。无锡市云计算和大数据产业已具备一定的发展基础，逐步形成集聚效应。无锡市高端软件产业的行业地位不断提升，在全省位列第三，业务收入总量约占全省比重的13%；通过软件产品“飞凤奖”评选这一抓手，不断培育软件“名品”，涌现出一批特色鲜明、市场占有率高的产品，如：永中软件的云办公服务在国内市场占比超过20%，信捷电气小型PLC市场份额达到5%，知谷网络“i3Q候机宝”产品市场份额超过50%，易视腾已与29个省市运营商开展互联网电视业务合作，占据中国移动互联网电视市场份额第一位。无锡市生物医药及医疗器械(材)产业形成了涵盖医药研发服务外包、现代中药、医疗器械(材)、化学药生产制造、临床营养等多领域的发展格局，占全省比重约12%；陆续涌现出一批特色鲜明、市场占有率高的产品，如：江苏曲速教育的教育大数据在省内市场占比超过30%，曙光城市云的云计算操作系统产品在国内市场占比超过10%，华云企业级私有云产品在国内市场占比超过10%，易视腾的人脸分析系统、手势控制技术、AI电视的市场份额均超过25%，观为监测的MDataPort数据港软件能支持包括Web-Service、OPC等多种数据转换协议系国内外首创。无锡市节能环保产业拥有中国驰名商标6个，江苏省著名商标23个，江苏省品牌产品5个，形成了一批在全省、全国较高知名度的本土自主品牌；机动车汽车尾气处理系统及催化剂、溴化锂吸收式冷(热)水机组、热电联产燃煤高效锅炉(CFB、PC)等产品国内市场占有率排名第一；节能型洗衣机销售全国名列前茅。无锡市高分子材料产业形成了涵盖PX(对二甲苯)、PTA(精对苯二甲酸)、涤纶纤维、聚酯切片、PET(差别化纤维和聚酯材料)薄膜、氨纶、PS(聚苯乙烯)、EPS(可发性聚苯乙烯)、PU(聚氨酯)、PA(聚酰胺)、聚醚胺、IBOMA(甲基丙烯酸异冰片酯)等在内的、品类众多的高分子材料产业链体系。无锡市光伏太阳能产业形成了尚德、爱康、东鋆、高佳、先导等一批在全国拥有较高知名度的驰名商标或本土自主品牌。

2. 涌现出一批龙头骨干、科技小巨人和专精特新企业

(1) 各分产业龙头骨干企业。无锡市互联网+领域集聚了以艾德思奇、多盟睿达、中铠信息、泛亚信息等骨干企业；在系统集成领域，集聚了以航天大为、蓝深远望、中科新瑞等骨干企业；在云计算领域，集聚了以曙光城市云、华云数据、太湖云、云端网络、恒云太、中物达等骨干企业；在数据服务领域，集聚了以观为监测、曼荼罗、曲数教育、浪潮卓数、佰卓数安等为代表的骨干企业。无锡市高端软件产业拥有文思海辉、朗新科技、易视腾、航天大为、永中软件、华云数据、曼荼罗、宇信易诚、艾德思奇、卓易信息、远望神州、泛亚信息等一批行业龙头企业，信捷电气、先导智能、同步电子、路通视信等专注于嵌入式软件、生产工艺的骨干企业，产业集聚效应不断显现。无锡市生物医药及医疗器械(材)产业拥有药明康德、阿斯利康、天江药业、云南白药无锡公司、辉瑞制药(无锡)、宇寿医疗等龙头企业，其中：药明康德是全球最大的 CRO(医药研发服务外包)企业，专注创新药研发、医疗器械(材)研发外包服务，将在无锡建设全球最大 cGMP(现行药品生产管理规范)生产基地；天江药业是国内首家研制成功中药配方颗粒，是我国“中药配方颗粒”行业的引领者。无锡市高端装备产业拥有信捷电气、贝斯特精机等零部件龙头企业，先导智能、奥特维科技、锦明自动化等整机制造龙头企业，天奇自动化等系统总集成龙头企业。无锡市节能环保产业拥有无锡小天鹅、华光股份、双良集团、炎鑫科技、中正锅炉、江苏太湖锅炉、锡能锅炉等龙头骨干企业；环保领域拥有威孚环保、雪浪环境、江苏一环、宜兴鹏鹞、双盾环境、金山环保、国电精辉等龙头骨干企业。无锡光伏太阳能产业已涌现出高佳太阳能、尚德太阳能等老牌行业龙头企业，和东方环晟、中建材(宜兴)新能源等大规模重点投资新项目。无锡市电子新材料产业拥有超高纯试剂和光刻胶企业 22 家，全国主要 10 家公司中有 3 家在无锡市，分别为：江阴江化微电子材料股份公司、江阴市润玛电子材料有限公司、江阴市化学试剂厂有限公司，3 家公司的年产能占全国主要产能比例达 30.9%，龙头企业江化微电子，国内市场占有率 9.16%；集成电路用电子材料生产商雅克科技、创达新材获国家集成电路产业投资基金投资持股，雅克科技完成收购江苏

先科，间接控股韩国 UP Chemical，产品主要为有机硅烷前驱体和有机金属前驱体，通过收购同时获得了 SK 海力士、三星、台积电、林德气体、昭和电工和关东电化等优质的客户资源；PCB 油墨企业 5 家，拥有广信感光等龙头企业；特种气体企业 15 家，拥有雅克科技、液化空气(无锡)、无锡高新气体及无锡市圣马气体等龙头企业；硅基材料企业 10 家，拥有雅克科技、帝科电子等龙头企业；滤光片企业 11 家，拥有博砚电子等龙头企业；动力电池材料企业 15 家，拥有格林美、三星 SDI、村田新能源等龙头企业。中石伟业、世星科技的石墨薄膜散热材料已实现量产，并广泛应用于芯片、液晶等领域，为华为、苹果、京东方等企业配套。无锡高分子材料产业涌现出三房巷、澄星磷化工、兴达泡塑、雅克科技、双良利士德、双良氨纶、帝斯曼、三木化工、丹森科技、洪汇新材、阿科力等龙头企业。无锡市特钢产业形成了以兴澄特钢为代表的特钢原材料企业，为全球 60 多个国家和地区的用户提供多规格、多品种、高品质的特殊钢产品及整体服务方案；以法尔胜、贝卡尔特等骨干企业为代表的高端制品企业。无锡市新能源汽车产业中，新能源汽车整车制造企业 6 家，包括常隆客车、上汽大通无锡公司、一汽客车、华策汽车、铠龙东方、新日股份；新能源汽车零部件企业 76 家，拥有晶石科技、新源动力、法阿姆电池、艾德斯、格林美、东恒科技、众联能创等龙头企业；拥有以博耳电力、无锡聚能为龙头的多家充换电装备制造企业，以市政公用新能源、国联科陆新动力等为龙头的一批充换电基础设施建设与运营企业。无锡空天海洋装备产业中，“两机”产业涌现透平叶片、江苏永瀚、航亚科技、派克新材料、隆达航材等龙头企业。高技术船舶和海工装备产业以华西海工、扬子江船业为骨干龙头企业。

(2) 各分产业科技小巨人。无锡市生物医药及医疗器械(材)产业、高端装备产业、高分子材料产业各自拥有科技“小巨人”企业 2 家。无锡光伏太阳能产业拥有远景能源、先导智能化等科技“小巨人”企业 2 家。无锡市风能产业拥有远景能源、吉鑫风能科技、中航卓越、一汽铸造、丹麦 LM 等行业龙头企业和远景能源、阿科力 2 家科技“小巨人”企业。无锡空天海洋装备产业拥有科技“小巨人”企业 1 家。

(3) 各分产业专精特新企业。无锡市集成电路产业涌现了中科芯、SK海力士半导体、华润微电子、江苏新潮集团等行业龙头企业和德思普、江苏卓胜、创达新材料等8家专精特新科技型企业，品牌影响力逐年提升。无锡市电子元器件产业在全省名列前茅，涌现菲尼萨光电通讯科技(无锡)、无锡阿尔卑斯电子、三星(无锡)电子材料、西门子中压开关技术(无锡)、健鼎电子(无锡)等行业龙头企业和1家“专精特新”产品企业。无锡市生物医药及医疗器械(材)产业拥有“专精特新”企业4家，其中江苏知原药业的复方丙酸氯倍他索软膏、无锡济民可信山禾药业的脂肪胺(聚醚胺)、无锡市尚沃医疗电子的纳库仑一氧化氮检测器、无锡时代天使器械的无托槽隐形牙颌畸形矫治器形成了专有技术。无锡市高端装备产业拥有“专精特新”产品企业12家。无锡市节能环保产业拥有“专精特新”产品企业15家、单项制造冠军2家。无锡光伏太阳能产业拥有先导智能、上机数控、儒兴科技等“专精特新”产品企业3家，以及东鋆光伏、施朗德太阳能等“做专、做精、做优”企业。高技术船舶和海工装备产业拥有“专精特新”产品企业1家。

(四) 新兴产业创新能力显著增强，多项技术国际国内领先

2018年，全市规模以上高技术产业和高新技术产业的单位数分别为771个和1 684个，营业收入分别为3 568.36亿元和7 322.12亿元(同比增长5.8%和42.9%)，利润总额分别为303.05亿元和483.27亿元(同比增长26.3%和21.1%)，平均用工人数同比增长−1.7%和11.0%(见表1-5、表1-6)。无锡规模以上高技术企业单位数最多的板块是新吴区(259个)、滨湖区(141个)和江阴市(143个)，高技术产业产值占比遥遥领先的是新吴区(63.91%)(见图1-4、图1-5)；各板块规模以上高新技术企业单位数比较平均，但高新技术产值占比最高的是新吴区(37.26%)、江阴市(27.94%)和宜兴市(15.07%)(见图1-6、图1-7)。从高技术产业和高新技术产业的角度来看，无锡市新兴产业发展拥有了良好的技术创新基础和能力。

表 1-5　2018 年无锡市规模以上高技术和高新技术产业数据

指标	单位	1—12 月		增长(%)	
		高技术产业	高新技术产业	高技术产业	高新技术产业
单位数	个	771	1 684	—	—
营业收入	亿元	3 568.36	7 322.12	5.8	8.1
工业总产值	亿元	—	7 198.91	—	13.4
占规上工业的比重	%	—	42.9	(+0.4)	—
营业利润	亿元	276.40	—	17.7	—
利润总额	亿元	303.05	483.27	20.8	21.1
平均用工人数	人	299 290	532 218	−1.7	11.0

资料来源;无锡市统计局。

表 1-6　2018 年无锡各板块规模以上高技术和高新技术企业数据

地区	单位数(个)		营业收入 1—12 月		营业收入增长(%)	
	高技术产业	高新技术产业	高技术产业	高新技术产业	高技术产业	高新技术产业
全市	771	1 684	3 568.36	7 198.91	5.8	42.9
市区	566	1 010	2 917.14	4 102.72	5.5	52.8
江阴	143	353	542.48	2 011.35	5.5	33.2
宜兴	62	321	108.75	1 084.84	−7.2	36.8
市区中:						
梁溪	48	29	72.26	30.23	9	11.0
锡山	70	192	235.08	550.29	5.9	44.8
惠山	48	269	38.66	452.53	13.2	30.8
滨湖	141	204	290.74	387.29	4.6	61.9
新吴	259	316	2 280.40	2 682.38	5.4	64.4

注:771 家高技术企业中,高技术制造业 452 家、高技术服务业 319 家。
资料来源:无锡市统计局。

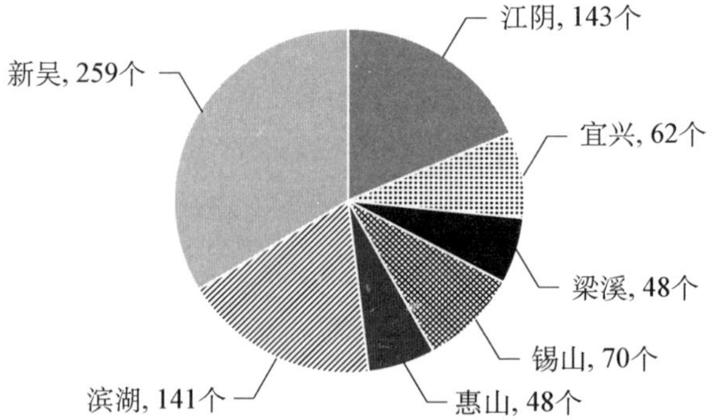

图 1-4　无锡各板块规模以上高技术企业单位数
资料来源:根据表 1-6 绘制。

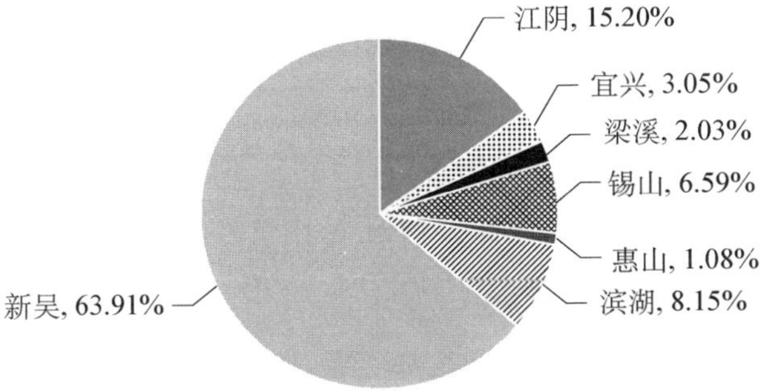

图 1-5　无锡各板块规模以上高技术产业产值占比

资料来源：根据表 1-6 绘制。

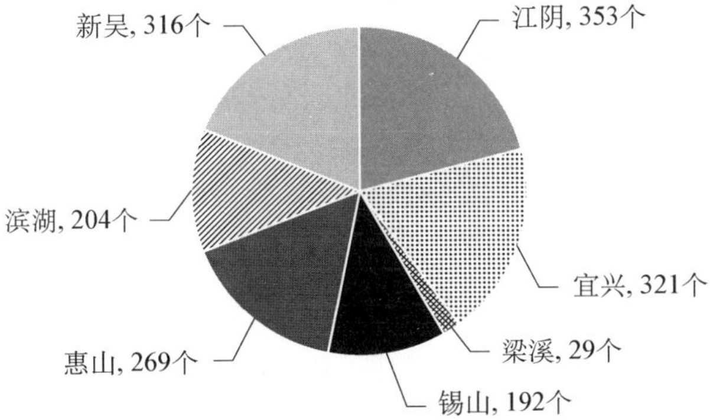

图 1-6　无锡各板块规模以上高新技术企业单位数

资料来源：根据表 1-6 绘制。

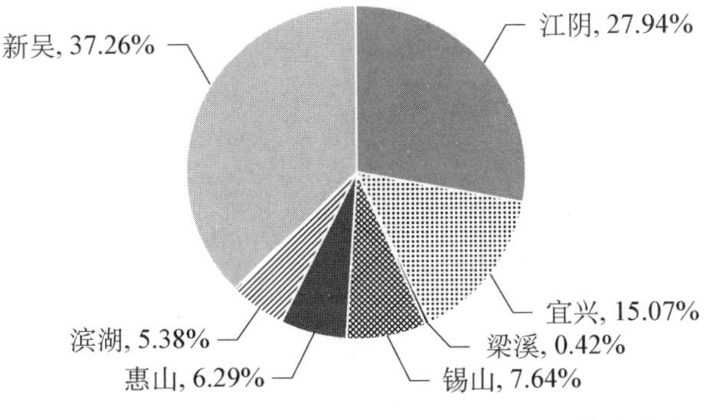

图 1-7　无锡各板块规模以上高新技术产业产值占比

资料来源：根据表 1-6 绘制。

1. 传感网和云计算产业：无锡是全国传感网创新示范区和云计算创新服务试点城市中唯一的地级市，企业积极主导或参与制订国际、国家和行业相关标准

无锡市作为全国传感网创新示范区和云计算创新服务试点城市中唯一的地级市，云计算和大数据产业发展具有扎实的基础。无锡市企业积极主导或参与制订国际、国家和行业相关标准，其中国家级标准15件、行业标准8件。天长环保作为"数字环保"的首倡者，主导并全程参与了《污染物在线监控(监测)系统数据传输标准》(HJ212－2017)和《环境污染源自动监控信息传输、交换技术规范》(HJ/T352－2007)两个国家环保行业核心标准的制定。在数据基础方面，无锡市城域网出口带宽达到4.92T，所有通信运营商全面完成光纤到户改造，持续推进"千兆到户、万兆到楼"的光纤网络接入能力，户均带宽达到87 Mbps，NB-IoT通信基站总数达到2 600座。

2. 物联网产业：无锡成为国内外物联网领域标准的重要策源地，多项成果达国际领先水平

无锡市集聚物联网重点研发机构44家，中科院物联网研究发展中心、国家环保部物联网工程技术中心、国家卫计委医疗物联网研究院以及清华、北大、复旦等19所高校的物联网科研机构落户无锡。无锡物联网产业承担省级以上研发项目120多个，累计承担国家科技重大专项、863计划、物联网发展专项等省级以上研发项目3 000多个，物联网专利申请量近万件，其中发明专利超过2 500件；2018年新增物联网相关专利申请量1 500多件，其中发明专利573件，无线自组网、MEMS设计制造等多项成果达国际领先水平，填补国内外空白。清华无锡物联网技术中心和华润微电子有关物联网项目分获国家自然科学二等奖和技术发明二等奖。法尔胜集团的"内置光纤光栅传感器的桥梁用智能缆索系统"技术获2016年中国专利优秀奖。无锡市已成为国内外物联网领域标准的重要策源地，牵头或参与制订物联网国际标准11项、国家标准49项。无锡物联网产业研究院连任ISO/IEC物联网体系架构国际标准项目组主编辑单位，代表中国牢牢掌握国际标准话语权。

3. 集成电路产业：在芯片设计、晶圆制造、封装测试等重点环节具有较强竞争实力，多项技术达国际领先水平

无锡市集成电路产业在芯片设计、晶圆制造、封装测试等重点环节已具有较强的竞争实力。截至 2018 年年底，全市共有 1 家国家级企业技术中心、16 家省级企业技术中心。世芯电子芯片设计水平达到 10 纳米级（16/14），SK 海力士生产工艺达到 20 纳米级量产水平，长电科技的 WL-CSP（晶圆级芯片尺寸封装）、TSV（硅通孔）、SiP（系统级封装）技术已达到国际领先水平。江化微电子部分产品已达到 G3、G4 级别，重点研发 G4、G5 级别产品，其中硝酸取得突破，已经有 G4 甚至纯度更高的产品，G3 等级硫酸、过氧化氢、异丙醇、低张力二氧化硅蚀刻液、钛蚀刻液成功进入国 6 寸圆晶、8 寸先进封装凸块芯片生产线，实现进口替代；广信感光的 PCB 油墨产品达到了国际先进水平；润玛电子先后起草了多项超净高纯电子新材料领域国家标准和行业标准，其自主开发的 RM-A、RM-B 系列超净高纯试剂，填补了国内空白；雅克科技进军半导体前驱体材料领域，切入半导体行业集成电路上游晶圆加工制造中所需电子特种气体前驱体原料供应链，填补国内空白；博砚电子的 LCD 生产用黑色光阻材料和帝科电子的光伏用正面银浆均打破了国外企业的市场垄断和技术壁垒。无锡市电子元器件产业集群在产品研发和生产上都具有很强的竞争实力。

4. 高端软件和信息服务业：拥有一批具备自主知识产权、技术力量雄厚、技术业界领先的企业和研究机构，形成了一批在全省全国拥有较高知名度的本土自主品牌

无锡市具有良好的软件技术研发基础，在各细分领域拥有一批具备自主知识产权、技术力量雄厚、技术业界领先的企业和研究机构。无锡市拥有国家规划布局内重点软件企业 7 家，互联网百强企业 3 家，独角兽企业 1 家，江苏省规划布局内重点软件企业 32 家，江苏省软件企业技术中心 18 家。经过近年来的快速发展，形成了一批在全省、全国拥有较高知名度的本土自主品牌，如永中软件的国产办公软件、中船重工奥蓝托的多学科协同工业仿真综合业务平台、宇信易诚的互联网＋金融平台、信捷电气的 PLC 伺

服器、航天大为的基于视频分析的智能交通管控平台、城市云的分布式云存储核心技术研究及产业化、江南计算技术研究所的性能评测、信息处理系统海量存储试验环境以及虚拟化等。无锡市企业积极主导或参与制订国际、国家和行业相关标准,如:江苏新世纪参与多项 ITSS(信息技术服务标准)标准制订工作;城市云先后参与云服务级别协议规范和云服务运营通用要求 2 项标准的制订;天长环保作为“数字环保”的首倡者,主导和全程参与了《污染物在线监控(监测)系统数据传输标准》(HJ212 - 2017)和《环境污染源自动监控信息传输、交换技术规范》(HJ/T352 - 2007)两个国家环保行业核心标准的制定。

5. 生物医药产业:建成世界第一的全人源噬菌体抗体基因工程库、全世界最大的人类 CDNA 克隆库,试剂型单克隆抗体国际领先,拥有多个省市级研发中心

目前已建成世界第一的全人源噬菌体抗体基因工程库、全世界最大的人类 CDNA 克隆库,试剂型单克隆抗体国际领先。无锡市已建有“江苏省单克隆抗体药物开发工程技术研究中心”等省级生物医药类工程技术研究中心 27 家,“无锡市医学超声工程技术研究中心”等市级工程技术研究中心 52 家,涵盖了生物制品、现代中药、医学影像、医用材料、临床营养、生物发酵等领域。

6. 新材料产业:石化新材料产业产能名列全国前茅,特钢产业中代表性企业主持或参与起草修订多项国家和行业技术标准,拥有强大的研发实力

石化新材料产业领域中,三房巷海伦石化和江阴汉邦石化 PTA(精对苯二甲酸)产量占全国比例超过 10%;丹森科技的高吸水性树脂的产能国内第一;兴达泡塑的 EPS(可发性聚苯乙烯)产能国际排名前三、国内第一;洪汇新材的氯醋共聚树脂产能国内第一;阿科力的聚醚胺产能国际第三、国内第一。

特钢产业领域中,中信特钢研究院兴澄分院拥有国家级技术中心、国家级认可实验室和博士后科研工作站,先后承担“十五”“十一五”“十二五”“十三五”“863”和“火炬计划”等多项冶金课题的项目攻关,主持或参与起草修

订了多项国家和行业技术标准。兴澄特钢承担了国家轴承用高标准轴承材料工业强基工程实施方案，拥有强大的研发实力，注重保障和提升产品品质，同时携手外部院士专家共同研发创新型、变革性材料，以技术突破引领中国特钢产业转型升级。

无锡市电线电缆产业集群内企业积极发挥产学研合作联盟作用，加强新产品的研究开发，重点在特高压电缆、通信电缆、特种电缆、复合材料、特种电缆料等方面取得突破。集群内共拥有高新技术企业30家、省级工程技术中心20家、省级以上企业技术中心13家，拥有有效发明专利100多项、国家重点新产品6只、“国家火炬计划”项目18只，R&D经费占集群企业销售收入的比重达到2.3%。其中，远东电缆累计获得国家、省部级科技奖项20余项，拥有国际领先水平的新产品62项、国际先进水平的产品38项，拥有产品专利346件，最新研制的超高强度钢芯高强度铝合金绞线和复合材料芯软铝型线绞线等技术，对特高压电网安全运行和节能环保具有重要意义。

7. 高端装备制造产业：创新技术屡获国家和省各类大奖，拥有多个国家级省级技术中心、20多名高层次人才、300多项发明专利，参与9项国家标准制定

无锡市拥有省级以上“两机”研发项目5个，发明专利130余项。以透平叶片将螺旋压机为主的相关技术有效应用在航空发动机领域相关产品上，近年共获得国家和省各类奖项20余项；无锡航亚的发动机压气机叶片及整体叶盘获首届中国军民两用技术创新应用大赛金奖；隆达航材的单晶母合金产品已经通过了中国航发“单晶承制单位资格专家组审查”，为2016年工信部强基工程“高温单晶母合金项目”唯一中标单位。无锡市高技术船舶和海工装备产业以中国船舶海洋探测技术产业园为发展载体，中船重工702所、中船重工703所无锡分院等科研院所为无锡市高技术船舶和海工装备产业发展提供人才和技术支持。目前拥有国家级技术中心1家，省级技术中心11家；拥有院士、长江学者、国家千人、国家杰青、省双创计划等高层次人才20余人；拥有具有自主知识产权的各类发明专利300多项；参与《船用救生衣》《襟翼舵通用技术条件CB/T 4274—2013》《液压铰链式防火

水密门 CB/T 4273—2013》等9项国家标准的制订。中船重工奥蓝托无锡软件技术有限公司承担的省级研发课题“设计仿真集成平台软件”为公共研发平台提供了更强大的服务能力。

8. 节能环保产业:拥有有效专利600多项,承担多项国家计划项目,在全国地级市中处于领先水平

无锡市节能环保产业共拥有有效专利600多项,在全国地级市中处于领先水平。其中,环保领域拥有“膜-生物反应器”污水处理与回用技术、金属切削乳化废液循环技术、WEP水环境修复系统、蜂窝结构导电玻璃钢电除雾技术、SDD-CF湿式电除尘技术等核心技术;节能领域拥有真空换热高效节能技术、国产化生物质直燃发电技术、H级燃机联合循环余热锅炉产品技术等核心技术。南京大学宜兴环保技术研究院、江华水处理、三强环境等企业获国家技术发明奖二等奖,凌志环保获国家科技进步二等奖。130多家企业承担并实施了各级科技计划项目,其中5家企业承担了国家水专项、13家企业承担国家863项目、5家企业承担了国家环境类支撑计划项目。

9. 新能源产业:光伏太阳能产业企业、新能源汽车产业核心技术与产品达国内领先水平,风电产业企业制定的国家标准填补国内空白

光伏太阳能产业领域中,目前企业掌握多晶硅金刚线切割、黑硅制绒、背面钝化(PERC)、N型双面等一批先进的高效晶硅电池工艺技术,高效单晶硅太阳能电池和高效多晶硅太阳能电池转化率达20%以上,其中中建材浚鑫增强型背电场高效单晶硅电池产业化项目已列入国家火炬计划。在核心技术与产品方面,先导智能拥有的动力锂电池卷绕机和全自动太阳能电池片串焊设备、锦明自动化拥有的不良圆柱电池回收装置及其回收工艺和圆柱电池条码读取装置及其读取工艺、天奇自动化拥有的汽车装配线摩擦输送关键技术和大型复杂物料输送装备高效柔性技术等均达到国内领先水平。

风电产业领域中,远景能源的海上风电技术以及首创的模块式叶片和局部变桨技术,可以实现海上风电成本降低30%;远景能源开发的EnOSTM能源物联网平台是全球最大的能源互联网管理平台;由吉鑫风能

牵头，联合河海大学等单位制订的《风力发电机组球墨铸铁件》国家标准，填补国内风电产业领域的空白。

新能源汽车产业领域中，电动汽车整车控制技术、电机驱动和电池管理技术、动力型锰酸锂材料技术、燃料电池与氢源技术、磁悬浮径向直流电机技术、汽车充电数据支持平台技术等方面均达到了国内领先水平。

（五）新兴产业发展载体逐步夯实，发展平台加快构建

2018 年，无锡市 16 个产业集群入库规模以上企业 3 350 家，主营业务收入达 17 097 亿元；拥有有效专利 5 989 个，其中发明专利 1 286 个；主导和参与制订国际、国家和行业标准 68 个；拥有驰名商标、省著名商标 422 项，拥有江苏省名牌产品 188 个；拥有智慧交通、智慧传感器、集成电路设计等与重点产业集群相关的国家级专业特色产业园区 6 家，国家级特色产业基地 22 家，省级科技产业园 19 家，产业发展呈现规模化、特色化、协同化和品牌化的集聚态势和一体化格局。

1. 物联网产业：形成核心地区、专业园区、特色小镇等多个主体错位发展、协同共进的发展局面

物联网产业集聚了中科院物联网研究发展中心、国家环保部物联网工程技术中心、国家卫计委医疗物联网研究院以及清华、北大、复旦等 19 所高校的物联网重点研发机构 44 家。目前已重点建设智能交通、智能传感器、智慧体育、智慧健康、环保物联网 5 个特色产业园区，其中无锡（国家）智能交通产业园获工信部和公安部联合授牌，着力打造智能交通完整产业链条，集聚易华录、高新兴等智能交通企业 100 多家。重点打造鸿山、雪浪、慧海湾 3 个物联网小镇，着力推进环保、健康、交通、农业、旅游等行业的应用协同，探索跨行业、跨领域的运营模式。拥有物联网公有云平台 OneNET、MEMS 设计封测、物联网知识产权、物联网产品检测重点实验室等公共服务平台 58 个，覆盖物联网技术创新链各环节。公安部、工信部、江苏省三方共建的国家智能交通综合测试基地，国家卫生健康委批复的医疗健康物联网产品测评中心等国家级行业性公共平台加快建设，支撑物联网行业应用

和发展。

2. 云计算和大数据产业:拥有众多相关发展载体和公共服务特色平台

无锡市拥有以无锡(国家)软件园、山水城科教产业园、无锡浪潮大数据产业园为核心,以惠山软件园、恒生科技园、V-Park、江阴高新园、宜兴卓易信息产业园、扬名传感信息园等为重点的云计算和大数据相关发展载体。同时,已建成国家超级计算无锡中心、城市大数据中心等公共服务特色平台。

3. 集成电路产业:形成一批专业特色园区、研发机构、服务平台

经过多年的建设打造,无锡市集成电路产业已形成了一批专业特色园区、研发机构、服务平台,为集成电路产业的持续发展提供了有效支撑。截至 2018 年,已建成国家集成电路设计产业化基地、无锡国家集成电路设计中心、江阴国家集成电路封测高新技术产业化基地、无锡新区集成电路产业园 4 个特色产业园区;建成了中国电科第 58 研究所和江苏省产业技术研究院专用集成电路技术研究所、江苏省物联网研究发展中心、华进半导体封装先导技术研发中心等多个科研及产业化机构与平台,为无锡市集成电路产业的发展提供了技术研发支持、企业发展服务等支撑。电子元器件产业目前拥有江阴国家集成电路封测高新技术产业化基地、锡山国家经济技术开发区、惠山区无锡石墨烯产业发展示范区、无锡新区超大规模集成电路产业园等载体,为集成电路和电子元器件企业的发展提供服务保障。

4. 高端软件产业:创建多个功能完善、服务优良、产业配套完善的国家级和省级软件园区

无锡市积极培育软件园区和基地,成功创建了多个功能完善、服务优良、产业配套完善的国家级和省级软件园区。无锡(国家)软件园先后获得国家传感网高技术产业基地、国家广告产业园区等 8 项国家级品牌以及省互联网产业园等数十项省级荣誉。无锡惠山软件园近年来发展迅速,已成功创建了 30 余项省、市级品牌。同时,已建成中国 ITSS 实训基地、滨湖传感信息中心、梁溪扬名传感信息园、无锡市软件测评中心和无锡市基础信息安全测评认证中心等公共服务特色平台。

5. 生物医药及医疗器械（材）产业：拥有众多产业园、公共服务平台、中试平台

无锡市现有马山生物医药园、无锡（新吴）生命科技园、无锡（惠山）生命科技产业园、江阴生物医药产业园、锡山经济技术开发区生物医药产业园等主要载体。在平台建设方面，已建有 15 个生物医药公共服务平台，其中重点平台 5 个。结合园区特色，惠山区和江阴市分别建设了“生物试剂技术转化平台”“免疫及分子诊断技术研发与中试服务平台”等 GMP 中试平台。

6. 新材料产业：高分子材料产业以多个集中区和产业园为主要发展载体，电子新材料产业拥有国家集成电路设计产业化基地等主要发展载体，特钢产业拥有国内特钢行业首家综合性研究院

无锡市高分子材料产业集群以江阴高新区化工集中区、江阴临港开发区利港化工集中区、江阴临港开发区石庄化工集中区、宜兴市新材料产业园、宜兴屺亭化工集中区、锡山经济技术开发区新材料产业园为主要发展载体。电子新材料领域拥有国家集成电路设计产业化基地等主要发展载体；集成电路产业大基金投资 5.5 亿元参与雅克科技在特种电子气体、半导体前驱材料等领域并购，雅克科技将作为国家集成电路产业投资基金半导体材料方面的平台。

特钢产业领域拥有国内特钢行业首家综合性研究院——兴澄特钢研究院，以及行业内目前唯一的“国家金属线材制品工程技术研究中心”（法尔胜），为企业提供特钢新材料、新技术、新工艺开发和研究支撑。

7. 高端装备制造业：拥有多个协同创新中心和科研平台

集群内拥有江南大学无锡智能制造协同创新中心、华进半导体江苏省先进封装与系统集成制造业创新中心、华中科技大学无锡研究院等科研平台，为集群内企业共性关键技术攻关、技术人才培养和科技成果转化等提供有力支撑。

8. 节能环保产业：拥有宜兴环保科技工业园、江阴临港经济开发区机械装备产业园、新吴区国家高新区等发展载体

在服务平台方面，目前集群拥有清华大学宜兴环保新技术应用联合研

究中心、江苏省(宜兴)环保产业技术研究院等科研机构和中国宜兴国际环保城、国家环保设备质量监督检验中心(江苏)、环境医院等公共服务平台,为集群内企业提供产品展示交易、共性关键技术研发、技术转让、检测认证、人才培训、创业孵化等服务。

9. 新能源产业:拥有众多具有影响力的平台服务机构

国家太阳能光伏产品质量监督检验中心、中科院太阳光伏发电系统质量检测中心华东中心等有影响力的平台服务机构均在无锡落地。尚德“国家级高效太阳能硅电池工程研究中心”、上能电气和爱康太阳能院士工作站等创新服务平台,为无锡市太阳能光伏产业的关键技术研发、集成系统设计和企业技术服务提供了重要支撑。风能产业领域拥有中国科学院电工研究所无锡分所和江苏风电设计研究院 2 家科研机构,为集群内企业的发展提供技术保障,为集成系统设计搭建平台。

10. 空天海洋装备产业:以技术产业园为载体,科研院所提供人才技术支撑

“两机”产业中国航发控制系统研究所、中船重工 703 所无锡分部等研究机构,为“两机”产业先期研发设计提供共性技术、控制系统、关键工艺、试验、检测试验等方面的技术支撑。高技术船舶和海工装备产业目前以中国船舶海洋探测技术产业园作为发展载体。服务平台方面,中船重工 702 所、中船重工 703 所无锡分院等科研院所为无锡市高技术船舶和海工装备产业发展提供人才和技术支持。

三、无锡新兴产业发展的经验和做法

无锡市新兴产业发展过程中积累了诸多可供借鉴推广的典型经验和成功做法。主要典型经验是突出了 5 个方面的重点,即“大企业”主体地位,“大产业”集群效应,“大招商”带动作用,“大投入”支撑作用,企业家支柱作用,主要成功做法包括科学规划引领、强化政策推动、人才强企战略等。

（一）无锡新兴产业发展的主要经验

1. 突出“大企业”主体地位

大企业、大集团是经济增长的火车头，是区域经济转型发展的支撑力量。无锡将一批规模档次高、市场竞争力强、品牌影响力大的大企业、大集团，作为发展新兴产业的主体。一是加大扶持力度。出台了支持和鼓励工业龙头企业转型发展的政策措施，在此基础上，又选择百强和百佳企业作为重点培育对象，努力促进优势企业尽快脱颖而出。二是积极探索资本运作。利用资本市场，加强与国际国内一流企业的合资合作，大规模引进境外技术、资金、人才、管理经验，实现转型发展。大力整合产业链上游企业，实现低成本扩张，或融入产业链下游企业，争取更大的外力支持。三是提升竞争实力。大力实施品牌战略，把打造区域经济品牌、知名企业品牌和主导产品品牌三者有机结合起来。

2. 突出“大产业”集群效应

产业集群的核心是在一定空间范围内产业的高集中度，这有利于形成技术的溢出效应，降低企业的制度成本，提高规模经济效益和范围经济效益，提高产业和企业的市场竞争力。无锡重点培育发展16个先进制造业重点产业集群，产业集聚成效明显，初步形成了以特钢、石化、金属制品、石墨烯为主体的新材料产业集群，以风电、光伏为主体的新能源产业集群，以芯片设计、制造、封测为主体的新一代信息技术产业集群，以现代中药、新药研发、医疗器械为主体的生物医药产业集群。

3. 突出“大招商”带动作用

一是发挥企业招商主体作用。积极引导本土企业转变观念，创新思路，多头多路招引资金和项目。加强横向联合，以要素优化重组为基础，通过运用品牌、科技参股、资本参股、技术合作、产业链接等方式，进行企业重组、联合、兼并，实现新的飞跃。二是发挥产业招商凝聚作用。把有一定优势的产业作为招商的核心竞争力，作为工业招商的重点。围绕打造产业集群，大力引进同类企业，形成集聚效应，并努力向上下游领域拓展。引导同类产品适度聚集，发展专业化生产，促进区域经济向规模化发展。三是发挥园区招商承载作用。全力抓好高新区建设，集中力量加快经济开发区基础设施建设，完善公共服务功能。

4. 突出“大投入”支撑作用

制定技改贴息政策,积极引导各企业坚定不移地加大技改投入力度,以投入保产出,以投入促发展。一是选择项目要准。围绕产品和产业结构调整,科学选择技改项目,提高投资的准确率和项目实施的效益。二是新上项目要快。对看准了的项目,及时协调各方力量,保证投入能够顺利完成,迅速形成生产能力,迅速占领市场。三是资金来源要宽。鼓励企业更多地将自有资金用于再投入的同时,大胆引进第三方资金投入新上项目、技改项目。上市公司利用定向增发募集资金延伸产业链,非上市规模以上工业企业引进 PE、VC 等机构增加项目投入,实现转型。把主攻大项目放到突出位置上,千方百计开发资金投量大、科技含量高、带动能力强的龙头型、航母型项目。做好重点重大项目服务工作,及时协调解决项目落地过程中的土地供给、担保贷款、环境保护等一系列难点问题。

5. 突出企业家支柱作用

本土企业家精神始终是无锡经济发展的宝贵财富。在“四千四万”精神传承下成长起来的无锡本土企业家们,历来就有“敢闯敢冒、创业创新”的胆魄和担当,使创新意识、创新精神、创新力量贯穿企业发展的各个方面。正因为有了一大批敢闯敢试、敢拼善赢的企业家群体,始终秉持“四千四万”精神,始终坚定“实业报国”之志,一心一意做强主业、做优特色、做精产品,在发展中不断转型升级。同时,通过政府、企业、商会、行业等平台作用,通过定期不定期举办培训、讲座、产业论坛、创新创业大赛等活动,及时总结交流推广带有示范性、导向性的创新发展经验,形成资源共享、信息分享、平台互建、合作共赢的发展环境,在全社会形成创新创业的浓厚氛围,为无锡市新兴产业的发展起到了推波助澜的作用。

(二)无锡新兴产业发展的主要做法

1. 科学规划引领

根据中央、江苏省、无锡市经济社会发展规划和专项规划要求,统筹谋划，编写《无锡市国民经济和社会发展规划第十三个五年规划纲要》《无锡市“十三五”战略性新兴产业发展规划》等前瞻性规划，以产业强市主导战略和创新驱动核心战略为引领，着力发展新兴产业，大力推动互联网、大数据、人工智能与实体经济深度融合，加快企业智能化改造、产业集群化发展，不断壮大新兴产业的规模与水平。在产业集聚方面，始终把高新区作为新兴产业发展的主阵地、主战场和核心载体，推动高新区聚焦“高、新”两字，加快高新项目落地、体制机制创新，做优做强特色产业集群。

2. 强化政策推动

无锡主动对接国家战略，建立部省协同推进机制，综合运用财政、行政等手段，积极引导新兴产业发展和集聚。出台鼓励和促进科技创新、人才引进、设备更新知识产权保护等政策文件，促进企业转型升级。精心培育大企业、大集团，鼓励和支持规模骨干企业全面加强科技创新、人才创新、产品创新、经营创新、商业模式创新，加快抢占产业链、价值链高端，持续提升核心竞争力；全力扶持中小企业做强做大。引导中小企业专注主业，走“专精特新”发展道路，加快进行以装备更新、新品开发、节能降耗、信息化改造为重点的技改扩能，深化产学研合作，强化与知名企业的产业链配套，打造了一大批在细分领域市场占有率高、拥有核心技术、成长性好的企业。

3. 推进人才强企

无锡结合自身发展实际，以人才政策为切入点，当好人才强企的引导者。持续创新创优人才政策，实施 530 计划、千人计划、太湖人才计划等人才政策。根据“人才强企”工作的形势、要求，借鉴先进城市的成功经验，勇于创新、敢于实践，不断加大政策创新力度，坚持“人无我有、人有我优”，加快完善切合实际、适度超前、开放灵活的人才政策体系，畅通政策执行“绿色通道”。不断加大科技工作者服务力度，从争取科研经费、申报科研项目、职称评聘、家属就业、子女上学、安家落户等方面给予支持。重点完善人才公寓、文化娱乐、商业餐饮、轨道交通、学校提升等功能配套，引导企业建立项目分红、股权激励等奖励分配机制，引入各类创投、风投基金，增强高新区对领军型、创新型人才的吸引力，营造引得进、用得上、留得住的人才氛围。

四、无锡新兴产业发展存在的不足和面临的挑战

(一)无锡新兴产业发展存在的不足

1. 创新技术手段相对传统,具有基础知识产权的原创技术和技术集成终端有待强化

无锡市多数新兴产业处于产业链、价值链中低端和零部件加工环节,具有基础性自主产权的原创技术和技术集成终端有待强化。以物联网为例,核心技术和关键芯片尚无自主知识产权。以集成电路为例,虽然设计企业的投入相对较少,但集成电路晶圆代工、封装测试、材料研发、设备研制企业则面临投入大、周期长、风险大、见效慢的困难,产业链整体投资不足导致产业创新技术手段相对传统。比如,由于投入过大,国际通行的 14 nm 制程标准产品、国内的晶圆代工线目前仅中芯国际等一二家,同时中小型企业一般也难以承受昂贵的封装设计仿真 EDA 软件等的购置费用。

2. 企业国际影响力、整合能力、竞争力、知名度较弱

缺乏具有国际影响力和整合能力的领军型企业和产品,高端装备制造能力较弱。无锡新兴产业与先进城市相比确实还存在一定差距,A 股上市企业、新三板企业、入选中国企业 500 强的数量有待进一步扩张,企业知名度有待进一步提升(见表 1-7)。

表 1-7　深圳、杭州、苏州、无锡企业比较

	A 股企业(2019)	新三板企业(2018)	中国企业500强(2018)	知名企业
深圳	285	686	28	华为、腾讯、创维、赛格、正威、富士康
杭州	131	353	25	阿里巴巴、支付宝、网易、恒生电子、娃哈哈、万向、传化、绿城、滨江、广厦
苏州	107	362	12	恒力、沙钢、协鑫、盛虹、亨通、玖隆、国泰、通鼎、同程、华芳、波司登、澳洋
无锡	77	217	13	海澜、江阴澄星实业、红豆、江苏阳光、远东控股、三房巷、法尔胜泓昇、扬子江船业、新长江实业、双良

3. 创新技术人才匮乏且流动性大，产业生态对人才吸引力不够

对于新兴产业特别是集成电路产业而言，人才是第一资源，人才匮乏是制约产业发展的关键瓶颈。新兴产业发展最终取决于人才，光有资本投资并不能弥补领军人物、平台级企业缺失的核心问题。新兴产业发展对高端人才需求很大，关键要有人才支撑，物联网、集成电路、生物医药产业都需要一批领军型高端人才。而无锡作为二线城市，城市能级和产业生态环境对人才的吸引力不够，比较优势不明显。当前无锡高端人才缺乏，特别是系统级高端设计人才的缺失，市场营销人员和高端管理人才和团队匮乏且流动性大，影响无锡新兴产业的发展。加快人才引进、人才培养和平台建设，成为"十三五"期间亟待解决的问题。

4. 企业间技术交流共享不畅，产学研缺乏深度合作和有效转化机制

新兴产业特别是高科技产业，业内企业为保护各自产品技术秘密，为业内企业之间的技术交流，特别是共性技术的交流设置了障碍。产学研深度合作平台作用发挥不够，缺乏有效转化机制。

（二）无锡新兴产业发展面临的挑战

1. 基于长三角一体化的"区域立市"带来的挑战

随着长三角一体化上升为国家战略以及G60科创走廊的形成，构建长三角产业和信息化更高质量一体化发展成为该区域经济发展的大势所趋。随着数字经济时代的到来，作为战略性新兴产业之一的新一代信息技术产业逐渐成为上海建成卓越全球城市及推动长三角一体化发展的重要内驱。无锡市面临如何与其他长三角城市协同发展、建立合理的利益分配和共享机制、进一步消除各种行政性壁垒、让新兴产业企业获得更好的市场交易效率、降低商务成本和交易成本、营造更一流的营商环境等挑战。

2. 国际保护主义、单边主义对科技创新要素流动的干扰和影响

当前，我国科技创新由跟跑向并跑乃至领跑转变，以美国特朗普政府为代表的保护主义日趋抬头、"逆全球化"现象频繁显现，中美贸易战持续加深，无锡新兴产业发展所需要的科技创新要素流动面临着前所未有的干扰

和影响。以人工智能、大数据、物联网、新能源汽车等为代表的新一轮科技与产业革命呼之欲出,各主要发达国家包括新兴工业化国家均加强了在相关领域的部署和争夺,无锡市在开放合作的同时也面临更加激烈的竞争,甚至是新形式的“封锁”(如国际交流与人才流动、跨国专利诉讼等),需要认真研究、应对这些挑战。

3. 面临低端产能过剩、市场需求滞后、主导技术不成熟等挑战

从供给角度来看,无锡市产业规划中确定的新兴产业门类与许多地区发布的门类存在重叠和趋同现象,加上利益驱使,许多企业集中于技术相对成熟和容易产生效益的产业价值链低端环节,使得部分新兴产业面临低端产能过剩的问题。从需求角度来看,新兴产业目标消费者对新产品推出后功能上的优势在完全认可之前,由于转换成本偏高、消费习惯和忠诚度等原因,市场需求峰值时间与新产品推出时间之间具有一定时滞,面临市场需求滞后的问题。从技术角度来看,由于多数新兴产业没有确定的主导技术路线可跟随,而创立新的主导技术又需要投入高昂的研发费用,随着市场化的推进,主导技术可否持续占据主导地位具有极大的不确定性,也很可能被另一种技术所替代,造成前期投资有被吞噬的巨大危险。

五、无锡新兴产业未来发展的前景展望和对策建议

随着无锡逐渐迈入后工业化时代,无锡新兴产业经过10年左右的发展已处于全省领跑地位。2018年,规模以上新兴产业(制造业)工业总产值达到4 039.65亿元(占规模以上工业总产值的24.1%),同比增长14.1%,高于无锡市规模以上工业产值增长0.9个百分点,高于全省战略性新兴产业增长5.3个百分点,有6项科技创新主要指标位列全省前三,其中科技贡献率达到64.8%——已经连续6年位居全省第一。2018年,无锡市出台了有关新兴产业集群的政策举措,聚焦新兴产业重点领域,推动新兴产业集群,提出“到2020年,形成以物联网、集成电路为代表的一批产业规模超千亿元的新兴产业集群”。战略性新兴产业代表新一轮科技变革的方向,大力培育发展战略性新兴产业是培育壮大新动能的重要组成部分、是未来无锡市推

进经济发展高质量的重要举措。随着新技术商业化提速、产业集群优势不断凸显、政策红利持续释放，战略性新兴产业正引领无锡经济发展大趋势，持续为无锡经济发展提供动力，但无锡新兴产业发展也存在动力减弱的迹象。世界主要国家加快布局新兴技术，人工智能、机器人等领域的国际竞争日趋激烈，中美间围绕战略性新兴产业的贸易战持续加深，一些关键技术还受制于人。对照“坚定推进全方位高水平开放，加快构建世界格局中的无锡，奋力争当新时代全省对外开放领跑者”“敢于在世界创新中成为领跑者”的标准和要求，顺应“长三角一体化”国家战略，无锡战略性新兴产业的形态和布局将对接人工智能等未来产业，朝着高质量、高层次、高标准、高水平的方向迈进。深圳和杭州的战略性新兴产业之所以能呈现出裂变式、爆发式、可持续发展的态势，产业生态环境是其中关键。因此，无锡新兴产业未来发展的关键在于，紧紧围绕高质量发展的目标，紧紧扭住战略性新兴产业这个重点和核心，打造出更优良的产业生态环境和企业营商环境，加快构建适应现代经济发展、具有无锡特点的现代产业体系和现代科技创新体系。

（一）促进产业集聚集约，加强规划指导引领、特色园区建设和配套协作

1. 加强规划指导引领，推进产业集群专业化、高端化，提高全产业链创新力和竞争力

优化集群空间布局，加强区域协同，整合资源要素，形成分工合理、优势互补、各具特色的空间格局。加强区域产业发展规划编修，细化集群区域布局，加强政策资源协同，聚焦重点产业集群发展，通过建立区域联动、部门联动、政策联动的推进机制，发挥现有产业优势，在做深、做优、做强全产业链上下功夫，将集成电路、物联网等产业链深度延伸到大数据、人工智能、工业互联网等领域，提高全产业链的创新力和竞争力，增强集群规模效应，有效提升产业集群化水平，促进产业集群向专业化和高端化跃升。

2. 深化特色园区建设,构建公共服务平台共建共享机制,提高公共资源利用效率

着力推动特色产业园区(集聚区)建设,形成一批具有国内外影响力的特色园区,为产业集群发展提供良好发展环境和人才智力支持。探索提高公共资源利用效率的新途径,建立由政府、园区、企业、科研机构及社会组织等多种主体参与的公共服务平台共建共享机制,建设和优化一批公共服务平台,为集群内企业提供技术研发、产品检测、信息服务、仓储物流等服务,帮助企业降低运营成本、提高运行效率。

3. 推进企业配套协作,提高重点产业集群本地配套率,破解"信息孤岛"问题

以产业链为纽带,在上下游产品企业间建立配套协作机制,着力提高本地配套协作率,完善产业链条,提升产业集群整体竞争力。鼓励支持以整机、成套设备、终端产品为代表的龙头企业与产业链内相关企业建立稳定合作关系,拓展本地化采购的广度和深度,提高重点产业集群本地配套率。加强新技术、新产品推广应用,制定推广应用目录,建立完善政府引导、市场化运作的首台(套)重大技术装备保险补偿机制,加快首台(套)重大技术装备的推广应用,推动新技术、新产品产业化。鼓励建立集群企业供需信息动态更新、信息共享等配套协作平台,破解"信息孤岛"问题,促进集群企业的信息交流和技术合作。

(二) 推动企业创新创造,抓高水平创新平台和重大关键核心共性技术

1. 构建协同创新体系和产业联盟机制,优化创新载体,实现创新资源共用共享

支持建设以龙头企业为牵引,专精特新"小巨人"、高校院所、检测机构、设计研发机构等共同参与的产业联盟,在技术研发、标准制定、检验测试等方面建立战略合作伙伴关系。以产业创新需求为导向,鼓励国内外知名高校、科研院所围绕产业关键环节开展共性技术、应用技术研发,为产业发展

提供更多科技成果。推动江南大学等在无锡高校院所和国家超级计算无锡中心等创新载体的大型科学仪器设备向企业开放，实现创新资源共用共享。推动重大科技基础设施、高等院校研究院、科研院所分支机构落地无锡，优化众创空间、孵化器、加速器等创业创新载体，完善中小企业公共技术服务平台、标准化技术平台等创新平台的服务功能，提升创新服务能力和水平。建立产业创新成果交流机制，鼓励建设技术成果对接服务平台，定期发布产业创新需求和科技成果转化信息，举办创新成果交流对接活动，为产业创新提供支撑。

2. 建设高水平企业创新平台，做强创新中心等新型研发机构，促进技术成果转移转化

以龙头企业为主导，建设和做强一批高水平的制造业创新中心、技术创新中心、产业创新中心等新型研发机构。重点依托无锡物联网创新中心有限公司创建国家物联网创新中心；依托阳光、红豆、海澜、三房巷、华宏实业、无锡一棉等企业组建省纺织产品质检中心；依托华进半导体封装先导技术研发中心等企业做大做强省先进封装与系统集成创新中心；依托宜兴环保装备创新研究院和江苏中宜环保装备创新中心等单位积极促进省环保装备产业技术成果转移转化。建成一批国内一流的企业技术中心、工程（技术）研究中心、重点实验室、工程实验室和博士后工作站等企业研发机构。

3. 对标国内外先进水平，实施重大技术攻关，突破关键核心共性技术和重大技术瓶颈

梳理产业关键环节，对标国内外先进水平，重点围绕工业互联网、工业软件、5G产业、人工智能、石墨烯、增材制造、车辆轻量化、自动控制系统及元器件、新型导电材料、能源和资源综合利用等领域，鼓励龙头企业、专精特新“小巨人”企业实施重大技术攻关，突破一批关键核心技术和共性技术。着力推进多传感器集成与数据融合、服装家纺制造全流程自动化智能化、高速通信芯片设计、高性能低风速风力发电机组产业化和高效节能型锅炉、预热发电和制冷新技术、机器人用高精密减速器、高性能机器人专用伺服电机

和驱动器等一批关键技术攻关,突破重大技术瓶颈。

(三) 加快企业内培外引,综合实施领航、招引、培育计划

1. 龙头企业和行业领军企业领航,产业链关键环节兼并重组,增强资源整合能力

聚焦具有规模优势、较强产业链整合能力的龙头企业,特别是终端产品和整机企业,建立产业龙头企业培育库,制定产业龙头骨干企业认定办法和政策措施,加快形成一批根植无锡,掌握标准制定权、行业话语权、市场主导权、具有国内外影响力的行业领军企业。瞄准产业链关键环节实施兼并重组,利用龙头企业技术优势和客户资源拓展产业链条和发展空间,不断增强资源整合能力,引领新兴产业高质量发展。

2. 制定招商指导目录,编制招商地图,为产业链招商“强链补链延链”提供精准导向

围绕“强链、补链、延链”,聚焦产业链短板和关键环节,制定产业招商指导目录,编制产业招商地图,为产业链招商提供精准导向。聚焦世界企业500强、中国企业500强、中国制造业企业500强,特别是具有产业链整合能力和行业影响力的龙头企业和掌握产业关键环节核心技术、具有自主知识产权的国家级制造业单项冠军,实行定向招商、专题招商,着力引进产业重点企业、重大项目、核心技术(产品),补齐产业短板,提升产业整体竞争能力。

3. 培育高成长性中小企业,建立企业培育库,修改完善企业认定办法和政策措施

产业政策的精准性是下一步的重点,应聚焦专业基础好、创新意识强、发展潜力大的高成长性中小企业,建立专精特新“小巨人”企业及行业单项冠军培育库,修改完善专精特新“小巨人”企业认定办法和政策措施,在产业重点领域和关键环节形成一批具有国内外影响力的行业单项冠军企业,为产业链整体创新发展提供支撑。

（四）力促企业转型升级，技改和装备升级推动智能化、绿色化发展

1. 深化企业技改和装备升级，加快应用关键设备和信息技术，实施工业强基重点项目

滚动推进投资超千万元技术改造项目，推动企业技改投资总量稳步增加、投资质量不断提高、技术装备水平加快提升。加快应用关键设备，鼓励企业围绕新技术、新工艺、新设备、新材料的应用组织实施技术改造，推动关键领域技术装备达到国内先进水平。加快采用信息技术，鼓励企业加快信息技术与设计研发、生产制造、营销管理的融合，推进信息技术和智能技改在企业的应用。加快实施工业强基重点项目，重点依托兴澄特钢、中芯长电、透平叶片、隆达超合金、一汽锡柴等企业加强特种钢、集成电路封装测试、超大叶片制造工艺、航空航天合金材料、汽车发动机等“四基”领域（关键基础材料、核心基础零部件（元器件）、先进基础工艺、产业技术基础）联合攻关和产业化，推动无锡市工业基础能力建设。

2. 加快制造智能化建设，打造有影响力的工业互联网平台，高科技与新产业深度融合

推动物联网、云计算和大数据、工业机器人、人工智能等与新兴发展深度融合。大力发展工业互联网，加快企业研发设计、生产制造、销售服务等核心业务“上云”步伐，打造若干在国内具有一定影响力的工业互联网平台。推动企业资源计划（ERP）、制造执行系统（MES）、产品全生命周期管理（PLM）等管控软件在企业中的集成应用，提升运营管控能力。加强企业装备数字化、网络化、智能化改造，提升装备数控化率。加强工业数据采集，深化大数据应用。探索运用离散型、流程型、网络协同制造、大规模个性化定制、远程运维服务等智能制造新模式，减少资源消耗，降低生产成本，提升运营效率，提高产品质量。广泛开展智能制造试点示范，开展智能车间（工厂）创建工作。在汽车、电子等重点行业和安防等特殊领域实施一批机器人示范应用。

3. 推进企业绿色化发展，树立“以土地利用率和亩均产出率论英雄”的发展导向

牢固树立“亩产论英雄”发展导向，深入开展工业企业资源利用绩效评

价,淘汰清退低端低效产能,优化资源要素配置,提高土地利用率和亩均产出率。引导企业积极推广应用先进节能、节水、节材技术和工艺,加快源头减量、减排以及过程控制等绿色高端装备的改造升级,淘汰更新一批低端落后装备和生产线,减少工业固体废物、工业废水、工业废气排放。鼓励企业应用激光、增材制造(3D打印)、微束等离子熔覆等再制造新技术,推动机械装备产业再制造。以锅炉(窑炉)改造、余热余压利用、电机系统改造、能量系统优化为重点,组织实施节能和循环经济改造工程,提高能源资源利用效率。

(五)实施企业品牌建设,积极制定标准,提升产品质量

1. 推进企业"三品"战略,培育产业集群区域品牌,加大品牌推介力度

引导重点企业增强以质量和信誉为核心的品牌意识,开展品牌创建活动,实施增品种、提品质、创品牌"三品"战略,进一步扩大品牌经济在无锡市制造业中的比重。以物联网、集成电路、高端纺织服装等为重点,培育一批产业集中度高、辐射带动作用强、质量效益好的产业集群区域品牌,争创国家产业集群区域品牌试点,打击各类侵权行为,不断提升企业品牌价值和无锡制造整体形象。加大品牌推介力度,鼓励企业参与国内外知名专业性博览会、高端论坛的品牌创建活动,创新经贸活动组织方式,引导企业以集群组团方式参加国际性展会、产业论坛等活动,扩大无锡先进制造业品牌影响力,提高"无锡制造"美誉度。定期编印无锡产业集群品牌发展报告和产业集群发展宣传作品,着力打造无锡产业地标。

2. 建立政市协同制定、协调配套的新型标准供给机制,扩大产业技术标准话语权

建立政府主导制定的标准与市场自主制定的标准协同发展、协调配套的新型标准供给机制。推动企业联合参与行业标准、国家标准和国际标准的制定,鼓励龙头企业、专精特新"小巨人"企业制定领先于国际、国家和行业标准的企业标准。推动无锡市物联网(半导体)产业团体标准试点,扩大产业技术标准话语权。推动全国增材制造标准化技术委员会测试方法分技

术委员会筹建工作，发挥标准化技术组织在未来产业发展中的引导作用。推动国家技术标准创新基地（金属线材制品国际标准化）筹建工作，以标准化助推创新技术和产品的市场化、产业化、国际化。

3. 促进产品质量提升，坚持3N质量管理原则，落实企业质量主体和质量首负责任制

大力推广应用精益生产、卓越绩效管理等先进的质量管理方法，支持企业采用新技术、智能装备改造工艺流程，降低产品误差率，提升产品质量。推动企业协同推进质量管理，引导企业坚持“3N质量管理原则”（不接受不合格产品、不制造不合格产品、不移交不合格产品）。鼓励企业对标国际同行业质量管理最高水平，加强国际质量认证，积极争创中国质量奖、全国质量奖、全国质量标杆。督促企业严格履行质量主体责任，落实质量首负责任制，完善企业产品质量与服务标准自我申明公开制度，探索实施质量责任保险、质量安全约谈等制度。

（六）推动军民融合、制造服务融合，促进区域交流合作

1. 推进军民融合深度发展，推进产业转移、混改、产品配套、人才引育等深度合作

将物联网、集成电路、电子元器件、“两机”产业（航空发动机及燃气轮机）、高技术船舶和海工装备等产业作为重点领域和主攻方向，鼓励企业延伸产业链，参与中电58所、中航607所、航发614所、船舶721厂、兵器559厂等在无锡军工集团配套科研、配套生产。支持企业参加中国军民两用技术创新应用大赛、国家军民融合发展高技术装备成果展、中国国际航空航天博览会等国家级军民融合活动。主动对接与无锡市有良好合作基础的航天科工、中电科技、兵器工业、中船重工等央企军工集团，探索推进在产业转移、混合所有制改造、产品配套以及人才引育等方面的深度合作。重点培育、着力打造集设计、研制、生产和服务为一体的整机企业，争取3—5年内实现零的突破。加快推进市级军民融合公共服务平台建设，举办军民融合“直通车”活动。

2. 促进“制造+服务”融合发展,推动制造业服务化转型、服务型制造模式

推动制造业服务化转型,推广服务型制造模式,引导制造企业以服务产品全生命周期为目标,重点开展提供研发设计、故障诊断、检测、维护、保养等产业链延伸服务。充分发挥双良节能、远景能源等国家级服务型制造示范企业带动效应,积极推动模式复制推广,鼓励企业开展服务化模式创新。强化现代物流、工业设计、科技服务、信息技术服务、金融服务、商务服务、电子商务、节能环保等生产性服务业支撑,促进制造业与生产性服务业深度融合。

3. 推动区域合作交流,提升产业协同创新力和区域影响力,实现优势互补和互利共赢

积极参与长江经济带、长三角区域一体化、苏南国家自主创新示范区等国家区域协调发展战略建设,推动物联网、集成电路、高端装备、生物医药和医疗器械(材)、汽车及零部件、人工智能等产业的合作交流,不断提升产业的协同创新力和区域影响力。推动企业国际化合作,积极参与“一带一路”建设,支持设立境外园区,重点依托柬埔寨西哈努克港经济特区等国家级境外经贸合作区,推进物联网、高端纺织服装、高端装备、新能源等优势企业拓展海外市场,提升产业国际化发展水平。以产业链为纽带,推动各市(县)区之间的产业合作,促进协同发展,提升产业整体竞争力。根据省重点产业建设要求,加强无锡与省内其他城市之间的合作,实现优势互补和互利共赢,提升产业配套协作的水平。

作者:周及真

第二章　无锡物联网产业发展成效、经验及创新对策研究

随着全球新一轮科技革命不断加速推进，物联网颠覆性技术层出不穷。正如19世纪末的电力技术让人类社会告别蒸汽时代一样，物联网不断带来人类经济结构的变革，向各行业不断渗透和深度融合。2018年，在供给侧和需求侧的双重推动下，物联网进入以基础性行业和规模消费为代表的第三次发展浪潮，5G、低功耗广域网等基础设施加速构建，数以万亿计的新设备将接入网络并产生海量数据，人工智能、边缘计算、区块链等新技术加速与物联网结合，应用热点迭起，物联网迎来跨界融合、集成创新和规模化发展的新阶段。面对重大的发展机遇，各产业巨头强势入局，生态构建和产业布局正在全球加速展开。

无锡作为国内发展物联网产业的先锋城市，早在2009年就获批成立了全国唯一的国家传感网创新示范区。10年来，无锡借助集成电路的深厚基础，依托高校和科研院所的研究输出，持续深化国家传感网创新示范区建设，围绕技术创新、产业培育、应用示范等发展环节，在物联网领域先行先试。历经10年沉淀与发展，物联网种子在无锡这片土地上结出了一个个“智慧之果”。截至2018年年底，全市物联网企业超2 000家，营业收入达到2 638.71亿元，同比增长23.7%，形成了关联芯片、感知设备、网络通信、应用服务和智能硬件等较为完整的上下游产业链。物联网赋能成为无锡产业发展的鲜明特色，逐步应用于工业、农业、环保、金融、物流、健康、体育、交通、安防等各个领域，无锡企业承接的物联网工程已遍及全球60多个国家和地区700多座城市以及全国31个省份。未来，无锡将不断从增强创新策

源能力、释放全域赋能作用、优化产业发展生态等多方面,加快提升物联网技术高端化、企业品牌化、产业规模化、应用市场化、区域协同化水平,继续争当全国乃至全球信息产业发展领跑者。

一、无锡物联网产业的发展历程

(一) 孕育:合理化探索阶段(2009—2011 年)

1. “感知中国中心”的提出

物联网,始于 20 世纪 90 年代。1995 年,比尔·盖茨在《未来之路》中提及了物联网的概念,虽然不是以物联网几个字提出来的,但却提出了无所不在的概念。2005 年 11 月,在突尼斯举行的信息社会世界峰会上,国际电信联盟正式发布了一份物联网报告。2008 年,美国提出了智慧地球的概念,建议新政府投资新一代的智慧型基础设施。当年,美国将新能源和物联网列为振兴经济的两大重点。2009 年 6 月,欧盟公布了物联网行动计划,描绘了物联网技术的应用前景,提出欧盟政府要加强对物联网的管理,促进物联网的发展。同年 7 月,日本发布了 i-Japan 计划。

在发达国家对物联网针对性发展计划相继出台的同时,事实上无锡早就关注到了这一趋势。最早在 2006 年年初,无锡就建立了“太湖国际科技园”,在产业转型升级的过程中无锡市政府开始关注到了微纳电子产业,无锡市政府开始对发展物联网产业进行战略部署,除了集成电路和微电子产业外,还决定大力发展微纳传感网产业,并建立起国内首座“微纳传感国际创新园”。2009 年 8 月 7 日,温家宝总理在视察无锡高新微纳传感网工程技术研发中心时,作出在无锡建立“感知中国中心”的重要指示。这是无锡在物联网发展史上的一个重要里程碑,也是一个让世界关注、让国人振奋、让无锡名扬的日子。由此,无锡物联网产业受到了国家层面的高度重视。同年 11 月 13 日,国务院正式批准同意支持无锡建设国家传感网创新示范区,这是我国唯一的国家传感网创新示范区。

2. 无锡的积极行动

“感知中国中心”提出后、物联网的号角吹响后,无锡通过南上北下,东联西合，开始积极努力与行动。无锡开始向国家有关部委包括工信部、发改委、科技部等对上积极争取相关政策；对中科院以及三大运营商等联系和沟通，下决心按照总理的要求建好国家传感网创新示范区。在上下共同努力下，在国家有关部委的关心和支持下，无锡出现了一系列可喜的变化，体现在以下几个方面：一是规划引领无锡。2012 年 8 月 5 日，国务院正式批复《无锡国家传感网创新示范区发展规划纲要(2012—2020 年)》，明确了示范区的发展目标，即建成国内物联网“技术创新核心区、产业发展集聚区、应用示范先导区”。二是一批国家品牌纷纷授予无锡。在 2009—2001 年，除了国务院批复的国家传感网创新示范区外，无锡还获得了其他 10 项国家级品牌，即：科技部颁发的国家传感网工程技术研发中心、国家级传感网专业孵化器、国家传感网高新技术产业化基地和国家级国际科技合作基地，工信部颁发的国家传感网应用展示中心和国家新兴工业化产业示范基地，发改委颁发的国家云计算服务创新发展试点示范城市、国家创新型试点城市和国家云计算服务创新发展试点示范城市，以及国务院颁发的三网融合第二阶段试点城市。三是一批高校和科研院所走进无锡。包括北京大学、北京邮电大学、上海复旦、上海交通、东南大学、南京邮电大学、南京信息大学、南京理工大学、清华大学等院校纷纷落户无锡，并在无锡建立研发机构，把高校的团队引进无锡。2009 年 11 月，中国科学院、江苏省人民政府、无锡市人民政府签署共建中国物联网研究发展中心(筹)三方协议。同年 12 月 30 日，江苏省批复成立江苏物联网研究发展中心，物联网中心围绕“支撑服务地方经济发展、产业发展、科技发展”目标，在推进建设国家级物联网创新示范区中起到了资源积聚、人才培养、产业孵化的引领带动作用。四是一批企业和人才落户无锡。中国的五大运营商中国移动、中国联通、中国电信、国网和中国广电都在这个阶段纷纷落户无锡，西门子、NTT、航天科技集团、中兴智能交通等品牌资源迅速集聚无锡。无锡通过 530 计划和千人计划也迅速吸引了一批物联网相关专业的人才。五是一批政策支持无锡。国家各部委通过出台一系列政策和支持重大应用示范项目支持无锡物联网产业发展，同时无锡还出台了市级有关物联网产业政策，在电力、交通、环保、医疗、安防等领域部署示范项目,通过应用的牵引来带动物联网产业的发展。

(二) 成型: 产业高地崛起阶段(2012—2015年)

2012—2015年是无锡物联网稳健发展的一段时期,政策体系逐步完善,市场需求逐步提升,行业泡沫逐渐消失,从政府主导走向市场需求,从整合运用走向集成创新,整体发展呈现务实、健康的态势。这段时期,无锡不仅入围了国家智慧旅游试点城市、TD-LTE网络试点城市、住建部首批国家智慧城市建设试点城市、首批战略性新兴产业知识产权集群管理试点城市、全国物联网公共安全应用示范城市、信息惠民国家试点城市、国家下一代互联网城市、教育信息化区域综合试点城市,还作为唯一的亚洲城市,入选IEEE全球智慧城市试点计划。注重自媒体推广,升级改版后的"无锡国家传感网创新示范区网站"正式上线,示范区微博和微信公众平台相继开通,不到半年时间关注人数已近万人。在此时期,无锡市的物联网产业发展主要呈现以下特征:

1. 形成"一核多元"的物联网产业空间布局

经过前面几年的规划与发展,无锡在这段时期已形成了优势互补、分工协作、共同发展的物联网产业总体格局,将物联网发展区域划分为核心区、重点区和支撑区。核心区主要由无锡新吴区、滨湖区和南长区构成,着重发展共性技术和产品;重点区着力发展应用子集产品和技术;支撑区为产业发展提供协作配套。在"一核多元"产业布局的协调推动下,截至2015年年底,示范区共组织建设物联网研发创新载体300多万平方米,以新吴区、滨湖区和梁溪区最为集中。其中,新吴区共建成6个物联网园区,即传感网创新园、传感网信息服务园、传感网大学科技园、感知中国博览园、天安智慧城和中关村软件园;梁溪区建成无锡(南长)国家传感信息中心;滨湖区建成无锡(滨湖)国家传感信息中心,并开始打造无锡(国家)智能交通产业园。无锡在这段时间已重点瞄准智能交通这一细分领域,以传感信息中心为核心,充分发挥公安部交通管理科学研究所的权威品牌和行业技术优势,加速在车联网领域布局。从产业链角度来看，各区域在此时期也明确了各自的重点发展领域，比如江阴的智慧能源，宜兴的智慧环保，梁溪的智能传感器，锡山的智慧农业，惠山的智能制造，滨湖的智慧交通、物联网信息安全、高端软件，新吴的智能传感器、高端软件、智慧健康、智慧体育等，都已经具备一定的发展基础。

2. 研发机构和公共服务平台快速增长

无锡在发展物联网的过程中，深知研发机构和公共服务平台对产业的重要性。研发机构是科技创新的生力军，公共服务平台更是产业发展必须的服务体系。2012—2015 年，无锡在前几年的基础上加强引进国内外知名企业、大学和科研机构。移动、电信、联通等运营商在无锡设立了聚焦于物联网网络传输层技术研发和提供业务服务的研究机构；江苏物联网研究发展中心、无锡物联网产业研究院、中国电科、航天科技等入驻无锡，专注于物联网技术研发；清华大学、北京大学、复旦大学、北京邮电大学、东南大学、南京大学等重点高校在无锡也设立了物联网科研中心；跨国公司在各产业园区设立了英特尔联合创新中心、西门子物联网创新中心、IBM 中国系统与科技（无锡）开发中心、微软亚太区全球技术支持中心；专注行业应用，依托骨干企业、行业主管部门联合设立了卫生部统计信息中心医疗物联网无锡研究院、国家环境保护物联网技术研究应用（无锡）工程技术中心；等等。公共服务平台的数量也在这个阶段大规模增长，支持物联网公共服务平台建设和运营，提升物联网技术研发、应用推广、产业发展等公共服务能力，形成了包括物联网公有云平台、检验检测服务平台、技术中介服务平台、标准及知识产权服务平台、应用推广平台等相对完备的物联网公共服务体系。

3. 重大应用示范不断拓展应用领域

在这段时期，无锡坚持以重大应用示范为抓手，与推进智慧城市建设相结合，不断拓展物联网应用领域，提升应用水平。重大行业应用示范项目推进步伐加快，《无锡市重大物联网应用示范项目管理暂行办法》正式出台，继物联网综合应用示范项目和环保物联网项目后，汽车电子标识、居民健康信息管理、气象物联网、财税物联网等重大物联网应用示范项目先后分别通过正式立项并实施，一大批关键技术和行业标准应运而生，为全国物联网规模化应用提供试点示范，项目为无锡市创造了巨大的社会经济效益，示范意义显著。同时，为鼓励和表彰无锡物联网应用的优秀案例，推广典型应用，激发企业创新动力，加快培育市场价值，无锡市人民政府与新华通讯社江苏分社从 2013 年起联合主办“无锡国家传感网创新示范区首届物联网十大应用案例”评选活动，并一直延续至今。

(三) 爆发：产业化集群发展阶段(2016—2019 年)

经过前面几年的培育和发展，无锡物联网产业从 2016 年起逐渐从碎片化布局、孤立化应用为主的起步阶段迈入了重点聚焦、跨界融合、集成创新、规模发展的新阶段，呈现出良好的发展态势。物联网技术广泛地运用到交通、汽车、环保、体育等诸多产业领域，跨界深度融合，催生出日新月异的产业新气象。并且，在这一阶段的发展时期，无锡正在不断走向全球物联网革命的舞台中央。2016 年起，无锡自 2010 年就开始举办的中国国际物联网(传感网)博览会正式更名为世界物联网博览会(简称物博会)。国内外知名企业云集，行业顶尖菁英齐聚，物博会受到了国际物联网业界和社会各界的广泛赞誉，在物联网发展史上留下了鲜明的“太湖印记”。物博会的成功召开得到了与会代表的一致共识，“物联网发展看江苏，物联网高地看无锡”。在此时期，无锡发展主要呈现以下特征：

1. 物联网进入规模发展阶段

在这段时期，物联网在国际上已成为各国新技术的热点和经济增长的引擎，全球知名企业均从不同环节布局物联网，产业大规模发展的条件正快速形成，这也为无锡市物联网产业的爆发营造了一个良好的商业环境。无锡市基本形成了涵盖传感器、感知设备、网络通信、应用服务和智能硬件等较完整的物联网产业链。全市物联网相关企业超过 2 000 家，营收超 2 000 亿元，全省第一，从业人员突破 15 万人。一批具有行业竞争力的骨干龙头企业和“专精特新”中小企业加快发展，华虹、中电海康、浪潮、中国电信集团物联网分公司、亚信集团、大唐电信、微软、西门子等行业领军企业落户无锡，远景能源成为全球最大的智慧能源资产管理服务公司，感知集团在国内首创物联网金融模式。无锡市物联网产业成为全国产业集群区域品牌建设试点，智能传感产业集群成为全国首批创新型产业集群，无锡是全国首批国家云计算服务创新试点示范城市中唯一的地级市。无锡(国家)智能交通产业园获工信部和公安部联合授牌，部省共建的国家智能交通综合测试基地揭牌成立，中船海洋探测技术产业园、智慧体育产业园、智慧健康产业园加快推进，鸿山、雪浪、慧海湾3个物联网小镇建设启动。

2. 应用模式由政府主导向市场主导转变

随着物联网示范应用逐渐推广，应用模式在这一阶段开始由政府引导向市场主导转变。市场需求是新兴产业发展的关键，相对于一些地方政府在引进之前的惠利政策，无锡更倾向于给物联网企业提供后端的市场，甘做企业"试错"的基地，利用技术和市场的运作不断孵化出更优质的产品和更具竞争力的企业，再将这些企业和他们的服务推向全国乃至世界。无锡企业承接的物联网工程已遍及全球60多个国家和地区700多座城市以及全国31个省份，促进了物联网技术的推广，带动了传统产业优化升级，并且多个物联网工程已成功应用到美国休斯敦、英国伦敦、日本东京、丹麦奥胡斯、阿根廷布宜诺斯艾利斯等国际城市。远景能源首创的智慧风场管理系统成为首家为美国公司提供风场管理服务的中国企业；悟莘科技开发的工程结构安全监测系统成为首个进入伦敦地铁、泰晤士水利排污工程等结构安全检测的中国企业；物讯科技研发的应急清点系统曾获得美国物联网大会年度最佳IOT奖，已在秦山核电站成功部署实施。无锡物联网企业已具有进入国际市场的潜能，有利于推动这些物联网企业的系列产品和服务满足国内外市场需求，为扩大经营范围打下坚实基础。

3. 聚焦专业细分领域集群化发展

在构建物联网全产业链的基础上，无锡物联网在这个阶段开始呈现聚焦专业细分领域的集群化发展的特征。无锡全力打造的传感器特色园区、智能交通产业园、宜兴环保科技产业园、智慧体育产业园和智慧健康产业园五大特色园区均已发展成熟。传感器产业园已集聚近 300 家传感器相关企业,逐渐构建起高端智能传感器系统的产业集群。慧海湾小镇着重在物联网传感传输层加强攻关,以传感激活应用,以应用反哺传感,中电海康、海尔、特康、朗新产业园等重大项目已落户小镇。鸿山物联网小镇着眼于平台层和应用层建设,搭建产业数据中心,打造智慧工业、智慧旅游、智慧农业、智慧交通、智慧医疗和智慧教育等特色应用。智慧体育产业园区采用孵化与投资相结合的发展模式,园区内企业年产值超亿元,其中无锡汇跑、睿健时代、宏育科技、海韵体育等企业发展迅速。环保物联网产业园依托无锡国家传感网创新示范区及中国宜兴环保科技工业园进行建设,汇聚无锡国家环保物联网应用工程中心和无锡国家传感信息中心相关物联网产业研发平台,通过整合各类优势资源,目前已成为特色明显、优势显著、全国领先的环保物联网技术创新中心,集成研发创新高地、产业化制造基地和应用示范中心。智能交通产业园更是打造一流的智能交通管理综合测试基地,实施车联网(LTE-V2X)城市级示范应用项目。2019 年 5 月,工业和信息化部复函江苏省工信厅,支持创建江苏(无锡)车联网先导区。这是继 2018 年 12 月份工信部发布《车联网(智能网联汽车)产业发展行动计划》后,我国设立的首个车联网先导区。

二、无锡物联网产业的发展现状及水平

(一) 2018 年全市物联网发展概况

1. 产业规模平稳增长,重点企业不断做强做大

据不完全统计,截至 2018 年年底,全市列入统计的物联网企业 1 678 家,营业收入达到 2 638.71 亿元,同比增长超过 23.7%,形成了传感器、感知设备、网络通信、应用服务和智能硬件等较为完整的上下游产业链。全市累计获得 20 多个物联网相关国家品牌,全球影响力稳步提升。一批具有行业竞争力的骨干龙头企业和“专精特新”中小企业加快发展,中电海康、浪潮、中国电信集团物联网分公司、亚信集团、大唐电信、微软、西门子、金风科技、深圳特康等行业领军企业落户无锡。全市各类上市物联网企业 24 家,

新三板挂牌物联网企业 55 家，远景能源成为全球最大的智慧能源服务企业，华云数据、帆软软件成为全省仅有的 2 家入围“中国大数据企业 50 强”的企业，艾得无线等 3 家企业入围中国互联网百强企业榜单，入围数接近全省的 1/2。

2. 突出创新驱动，坚持技术攻坚

无锡物联网技术研发得到了国家科技重大专项、863 计划、物联网发展专项等项目的大力支持，累计承担省级以上物联网研发项目 2 000 多个，物联网专利申请量超过万件，其中发明专利申请 2 500 多件。无线自组网、MEMS 设计制造等多项成果达国际领先水平，填补国内外空白。无锡大力鼓励企业联合用户单位、科研院所开展协同攻关，集聚物联网重点研发机构 44 家，增强平台支撑，加快各类公共服务平台和信息基础设施建设，上线发布全省首个统一开放的物联网公有云平台，5G 小型试验网建成并试运行，率先建成全国首个 IPv6 规模商用网络，成为全国首个窄带物联网全域覆盖的地级市；累计建成国家超级计算中心、国家智能交通综合测试基地、国家物联网感知装备产业计量测试中心等公共服务平台 58 个。深入参与全球物联网标准体系建设，牵头或参与制定物联网国际标准 11 项、国家标准 49 项。同时，无锡深入实施“太湖人才计划”及其升级版，积极引进物联网产业发展急需的各类高层次人才；密切与国内外相关高校、科研院所的人才合作，依托重大项目、重大专项、重点企业着力培养高端人才，全市物联网从业人员超过 18 万人。

3. 应用示范加快推广，辐射带动作用有效发挥

规模化应用是物联网发展的关键。经过几年的实践，无锡物联网示范项目稳健开展，政策体系逐步完善，市场需求逐步提升，对行业影响越来越深。通过物联网技术的广度普及，构建现代产业体系，走新型智能化道路，与其他行业和领域紧密结合，实现智慧行业、智慧服务等也是发展物联网的意义所在。根据中共无锡市委、无锡市人民政府《关于无锡国家传感网创新示范区建设（2017—2020 年）的实施意见》《无锡市加快发展以物联网为龙头的新一代信息技术产业三年（2017—2019 年）行动计划》精神，无锡积极

推进国家、省市立项的各个重大应用示范项目，为全国物联网规模化应用提供试点示范，示范意义显著。截至 2018 年年底，全市承接的物联网工程遍及全球 60 多个国家和地区 700 多座城市，一大批传统企业采用物联网技术实现了智能化改造，形成了一系列较为成熟的、可复制可推广的物联网运营模式和商业模式。同时，无锡主动适应经济发展新常态，坚持创新驱动发展不动摇，立足城市资源禀赋、产业基础和比较优势，创新发展理念、思路和方式，推动形成一批以“慧海湾”“鸿山”“雪浪”为代表的物联网特色小镇，打造世界级物联网示范项目。

4. 物博会规模持续扩大，突出高端性和专业性

2018 世界物联网博览会以“数字新经济　物联新时代”为主题，由 1 场世界物联网无锡峰会、1 个物联网应用和产品展览展示、1 场物联网新技术新产品新应用成果发布会、10 场高峰论坛和 16 场系列活动组成。本届物博会规模超往届，参会嘉宾体现了高端性、国际性和融合度，48 位国内外院士、830 位学界专家、6 217 位企业高层在内 13 500 多名嘉宾，从 24 个国家和地区集聚太湖之滨，开展交流对话，汇聚思想智慧，共商数字经济新时代的物联网发展大计。4 天的展览展示共吸引观众人数达 18.9 万人，诸多引领性的应用在无锡成为现实，数百亿元物联网项目签约落地。

（二）2018 年全市各区域物联网产业营收情况

经过几年的规划发展，无锡物联网产业发展迅速。市区两级以园区为载体，不断集聚物联网企业，推进产业集群发展，产业空间布局持续优化，产业集群效益初步显现。无锡各区域明确各自的重点发展领域，为物联网产业发展绘就了蓝图。比如，江阴的智慧能源，宜兴的智慧环保，梁溪的智能传感器，锡山的智慧农业，惠山的智能制造，滨湖的智慧交通、物联网信息安全、高端软件，新吴区(高新区)的智能传感器、高端软件、智慧健康、智慧体育等都已经具备一定的发展基础。截至 2018 年年底，无锡市各区域物联网企业数量和营收情况如下：

新吴区(高新区)企业 776 家，营收 1 603.09 亿元(同比增长 21.2%)；

滨湖区企业 427 家，营收 499.70 亿元（同比增长 21.1%）；

梁溪区企业 241 家，营收 39.67 亿元（同比增长 20.6%）；

锡山区企业 43 家，营收 16.96 亿元（同比增长 26.2%）；

惠山区企业 99 家，营收 97.1 亿元（同比增长 21.4%）；

江阴市企业 46 家，营收 361.49 亿元（同比增长 42.6%）；

宜兴市企业 46 家，营收 20.7 亿元（同比增长 21.2%）。

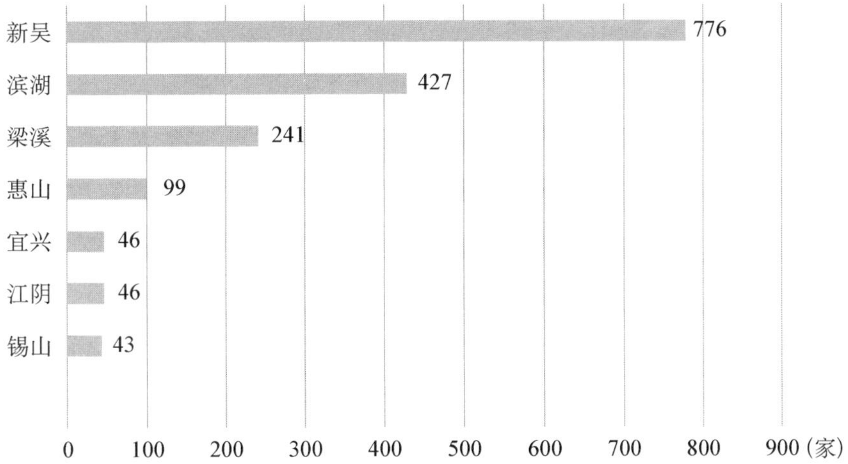

图 2－1　2018 年全市各区域物联网企业数量分布

如图 2－1 所示，新吴区（高新区）、滨湖区和梁溪区物联网企业数量在全市占比分别达到 46%、25%和 14%，符合无锡市以新吴区（高新区）为核心、滨湖区和梁溪区为重点的“一核多元”的物联网产业格局。江阴市、宜兴市、锡山区和惠山区作为传统制造企业密集地区，物联网企业数量较少。

如图 2－2 所示，物联网企业的空间分布规律与产值分布规律基本一致，新吴区和滨湖区物联网营收分别居于首位和第二位，营收达到 1 603.09 亿元和 499.70 亿元，进入了稳中有进的发展态势，增长率都维持在 21%左右。梁溪区的物联网企业数量虽然远远胜于江阴和惠山，但大部分企业都属于中小型规模，对营收产生了一定的影响。近年来，无锡市积极响应“中国制造 2025”国家级战略，依托本地物联网、云计算和大数据等产业集群优

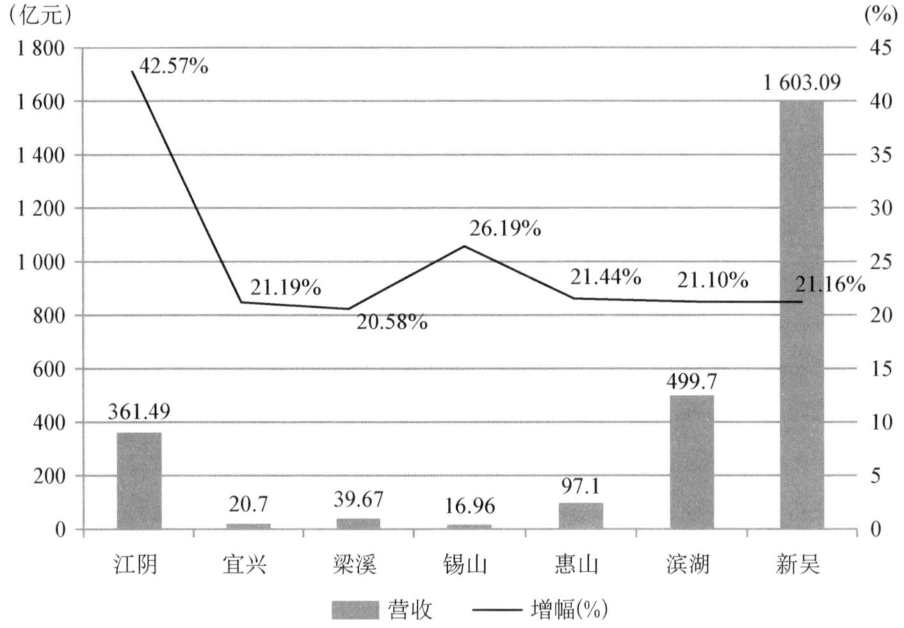

图 2-2　2018 年无锡市各区域物联网营收及同比增长

势，大力推行智能制造，并在 2017 年出台了《无锡市智能制造三年(2017—2019)行动计划》，这对如江阴、惠山等传统制造企业密集区域的物联网产业营收提高有积极作用，江阴的物联网产业营收同比增长居于首位，达到了 42.57%。

(三) 物联网产业领军企业情况

无锡市在发展物联网产业的过程中，注重对龙头企业的培育，在“以物联网为龙头的新一代信息技术产业政策”中，有多项政策支持和鼓励龙头企业的发展，旨在通过龙头企业带动产业上下游企业集群发展。截至目前，无锡市在智能传感器、网络通信、应用服务和智能硬件等领域都培育了相应的领军企业。

1. 智能传感器

智能传感器芯片由传感器、微处理器和其他器件合成，传感器将各种感知信号转换为电信号，通过滤波、放大、调理，再经 ADC 转化为数字信号送至微处理器。无锡经过多年不断建设,智能传感产业发展迅速,集聚发展势头强劲,形成了一大批以美新半导体、华景传感、无线电科学研究所、芯奥微、中感微、艾立德为主的传感器研发制造企业,产业规模超百亿元,产业链条基本完备、产业配套日趋完善,传感器产品纷纷占据国内外主流市场。代表性企业美新半导体(无锡)有限公司是全球首家将微机械系统(MEMS)和混合信号处理电路集成于单一芯片的惯性传感器公司,结合标准 CMOS 流程,成功生产出 20 多种更低成本、更高性能并处于世界领先水平的加速度传感器,是全球消费类电子市场最大的 MEMS 加速度传感器供应商,是国内真正在 MEMS 领域与国际行业巨头竞争的公司;无锡中感微电子股份有限公司前身是无锡中星微电子有限公司,主要从事射频芯片领域及其他技术领域内芯片的研发、设计及产业化,掌握了中高速传感网核心芯片设计、视音频编解码、视频智能处理、RF 射频类芯片等物联网的核心技术,成功开发了基于短距离无线通信的传感网 SoC 芯片;无线电科学研究所的气象传感器等主导产品在自动气象站国内市场占有率达到 40%,产品覆盖全国各个省市自治区,并陆续布设到南极中山站、巴基斯坦达尔港、吉尔吉斯斯坦、哈萨克斯坦、老挝、缅甸等国家和地区。

2. 网络通信

无锡经过多年的发展与沉淀,物联网通信产业基础、技术水平、产业环境均居全国前列,在引进传统的电信、移动、联通等网络运营商物联网研发中心的同时,同步将下一代通信技术和窄带通信技术列为重点发展方向,先后引进了安诺信、海峰聚思、宽腾达通讯、九洲通讯科技等一批集网络建设、运营于一体的通信企业。安诺信是中国及亚洲范围内最领先的通信设备服务商之一,无锡作为安诺信分布式的大型设备服务中心之一,服务国内三大主流运营商的 20 余个省市以及东南亚地区的印度尼西亚、越南等海外运营商。涉及无线、传输、核心网等相关设备的管理优化、健康检测、评估及一体化服务,研发了拥有自主知识产权的全套设备诊断、测试、校准自动化平台;世界领先的商务流程服务提供商和 IT 分销商——新聚思集团旗下致力于设计、研发节能型机柜级服务器、存储和网络解决方案的子公司 Hyve

Solutions(海峰)在高新区综保区投资设立了无锡海峰聚思信息科技有限公司,从事高端云服务器生产、销售业务的研制,主要客户为 Facebook、亚马逊、苹果、阿里巴巴等,项目总投资 9 000 万美元,全部达产后预计年产值约 30 亿元;无锡军工智能电气股份有限公司与美国 Ingenu 公司技术合作共同成立的无锡九洲通讯科技有限公司,主要聚焦于物联专网,开发推广中国市场的 RPMA 技术,搭建基于"随机相位多址接入"(RPMA)技术的物联专网,并构建适合物联网产业的生态系统,致力于成为运营骨干网络的企业之一。

3. 行业应用

在物联网产业发展的探索过程中,无锡逐渐形成了以应用带产业、以示范拓市场、以模式促推广的物联网发展思路,在各个应用领域也培育了一批领军示范企业。感知集团作为国家传感网工程技术研究中心、国家环保物联网工程中心的依托单位,是国家物联网基础标准工作组组长单位、国家传感网标准化工作组组长单位,创立了物联网金融新领域,已与数家全国性银行、保险公司等合作推出物联网金融产品,有效解决中小微企业贷款难题,实现物联网金融产业的创新应用;双良节能把物联网产品与互联网通讯、云计算技术结合,自主开发出集远程监控、云端数据备份、大数据分析、专家系统功能、预测式服务、微信推送、远程诊断等功能于一体的能源管理系统——双良云平台。目前该平台已应用到数百家国内外用户的 1 000 多台能源设备中,为不同用户综合节能 20%—50%,延长设备寿命 5—10 年,降低能源成本 20%—50%,减少管理成本 15%—30%。远景能源在能源物联网领域持续创新,不断拓展在物联网领域全球的领先地位,目前已经拥有全球最大的能源物联网平台,管理着全球 100 GW 的能源资产,服务着包括壳牌、杜克能源、中华电力等能源巨头。在智慧医疗领域,曼荼罗以电子病历为基础,区域医疗大数据应用为目标,逐步拓展了全国 800 多家医疗机构用户和河北、重庆、天津、青岛、长沙、昆明、无锡等 30 多个省市卫生健康委用户,为这些用户运维管理超过 1 亿份电子病历档案(全数据集成),与国内 100 多种第三方 HIT 系统(几乎涵盖市面上所有主流产品)建立了数据接口在物联网金融领域;朗新科技是中国专业的公用事业行业关键业务信息技术解决方案提供商,其核心产品电力营销系统覆盖国家电网和南方电网 22 个省市；同时，公司也是燃气行业专业的客户信息系统提供商，服务于全国知名的燃气公司——华润燃气集团以及新奥燃气等企业，进入产业互联网时代，朗新“能源互联网”和“云大物智创新行业应用”两个业务战略方向快速发展。

4. 平台服务

华为鸿山物联网生态使能中心为物联网产业的产品开发、解决方案孵化以及创新示范应用的孵化，提供源源不断的技术能力支持，首期落地“云上物联网”和“华为中软国际智能制造云”两项核心产业服务；国家物联网感知装备产业计量测试中心是目前全国范围内获批的首个国家级物联网检测中心，将成为国内一流的风速传感器实验室和惯性传感器实验室，成为国内传感器检测种类覆盖最全、最专业的实验室；华进半导体封装先导技术研发中心有限公司国家级封装与系统集成先导技术研发中心是由中科院微电子所和集成电路封测产业龙头企业长电科技、通富微电、华天科技、深南电路 5 家单位共同投资建立，开展系统级封装/集成先导技术研究，研发 2.5D/3DTSV 互联及集成关键技术（包括 TSV 制造、凸点制造、TSV 背露、芯片堆叠等），为产业界提供系统解决方案，为超过百家企业提供合同科研与技术服务。新吴区打造的“飞凤平台”彻底打通物联网云架构基础层、平台层、应用层，包容 NB-IoT、LORA 等所有主流物联网通信协议和技术标准的物联网基础平台，解决物联网应用“统一规则”的问题，并规范了平台开发框架，实现多领域业务建模，提供大数据、云计算和人工智能等特色组件，能够轻松高效地为城市管理者提供贯通交通、环境、水务、能源、城市治理、公共服务等全视角管理和综合调度。“飞凤平台”将拓展容纳 500—1 000 个城市治理领域的物联网应用，并逐步扩展至江苏全省。

5. 智能硬件

无锡智能硬件产业氛围浓厚，发展态势强劲，已形成了以小天鹅、和晶科技、汉和航空、中科融通等为主的智能硬件企业，进一步夯实高新区智能硬件板块生态环境，促进物联网产业优化升级。小天鹅的新产品你“U 净”自助洗衣机面向高校、公寓酒店等公共场所，直击消费者和运营商在自助洗衣中遭遇的痛点,为消费者安全、便捷洗衣及运营商高效管理,提供中国式的解决方案。和晶科技不断加大研发投入及专利申请,公司在冰箱、洗衣机智能控制器变频技术等方面形成核心技术优势,积累了丰富的智能硬件制造和良好的行业口碑,形成了稳定、高质量的大规模智能硬件生产能力和质量保证体系,现已成为国内研发与制造集一体的智能家居行业内排名前三的知名企业。

汉和航空的"水星一号单旋翼植保无人机"解决了特殊地形(丘陵等)中农作物病虫害防治难题。通过 GPS 匹配,形成自动记录作业断点的功能,产品拥有全部知识产权,填补国内高性能农用植保无人机产品的空白;中科融通的光电观瞄具有高精度目标定位、目标分类跟踪、运动状态陀螺稳像、可见光/热成像运动物体自动检测等功能,可用于国家边境管控、要地安全防范、监狱等多种安防安保领域。

(四) 物联网公共服务平台建设情况

《无锡国家传感网创新示范区发展规划纲要(2012—2020 年)》明确将物联网公共服务平台作为无锡示范区建设的战略重点,提出"充分整合和利用现有资源,支持物联网公共服务平台建设和运营,提升物联网技术研发、应用推广、产业发展等公共服务能力"。截至 2018 年,无锡市建成 56 个物联网公共服务重点平台,建立包括物联网公有云平台、检验检测服务平台、技术中介服务平台、标准及知识产权服务平台、应用推广平台等相对完备的物联网公共服务体系,公共服务平台如表 2-1 所示:

表 2-1　无锡市物联网重点公共服务平台明细表(截至 2018 年)

序号	类别	公共服务平台名称
1	研发测评类	无线多跳自组网核心技术公共服务平台
2		MEMS 设计加工封测平台
3		SIP 封装公共技术平台
4		EDA 设计公共服务平台
5		物联网软件开发评测平台

续　表

序号	类别	公共服务平台名称
6		多参数传感器的集成与传输系统(平台)
7		RFID 与物联网核心芯片测试平台
8		超高频 RFID 读写器与物联网信息终端测试平台
9		无锡 RFID 与物联网应用工程公共服务平台
10		物联二维码云公共服务平台
11		通信系统及芯片设计测试验证平台
12		国家物联网产品检测重点实验室
13		国家专用集成电路系统工程技术研究中心
14		面向传感网超级计算技术应用技术服务平台
15		集成电路公共技术服务平台(微电子测试)
16		基于信息安全等级保护的物联网系统安全测评公共服务平台
17		无锡南理工物联网系统测评与安全公共服务平台
18		江苏省传感产品质量监督检验中心
19		江苏省物联网传感器性能检测与评价公共技术服务中心
20		国家物联网感知装备产业计量测试中心
21		国家智能交通综合测试基地
22	公共支撑类	物联网数据云中心暨中科院 CNGI 数据云无锡节点
23		物联网应用共性服务支撑平台
24		基于计算机视觉的智能模式识别系统平台
25		M2M 平台
26		物联网关键技术标准研制及测试(平台)
27		物联网系统检测与安全服务公共平台
28		物联网公共业务能力支撑平台
29		海量数据存储与处理系统
30		物联网应用系统验证评测平台
31		物联网应用方案大型演示与测试验证服务平台
32		面向物联网安全架构的信息安全平台
33		物联网公共服务支撑平台
34		物联网知识产权公共服务平台
35		国家物联网质检中心
36		智慧的物联网产业化公共服务平台
37		中国云应用平台
38		面向物联网大数据处理的云计算服务平台
39	行业应用类	无锡市物联网公有云平台 OneNET
40		基于物联网技术的水质总磷总氮在线监测系统
41		OTA(车联网空中服务平台)

续 表

序号	类别	公共服务平台名称
42		车联网共性技术研发测试公共支撑平台
43		移动智能终端与物联网通信电子产品公共技术服务平台
44		基于云计算的智能家居公共服务平台
45		农业物联网体系架构与应用服务支撑平台
46		基于物联网技术的奶牛综合服务平台(牛联网)
47		AnyLMS 智能质量追溯平台
48		物联网公安应急通信系统
49		车辆智能调度服务平台
50		公路交通安全智能管控实验室
51		污水管控信息化平台
52		江苏省农业物联网运营和服务总平台
53		江苏省交通物流公共信息平台
54		放射源传感网络管理信息系统
55		放射源在线监测监控系统
56		智能物流物联网公共信息平台

三、经验总结——无锡推进物联网发展的举措

无锡是我国唯一的国家传感网创新示范区,从无锡发展物联网产业的首次出发,到如今崛起成为中国物联网高地,无锡与物联网的结缘绝非偶然,一方面是基于自身优势的顺势而为,另一方面是推动产业转型升级的主动作为,无锡在发展物联网过程中,有以下成功经验可以分享。

(一) 注重政策扶持

无锡高度重视物联网的发展,明确把物联网产业作为扶持重点。为持续推动物联网产业发展,无锡市多次出台有关物联网系列政策和激励措施(见表 2-2),使物联网企业在技术标准研究、应用示范和推进、产业培育和发展取得了长足进步。无锡市设立物联网发展专项资金,统筹安排省、市两级财政专项资金,优化配置金融资源,促进金融资源与物联网产业的深度融合。

表 2－2　　无锡市物联网重要政策及文件(2009—2018 年)

年份	发布单位	文件名称
2010	无锡市人民政府	《无锡市物联网产业发展规划纲要(2010 — 2015 年)》
2011	无锡市信息化和无线电管理局	《更大力度吸引物联网技术和产业高层次人才三年行动计划》
2012	无锡市经济和信息化委员会	《关于印发〈无锡市物联网与云计算产业资金管理办法〉的通知》
2013	无锡市人民政府	《市政府关于加快全市物联网发展的若干政策意见》
2013	无锡市人民政府	《无锡市智慧城市发展规划(2013—2020 年)》(锡政发〔2013〕79 号)
2013	无锡市人民政府	《市政府办公室关于印发无锡市贯彻落实〈国务院关于推进物联网有序健康发展的指导意见〉任务分工方案的通知》(锡政办发〔2013〕126 号)
2013	无锡市人民政府	《无锡国家传感网创新示范区建设三年实施计划(2013—2015 年)》(锡政办发〔2013〕216 号)
2015	无锡市人民政府	《无锡市重大物联网应用示范项目管理暂行办法》
2016	无锡市人民政府	《关于以智能化绿色化服务化高端化为引领，全力打造无锡现代产业发展新高地的意见》(2016—2020 年)
2016	无锡市人民政府	《2016 年度无锡市信息惠民和智慧城市建设工作要点》
2017	无锡市人民政府	《加快发展以物联网为龙头的新一代信息技术产业三年(2017—2019 年)行动计划》
2017	无锡市人民政府	《无锡市加快发展以物联网为龙头的新一代信息技术产业三年(2017—2019 年)行动计划 2017 年实施方案》
2017	无锡市人民政府	《无锡国家传感网创新示范区建设(2017—2020)实施意见》
2017	无锡市人民政府	无锡市人民政府《关于深化现代产业发展政策的意见》
2017	无锡市人民政府	《无锡市智能制造三年(2017—2019)行动计划》
2017	无锡市人民政府	《无锡市智能制造三年(2017—2019 年)行动计划 2017 年实施方案》
2018	无锡市人民政府	《无锡市以物联网为龙头的新一代信息技术产业发展资金管理实施细则》

(二) 打造产业生态

任何产业特别是新兴产业的发展，必须有一个与之相适应的生态系统。物联网的发展，无论是技术研发、产品开发，还是应用推广、模式创新，都需要适宜的生长土壤和广阔的发展空间。无锡物联网产业快速“奔跑”的背后,源自政府不断完善的规划布局,大力推进载体建设以及积极做好做优服务,在构建物联网发展生态中当好“园丁”,深耕“土壤”。按照2012年国务院正式批复实施的《无锡传感网创新示范区发展规划纲要(2012—2020年)》(简称《纲要》),为确保规划顺利实施,无锡对《纲要》提出的目标任务进行了分解落实,编制了具体任务分工方案;同时以规划为指导,形成以新吴区为核心、滨湖区和梁溪区为重点的“一核多元”物联网产业格局,并明确各自的重点发展领域,为物联网产业发展绘就蓝图;无锡通过打造“专业园区”+“特色小镇”,加快物联网发展所需的各类要素在园区和小镇的集聚,加强无锡示范区与周边地区的协调配合和区域联动,拓展发展空间,增强示范区的辐射带动效应。与此同时,无锡从招引大项目、引导资金、建设研发中心、打造公共服务平台、成立产业基金、促进行业联盟、协会等方面做优服务,打造物联网产业发展需要的全产业链生态系统。

(三) 推动市场主导

无锡在发展物联网产业的过程中,坚持市场主导与政府引导相结合。在发展初期阶段,政府着重加大政策支持力度、完善标准体系、优化产业布局,为企事业单位创造物联网良好的发展环境;鼓励企事业单位积极对上争取、承建工信部、国家发改委、科技部等部门支持的重大应用示范工程;通过应用示范,促进物联网核心技术和关键设备的研发,探索新兴商业模式,不断总结和积累经验,发挥先行先试的作用,辐射带动物联网产业发展。随着物联网应用示范的逐渐推广,应用模式由政府引导向市场主导转变。市场需求是新兴产业发展的关键,政府“给力”,恰如划着了一根火柴,而市场旺盛的需求才会给物联网这类新兴产业浇上“一桶油”。无锡政府在发展物联网过程中,正是因为进退有度,避免企业走单纯依靠政府之力的老路,积极鼓励企业迅速向市场靠近,走上产业发展壮大的良性轨道,让物联网这一新业态的溢出效应得到充分发挥。

(四) 重视人才引进

为了更好地建设和发展无锡物联网,除了建设起必要的生产链以外,还需要不断引进大量的优秀人才。无锡市周边高等院校较为稀少,为带动人才集聚,市政府推出一系列人才计划的激励政策。在10年的发展过程中,无锡从最初的“530计划”,即5年内引进不少于30名的领军型海外留学人才来无锡进行创业;发展到“无锡千人计划”,即用5年时间引进1 000名以上的海外高层次人才;“1113”工程更是更加精准定位地大力发展物联网人才,即用3年时间在物联网特色产业基地、企业和研发机构引进并重点支持100名以上物联网科技领军型创业人才、100名以上物联网科技领军型创新人才、100名以上物联网企业高级经营管理人才。2017年,无锡市发布“太湖人才计划”,并在2018年改版升级,从创新型人才、创业型人才、就业型人才等各方面加大复合型创新人才、科技领军人才、战略性新兴产业高端人才的引进力度,加大校企人才合作对接力度,充分发挥高校毕业生租房补贴、求职补贴等引才政策作用,拓宽专业技能人才引入渠道,为物联网战略实施提供人才支撑。在税率、投资资金、风险承担、行政特惠、住房及教育等方面,无锡市政府都给出了较大力度的支持,不但解决了研发队伍的后顾之忧,而且明显促进了物联网人才的汇聚。与此同时,政府对物联网产业重点学科研究的投资力度不断加大,鼓励无锡市各大专院校积极开设相关的专业,以此扩大人才培养规模,这些都为无锡物联网人才的集聚创造了优势条件。

(五) 塑造品牌展会

无锡坚持围绕本地物联网优势特色产业办会展,将产业驱动力与会展拉动力有机结合,以会展促产业,以产业促会展,在产业转型升级中占得先机。从2010年起,中国国际物联网(传感网)博览会连续六届在无锡举办,带动无锡物联网产业高速发展。从2016年起,中国国际物联网(传感网)博览会正式更名为世界物联网博览会,至今已成功举办了三届。世界物联网博览会(简称物博会)的成功举办,为无锡加快产业转型升级注入了新的动力，“物联网+”元素全方位渗入和推进无锡产业强市的历史性进程。物博会吸引了世界各地的知名企业和专家学者，无锡因此成为全球物联网的一张名片，在物联网发展时代打上了独特的“太湖印记”，产业发展氛围持续向好，与现代科技、文化气息融会共生。

四、无锡物联网产业发展存在的不足

10 年来，无锡市充分发挥政府的引导和扶持作用，引导资金的投放、人才的集聚和技术研发，鼓励应用示范，积极培育市场需求，支持研发机构与企业创新，积极培育企业集群和产业集群。在发展物联网产业取得一定工作成效的同时也遇到一些问题和困难。

(一) 核心技术亟待突破

谁掌握了物联网产业的关键技术，谁就拥有了核心竞争力，才能在未来的竞争中领先一步。由于物联网传输层在技术、应用和商业模式上都比较成熟，也相对独立，因此与感知层和应用层相关的企业乃是推动物联网产业发展的关键。目前，制约无锡市物联网产业发展的瓶颈正集中在感知层和应用层上。物联网企业规模化产能较小、核心技术不强，高端芯片、传感器、系统集成、智能处理和云计算与国外差距较大。高端核心芯片供给能力缺乏，高端生产设备基本依赖进口，高端通用芯片设计企业处于起步阶段。目前，无锡市绝大多数是以中低端传感器制造为主的企业，以高端传感器为主营业务的企业数量较少。系统集成类物联网企业关键核心技术突破有限，自主创新能力不强。软件企业大多规模较小，尚无全国软件百强企业。软件应用及开发环节的技术研发水平和标准制定工作也比较落后，集成商多数选择的是国外软件，企业缺乏核心的自主知识产权。智能处理和云计算的基础架构由发达国家主导，缺乏能实现硬件、软件、网络、应用和业务流程端到端大系统综合集成企业。整体而言，无锡市物联网的整体研发能力不强，大多数领域的核心技术尚处在研发阶段，行业共性技术、关键技术联合攻关缺乏有效组织，对于产业链上下游和相关产业缺乏整体布局。

(二)龙头企业产业带动不足

近年来,无锡市物联网企业成长稳定,培育了一大批瞪羚企业,但是行业巨头、独角兽企业依然缺乏。无锡市虽已涌现出一批物联网骨干企业,在国内也处于领先水平,但大部分企业的规模较小,年销售10亿元以上的龙头企业占比很小,缺乏像华为、阿里巴巴、腾讯、百度那样的在业内具有较强竞争力的旗舰型龙头企业。无锡市在产、学、研各个环节都具有发展物联网产业的基础和优势,也取得了一些合作创新成果,但由于缺少龙头企业有效整合产业链资源,导致物联网采集信息的渠道不畅通,信息资源不能共享,产业链中各层级衔接还较松散,各环节协同效应不强,由此形成了诸多“信息孤岛”,产业链整体价值未能得到充分释放。

(三)新兴产业金融营商环境有待提升

长三角各地政府对企业的服务态度一直以来备受企业赞赏,无锡企业营商环境在国内也享有盛誉。但是,本地物联网企业普遍认为在无锡本地融资困难,金融政策远远落后于上海、深圳等城市,融资方式不够灵活与创新,融资效率与效能太低。主要表现在银行管理制度严格,限制借贷。商业银行加大了对不良资产的监控力度和责任追究力度,使得信贷人员在面向中小微企业时惜贷情绪严重。金融机构服务缺乏创新,不够灵活。一是在贷款期限上,无锡市金融机构对中小微企业一般以短期信贷业务为主;二是在贷款周期上,银行等金融机构制定借贷时间缺乏弹性和灵活性,与企业的资金需求周期不相匹配;三是在信贷产品创新方面,除极少数金融机构尝试过银行承兑汇票、信用证、惠农卡等信贷新产品外,大多数金融机构一直沿用房地产抵押这种单一的信贷产品;四是在贷款程序上,银行业务流程长、环节多,与中小企业“额度小、要得急、频率高、周转快”的信贷需求在操作中难以对接。

(四) 企业本地市场参与度较弱

无锡市在产业生态建设中成立的物联网、智能制造、工业互联网、信息化、半导体、感知物联等行业商协会每年开展近百场产业活动,但本地物联网企业间业务协作较少。企业在本地缺乏业务和市场,容易导致企业扎根不深,轻资产企业易跟随市场迁移。比如,在智能硬件方面,无锡的产业链配套不全,远不如深圳,这给以硬件产品为主的物联网企业带来了巨大成本,从而又影响到业务集成的企业,由于传感器、模组、智能硬件等产品的本地企业不多,只好去深圳等地寻找相应产品,增加了企业大量的时间成本和项目成本。

(五) 物联网专业人才依然是瓶颈

发展战略新兴产业,人才是关键。本地物联网专业人才不足是企业发展的重大瓶颈。物联网如今已进入高速发展时期,无锡市虽然通过一系列政策吸引人才集聚无锡,但人才引进和培养的速度远远落后于产业发展的速度;产业高端人才相对缺乏,特别是关键技术领域的研发人员、软硬件设计人才、市场营销及高级管理人才缺口较大;并且,无锡市人才集聚缺乏物联网"航母级"企业及国际特级大项目带动,人才集聚在规模和层次上都存在一定问题。

(六) 行业协会专业服务性弱

健全的行业协会是促进科技创新发展的重要环节。近年来,我国行业协会发展迅速,中办国办多次发文,要求推进行业协会的改革工作。无锡市、区相关物联网行业协会、联盟如雨后春笋般出现。各个产业联盟、协会以整合资源为目标,通过组织行业活动、培训、企业服务等为着力点,发挥行业协会在政府和企业间的桥梁、纽带作用。在取得一定成绩的同时,无锡市各行业协会、联盟也存在着一定的问题。目前,市、区注册的物联网行业协会、联盟数量多达 30 多家,然而规模小、专业化程度低、服务不够深入,举办的论坛活动同质化严重，各协会会员企业重复度高，往往同一家企业同时是几家协会的会员，由此造成会员企业和协会黏合度低，互动性不强。无锡市目前尚缺少境外那些规模大、专业化、知名度和行业地位高的行业协会，如德国弗劳恩霍夫协会、欧盟物联网理事会、美国制造商协会（NAM）等。这些知名协会有自己的科研技术研发团队和行业顶级专家，能够帮助政府撰写行业专业分析报告、指南等，也能组织企业参与国家大型项目，如欧洲物联网理事会组织其会员企业参与欧盟第七框架物联网项目、欧盟2020计划等。无锡市的物联网相关行业协会还需不断提升自身建设、加强专业知识培训、引进行业专家和人才，为政府和企业搭建沟通桥梁，促进物联网产业发展。

五、2019年无锡物联网产业发展主要趋势

（一）推进5G试点应用和产业发展

2019年，无锡将大力推进全市5G试点应用和产业发展，形成试点示范效应，带动应用规模化发展，打造一系列5G应用示范场景，持续在城市、环保、交通、制造、农业、旅游、教育、医疗、安防和能源等领域开展5G应用。目前，无锡市三大运营商已开展5G基站部署，积极进行应用场景测试。无锡电信自2018年启动5G网络建设，用于标准研究并为业务孵化储备技术，在热点区域、工业园区等场所部署5G基站，在2019年一季度形成超200个站点的部署规模，为行业用户需求提供网络平台支撑。无锡移动，在工业领域积极拓展与高端制造业的5G技术合作，与新吴区制造企业共同推进5G在工业互联网的应用，并于2019年下半年在雪浪山车辆测试基地、机场、西门移动体验店等地部署5G网络；无锡联通已启动5G试验网建设，覆盖城区、交通干线、学校、医院等人流密集区，第一个商用区已在2019年1月开通。此外，无锡市将着重培育5G应用新业态新模式，培育5G产业发展，引导企业在智能制造、无人驾驶等领域强化5G技术与行业应用推广的力度，逐步形成5G产业集群。

(二) 积极布局车联网领域

2019年5月中旬,工业和信息化部复函江苏省工信厅,支持创建江苏(无锡)车联网先导区。这是继去年12月份工信部发布《车联网(智能网联汽车)产业发展行动计划》后,我国设立的首个车联网先导区。车联网被认为是物联网体系中最有产业潜力、市场需求最明确的领域之一,是未来5年世界主要国家重点发展的新兴产业。无锡不仅拥有国家智能交通综合测试基地,而且拥有发展车联网所需的区位、道路、企业和生态资源优势,是规划建设车联网产业核心区的理想之地,且无锡与车联网相关的行业门类齐全,汇聚了车联网产业发展所需的上下游产业链企业,车联网发展所需的电子元件、传感器等部件生产企业在无锡密集分布;另外,还汇集了大量物联网行业、汽车行业、传感信息行业人才,相对其他城市来说,发展车联网产业更具比较优势。近年来,无锡物联网细分领域涌现出航天科技、北斗车联网业务公司、天安车联网、中国安防物联网集团、亚信集团、美新半导体、贝孚德等一批掌握核心技术、市场份额较大、保持较高增速的领军型企业。华为的开放实验室、浪潮的大数据中心、百度的智能交通、赛伯乐的物联网产业基金等也纷纷在无锡设立研发机构和分支机构。

无锡将基于集成电路和物联网的产业优势,鼓励企业重点发展支撑车联网产业的高灵敏度、高可靠性传感器件和芯片,攻克射频识别、近距离机器通信等低功耗处理器等关键器件,打破高性能传感器制造的外企垄断局面。大力发展支撑车联网产业的高性能摄像头、激光雷达等车外传感器。大力发展安全气囊系统、胎压监测系统、防抱死制动系统(ABS)、电子制动力分配(EBD)系统、先进驾驶辅助系统(ADAS)、夜视系统等领域的传感器。在新型人机交互领域,突破图形处理器等核心硬件,研究图像识别、语音识别、机器翻译、智能交互、知识处理、控制决策等智能系统解决方案。开发面向无人驾驶的操作系统、数据库、中间件、开发工具等关键基础软件。攻克以语音识别、手势识别、情绪检测、眼球追踪等新型人机交互关键场景应用技术。在LTE-V2X汽车通信领域,将路边单元(RSU)与车载单元(OBU)信息的有效交互作为发展LTE-V2X汽车通信产业的重点方向,认真梳理国内外与车联网相关的 20 强企业，主动对接和招引，带动相关配套企业入驻。在汽车信息服务领域，大力推动导航系统及地图提供商、道路交通信息提供商、汽车电子标识及其他传感软硬件提供商、新型保险和维修信息提供商集聚。

（三）继续聚焦工业互联网

工业互联网是未来 5—10 年物联网发展的核心方向，是物联网与实体经济深度融合后的必然发展阶段。无锡依托国家传感网创新示范区建设，在物联网芯片、软件、平台、应用等方面积累了良好的技术、产业、政策基础，基于物联网现有基础，大力发展工业互联网是进一步深化物联网创新发展的必然方向和必由之路，也是落实制造强国和网络强国建设的重要举措。无锡在推进物联网技术应用试验的过程中，已初步构建了支撑工业互联网各类新技术、新应用、新模式落地部署和示范孵化的基础能力。2019 年，无锡将继续充分利用并发挥既有的政策环境优势，面向工业互联网创新发展的重大需求，积极借鉴发达国家的战略部署和成功经验，汇聚和优化利用好国内外资源，充分发挥江苏省与无锡市在先进计算与高端存储、工业芯片、工业软件、工业平台、工业安全等领域的技术产业优势，以“AI＋”为技术核心，推动人工智能技术与工业互联网芯片、网络、标识、平台、安全等关键领域的深度融合创新，通过不断完善产学研用协同创新环境、构筑开放创新平台和关键基础设施等重点工作，聚焦纺织业、电子信息两大重点行业，面向工业互联网芯片、网络、标识、平台、安全等关键领域，以市场需求和技术应用为导向，以“AI＋工业互联网”为技术路线，依托国家超算中心、“太湖之光”、国家传感网创新示范区等的技术产业积累，打造“超算＋存储＋云计算＋大数据”的工业互联网基础能力，构建工业互联网开放创新服务平台和关键设施，吸纳全国各种工业互联网技术应用方案落地试验与示范，通过创新中心对落地技术进行优化与孵化提升，输出可在全国成功复制的技术方案与模板，形成以资本为纽带、以人才为核心的融通研究开发、公共服务和转移转化等的工业互联网创新生态系统。

六、实现无锡物联网产业高质量发展的建议

(一)重点发展关联芯片和传感器

芯片是物联网产业的基础和核心,目前以进口为主,国家的必要支持会促进国产替代化的进程。物联网核心器件半导体芯片随着技术变革的加剧,需求与出货规模正高速增长,模拟类器件需要长期积累与高投入,占据市场主导地位的仍然是 Intel、ARM、Qualcomm、ST 以及 TI 等为主的传统巨头,创业公司鲜有涉足,但在细分长尾领域存在大量芯片的创业机会。依托高新区丰富的企业、科研院所和高效资源,聚焦物联网核心技术,重点加强核心 SoC 芯片、人工智能芯片、5G/NB-IoT 芯片和传感器芯片的研发。只有研发基于完全自主知识产权的芯片,才能摆脱相关应用和企业被人卡脖子、费用成本高、信息安全不能得到有效保障等困境。

(二)着重加强 5G 与 NB-IoT 基础的建设

5G 的高带宽、低延时和高稳定的特性,为无人机驾驶、汽车自动驾驶、高清 AR/VR 的应用真正奠定了基础。因为速度的提高,“云”与“端”因为传输造成的界限将渐渐模糊,“云”会更接近本地硬件的概念,这将为互联网带来新的革命。由于 NB-IoT 在高设备连接密度、高区域集中领域的低成本、低功耗优势,部分传统物联网 SI 转型 LoRa 解决方案,可预见的是蓝牙、WiFi 芯片厂商会展开新一轮成本、性能竞争。

(三)强化产学研用联合

强化产学研用联合,探索构建新型的产学研用协同技术创新链和生态体系,加强物联网相关企业、科研院所与政府之间的协调关系,形成持续、稳定、协同创新的产学研合作机制,聚集和整合创新资源,减少重复研究,降低研发成本,形成物联网产业技术创新链和生态体系。以重点研究机构和龙头企业为依托,实施一批智能传感、组网与协同、典型应用为核心的重大项

目，带动产业集群发展，营造集群发展生态环境。合理配置物联网相关研发资金，使科研项目和资金更加聚焦新一代信息产业经济主战场，作为新型的产业技术创新促进机构，为实施创新驱动发展战略提供有力保障。

（四）鼓励更多板块共建新型研发机构

借鉴江苏省产业技术研究院的先进模式，鼓励研发机构成为以多主体方式投资、多样化模式组建、市场需求为导向、企业化模式运作、集高技术研发与产业化为一体的创新机构。新型研发机构的特点就是整合各方资源，打开从“科学”到“技术”再到“产品”的通道，可以是事业单位，可以是民办非企业，也可以是股份化企业，突破体制机制僵化的传统研发机构。比如，无锡市由江苏物联网研究发展中心、中电海康、朗新、紫光、超算中心等12家股东发起的无锡物联网创新中心有限公司，目前已被省经信委批复为江苏省物联网创新中心，就是致力于新技术产业化、商业化运作的新型研发机构。

（五）围绕产业链招商

围绕产业链招商，加快培育产业集群。在关联芯片领域，围绕现阶段华润微电子代工的客户企业，按照其代工量较大、产值较高的方向进行招引。首先，这些企业选择在无锡代工，本身对无锡当地有一定了解，且在无锡有配套需求，落地的可能性较大；其次，根据华润微电子等研发客户，瞄准其以初步形成产品的初创企业客户，寻找下阶段市场存在爆发机会的“独角兽企业”。在传感器领域，围绕5G、车联网为发展方向的传感器企业，已形成一定的市场应用，结合无锡汽车电子配套产业链全面的特点，与政府主导的应用示范先呼应，缩短研发及应用企业的试错时间成本，提高企业研发生产综合效率。

（六）加快物联网专业人才培养

上述提到物联网专业人才缺乏是目前产业急需解决的问题。依托政府、高校和企业联合加快物联网人才引进和培养步伐,加大物联网领域高端人才尤其是“诺奖级”人才的引进和认定力度。无锡市太湖人才计划出台了一系列引进和吸引人才的优惠政策,这对物联网高端人才的聚集有很大的推进作用。除此之外,针对目前物联网人才缺口的现象,可以引导其他社会人才进行转型培养,目前通信、软件开发、嵌入式等专业与物联网关联比较大,相关人才转型也比较容易,以此可以缓解物联网专业人才缺乏的问题。

(七) 提升公共服务水平

完善检验测试、供需对接、市场推广等公共服务平台,推动创新成果项目快速转化。围绕物联网核心产业发展需求,创新物联网人才供给途径和方式。通过公共服务事项委托、政府购买服务等机制,支持行业协会、产业联盟等社会组织发展壮大。鼓励行业组织围绕市场开拓、供需对接、协同攻关、标准制定等公共服务,进行多方协作、资源整合和网络延伸。充分发挥行业组织在政府与市场间的桥梁、纽带作用,破解需求与技术产业脱节等突出问题,建立市场与产业之间、产业上下游之间的常态化沟通机制。继续全方位支持无锡办好世界物联网博览会,进一步提高物联网信息、人才、资本、技术的集聚效应,进一步提升无锡在全球物联网领域的影响力。

作者:左保春、张凡

第三章　无锡集成电路产业发展沿革、特色及高质量发展路径

集成电路产业是信息技术产业的基础和核心，是支撑经济社会发展和保障国家安全的战略性、基础性和先导性产业，是国家和地区抢占的战略制高点之一。作为当今信息技术产业高速发展的基础和源动力，已经高度渗透与融合到国民经济和社会发展的每个领域，其技术水平和发展规模已成为衡量一个国家产业竞争力和综合国力的重要标志之一。国际货币基金组织测算，作为人类进入信息社会的标志，国民经济总产值增值部分的65%与集成电路有关，每1元的集成电路的产值，可以带动10元电子信息产业产值和100元的GDP。

无锡市是曾经的国家微电子产业“南方基地”，是8个国家集成电路设计产业化基地之一，集成电路产业发展在无锡有深厚的底蕴。近年来，华虹集成电路无锡研发和制造基地、SK海力士二期、宜兴中环大硅片等一批重磅项目相继落地无锡，为打造无锡集成电路全产业链夯实了基础。

本报告从国内集成电路产业面临机遇入手，深入剖析无锡集成电路产业链发展现状和生产效率情况，在与重点城市的比较中剖析产业链发展瓶颈，为推动无锡重塑竞争优势、构筑产业新高地、打造中国新硅谷提供参考。

一、集成电路产业的定义和国内外发展现状

（一）集成电路的概念

集成电路，英文为Integrated Circuit，缩写为IC，是把一定数量的常用电子元件，如电阻、电容、晶体管等，以及这些元件之间的连线，通过半导体

工艺集成在一起的具有特定功能的电路。

(二)集成电路产业链构成

产业链是产业经济学中的一个概念,是各个产业部门之间基于一定的技术经济关联,并依据特定的逻辑关系和时空布局关系客观形成的链条式关联关系形态。集成电路产业链是一个包含价值链、企业链、供需链和空间链四个维度的概念;在用户需求与市场应用之间建立一条完整的集成电路产业链应包含:芯片设计、芯片制造、封装测试三个主要环节,同时还包括集成电路设备制造、关键材料生产等相关支撑产业。

1. 芯片设计产业

从产业链图上可以看出,集成电路设计企业处于产业链上游,主要根据电子产品及设备等终端市场的需求设计开发各类芯片产品,集成电路设计水平的高低决定了芯片产品的功能、性能和成本。集成电路设计业务环节总体可分为前端设计和后端设计两部分。前端设计包括用户需求分析、芯片规格定义、芯片架构设计等环节;后端设计接受前端设计输出的网表,进行可测性设计、可制造性设计、布局布线设计和物理版图设计,最终输出版图文件,提供给晶圆代工厂进行流片生产。

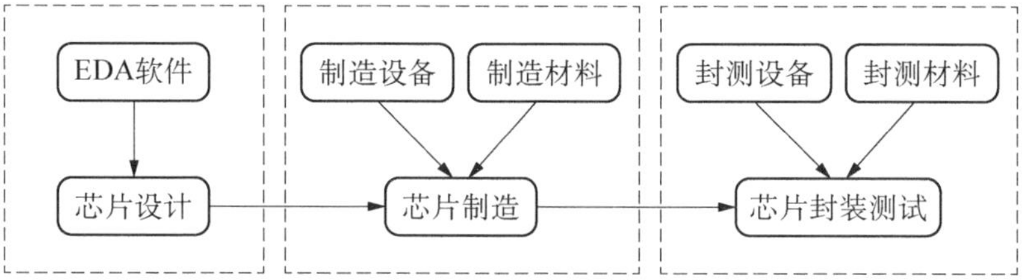

图 3-1　集成电路产业链流程

2. 芯片制造产业

通常称为晶圆制造产业,是指晶圆的生产和测试等步骤。晶圆生产是指晶圆制造厂接受版图文件,生产掩膜,并通过光刻、掺杂、溅射、刻蚀等过程,将掩膜上的电路图形复制到晶圆基片上,从而在晶圆基片上形成电路。

一款芯片由晶体管、电容、电阻等各种元件及其相互间的连线组成，这些元件和互连线通过研磨、抛光、氧化、离子注入、光刻、外延生长、蒸发等一整套平面工艺技术，在一小块硅单晶片上逐层制造而成。晶圆测试是指在测试机台上采用探针卡并利用测试向量对每一颗裸片的电路功能和性能进行测试的过程。

3. 封装测试产业

经过测试的晶圆再经过减薄、切割后，进行封装、成品测试从而形成芯片成品。芯片封装包括晶圆切割、上芯、键合、封塑、打标、烘烤等过程。芯片封装使芯片内电路与外部器件实现电气连接，在芯片正常工作时起到机械或环境保护的作用，保证芯片工作的稳定性和可靠性。成品测试是利用测试向量对已封装的芯片进行功能和性能测试的过程。经过成品测试后，即形成可对外销售的芯片产品。

4. 配套支撑产业

这是指在芯片设计、芯片制造、封装测试等环节中配套提供各类设备和材料的相关支撑产业，如芯片制造所需的设备制造和设备材料生产企业，封装测试所需的封测设备和封测材料等生产企业。

(三) 国内外集成电路产业发展现状

1. 全球集成电路产业概况

集成电路产业属于资本与技术密集型行业，业内企业普遍具备较强的技术研发能力、资金实力、客户资源和产业链整合能力。自 20 世纪 60 年代集成电路诞生以来，一直处于高速增长期，对全球半导体产业的贡献度达到八成以上。近年来，随着 PC 应用市场的萎缩，4G 手机市场的逐渐饱和，全球集成电路市场在规模扩张的同时，增长步伐有所放缓。近年来，由于新技术、新产品的不断涌现，物联网、可穿戴设备、云计算、大数据、新能源、汽车电子、医疗电子和安防电子等新兴应用发展迅速，使得全球集成电路产业重新快速增长。2018 年，全球集成电路市场销售收入 4 779 亿美元，同比增长 39.3%，继续处于高速增长区间，预测未来几年全球集成电路产业将再次迎

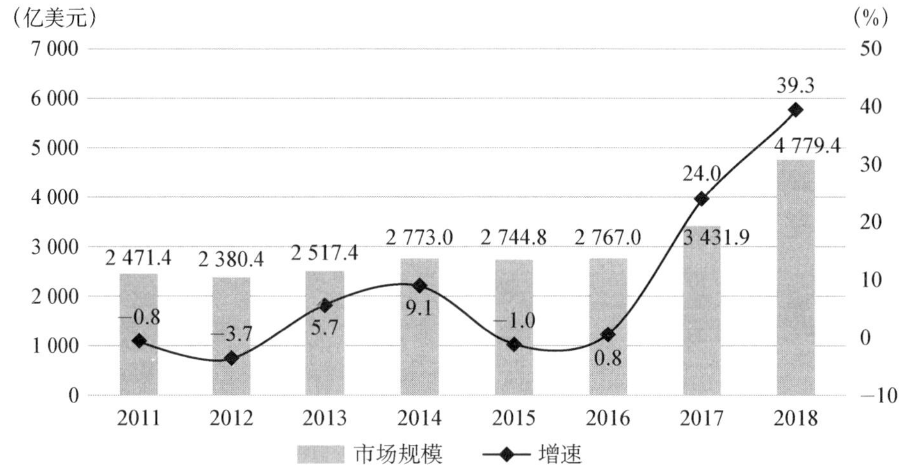

图 3-2　2011 年以来全球集成电路产业规模及增速情况

数据来源：美国半导体行业协会。

来发展高峰期，2020 年的产业规模有望达到 5 300 亿美元。

2. 国内集成电路产业概况

我国集成电路产业发展虽晚，但凭借着巨大的市场需求、较低的生产成本以及经济的稳定发展和有利的政策环境等众多优势条件，集成电路产业

图 3-3　2011 年以来中国集成电路产业规模及增速情况

数据来源：中国半导体行业协会(全国数据仅含芯片设计、晶圆制造和封装测试三个产业)。

实现了快速发展，整体产业从无到有、从弱到强，已经在全球集成电路市场占据举足轻重的地位。2018 年，中国集成电路产业总销售额高达 6 532 亿元，比上年增长 20.7%，受中美贸易摩擦影响，增速略有回落。从总量看，2018 年，中国集成电路产业销售占全球比重为 20.7%，较 2011 年提升 8.6 个百分点；从增速看，2011 以来中国集成电路产业的年均增速为 19%，高于全球增速 9.3 个百分点，行业规模增速远高于全球平均水平。预计 2020 年时，产业规模将达到全国集成电路发展“十三五”规划的目标，产业销售规模达到 9 300 亿元。

3. 集成电路产业发展面临机遇及挑战

(1) 新兴领域需求提升。集成电路产业是建立创新型国家的核心产业，是全球高新技术领域争夺的焦点之一，是各国“战略必争领域”。随着 5G 时代的到来，集成电路产业将迎来更广阔的市场，如：高精准度的数据转换芯片、高速的射频传输芯片等集成电路产品都将被更为广泛地应用在各类智能移动终端、工业机器人、新能源汽车、可穿戴设备等新兴产品中。目前这些新兴领域的电子产品在全球还都处于初期发展及应用阶段，在国家政策的扶持以及市场需求的双重带动下实现产品自主化的可能性较高，如果能够把握住市场发展机遇，未来这些新兴领域不但将成为集成电路市场新的增长蓝海，也将为国内集成电路产业带来前所未有的发展契机。

(2) 产业投资需求提升。2014 年，我国发布了《国家集成电路产业发展推进纲要》，详细规划了集成电路产业发展目标、发展重点、关键技术等；“中国制造 2025”将“推动集成电路及专用装备发展”作为重点突破口，以集成电路产业核心能力的提升推动战略目标的实现；2018 年“两会”，集成电路更被列为“加快制造强国建设”五大产业之首。伴随着政策层面的大力支持，国家集成电路固定资产投资规模也在稳步扩大。2011 年，我国集成电路固定资产投资额还仅有 303 亿元，2018 年提升至 800 亿元以上，年均增速超过 15%。

(3) 国产化率需求提升。根据海关统计，2018 年，我国进口集成电路 4 175 亿块，同比增长 10.8%；进口金额 3 120.6 亿美元，同比增长 19.8%。出口集成电路 2 171 亿块,同比增长 6.2%;出口金额 846.4 亿美元,同比增长 26.6%,年进出口逆差 2 274.2 亿美元,同比增长 17.5%。虽然受中美贸易摩擦影响,出口量明显减少,但从数据上可以明显看出,国内集成电路产品的自给率偏低。规模庞大的国内市场为集成电路产业发展提供了广阔的空间,随着国内企业技术水平的提升,国产化将极大地开拓国内集成电路市场空间。

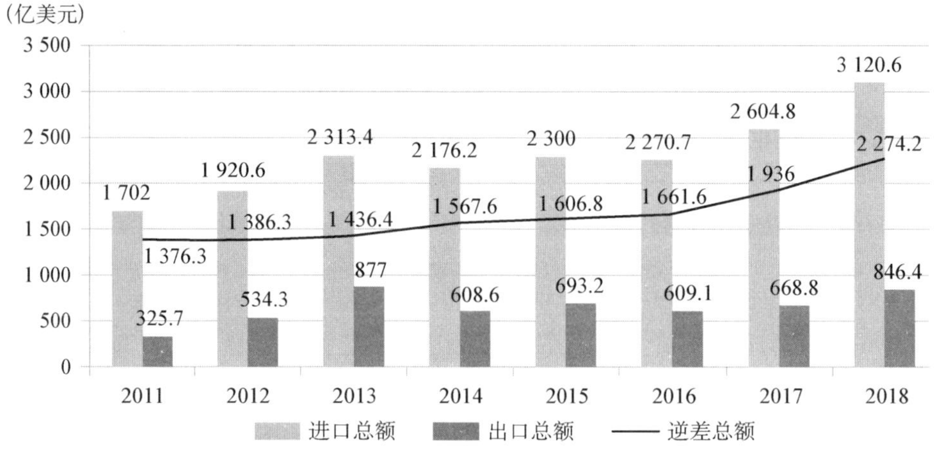

图 3-4　2011 年以来中国集成电路产业进口、出口和逆差额情况

数据来源:中国海关。

(4) 产业链优化需求提升。芯片作为机器的大脑具有举足轻重的作用,而芯片设计作为实现功能的核心,在整个集成电路产业中具有高附加值、高技术含量等特点,其毛利率相对于制造和封测厂商而言较高,对于环境、工作场所等的影响也相对较小,受到美国、欧洲、日本等发达国家的高度重视,也是发达国家实现技术垄断的主要渠道之一。在世界范围内,集成电路设计的产值占比高达 27.8%,而集成电路封装测试环节的份额占比只有 13.7%。2018 年,国内集成电路设计行业占比仅为 38.6%,国产芯片占有率多项为零,仅有移动通信终端和核心网络设备有部分集成电路产品占有率超过 10%,集成电路产业整体面临转型升级,芯片设计产业的发展空间巨大。

(5) 产业集聚度需求提升。全国前十大集成电路设计企业 2018 年的市场份额占比为四成，而在全球市场，2018 年前十大集成电路设计企业市场份额高达七点四成左右。从业态来看，集成电路产业具有技术密集和资本密集的属性，行业发展趋势有利于强者恒强。国内集成电路行业市场集中度偏低的情况反映出我国集成电路企业的力量弱小，缺乏能够独立做大做强的领军企业。

表 3－1　　国内核心集成电路国产芯片占有率

系统	设备	核心集成电路	国产芯片占有率(%)
计算机系统	服务器	MPU	0
	个人电脑	MPU	0
	工业应用	MCU	2
通信设备	可编程逻辑设备	FPGA/EPLD	0
	数字信号处理设备	DSP	0
	移动通信终端	Application Processor	18
		Communication Processor	22
		Embedded MPU	0
		Embedded DSP	0
	核心网络设备	NPU	15
内存设备	半导体存储器	DRAM	0
		NAND FLASH	0
		NOR FLASH	5
		Image Processor	5
显示及视频系统	高清电视/智能电视	Display Processor	5
		Display Driver	0

资料来源：中国科学院半导体研究所。

二、无锡集成电路产业发展历程

(一) 底蕴培育阶段(1978—1999 年)

1. 第一条集成电路成套引进线落户无锡

为发展我国彩色电视机市场，国家拟从国外引进彩色电视机用双极线性集成电路生产线。1978 年 10 月，国家计委批准了江苏省革委会和四机部的“定点报告”，同意利用 742 厂进行扩建，建成专门生产电视机集成电路专业工厂和MOS与双极型集成电路的试制厂，生产彩色电视机线性集成电路11个品种，年产量2 600万块的生产能力。在无锡市政府的大力支持下，地处无锡的742厂建成了当时我国唯一的制造工序最齐全、产能规模最大、产业链最完整的专业化工厂，涵盖从硅材料拉晶开始，到集成电路设计、制造、封测、掩模版制造、理化分析、可靠性试验及部分专用设备、部分高纯气体和部分专用材料制造的完整产业链。

742厂于1985年引进工程通过国家验收，3英寸，5 um技术正式在无锡量产，为国家集成电路规模化生产作出贡献。1987年，742厂实现全年集成电路产量3 003万块，突破了设计产能。按照1987年全国的统计数据：742厂的产品产量占到了全国产量的近40%。在此基础上，无锡积极响应电子工业部“一家引进，多家受益”的号召，推广引进技术(开展了5 um技术推广)，全国各地许多集成电路产业链相关企业的成长和发展，都得到过742厂的帮助和扶持，比如长电科技、通富微电、吉林华微电子等。之后这些企业逐步发展壮大，成为我国集成电路产业链中重要的骨干企业。

2. *南方微电子基地落户无锡*

电子工业“七五”期间的头号工程——无锡微电子工程，从1983年启动到1994年全部建成，通过国家验收，使我国集成电路生产水平跨入了集成电路大生产的新的历史阶段，也标志着我国电子工业在发展高技术产业方面迈出了关键性的步伐，同时无锡微电子工程也使我国在集成电路工程建设、工艺技术和规模化大生产方面获得了重要经验。工程建设坚持以我为主、技术引进相结合的方式，不仅圆满完成了无锡微电子工程建设任务、培养了一批工程建设和专业技术人才，同时也为我国以后的产业发展积累了诸多经验教训。由此，地处无锡的742厂成就了集成电路“黄埔军校”的美誉。

南方微电子基地通过调集电子部24研究所许居衍院士等关键技术团队到无锡建立分所，引进3微米技术的MOS生产线，以追踪国际集成电路产业领先水平，进一步发展我国集成电路产业。与德国西门子和日本NEC合作的北京(首钢)进行项目合作，引进5微米双极生产线扩产，以满足国内日益增加的市场需求。扩产工程的建设成功提升了我国集成电路生产的工艺技术水平，使742厂原有的产品产量实现了翻番，缓解了当时国内的产销矛盾，使我国集成电路生产由原来以中小规模为主向中大规模为主过渡奠定了具有里程碑意义的基础。

3. 908工程主体落户无锡

908工程，是指1990年8月机械电子工业部提出的工程建设计划，是继“无锡微电子工程”之后我国向集成电路产业发起的又一次冲锋。908工程建设的主要任务有三项：一是通过国际合作，建设一条6英寸0.8—1微米、3 000万块/年产量的集成电路产品生产线。这是908工程的主体部分，其建设任务由无锡的中国华晶电子集团公司承担；二是以北京集成电路设计中心为重点，建立若干集成电路设计中心，形成新品开发能力；三是建立掩模制作中心，满足国内需求以及开拓国际市场。908工程从1990年8月份启动，1995年选择了与美国的AT&T(朗讯)公司签约，到1998年年初在华晶公司建成了一条0.8—1.2微米、月产1.2万片的6英寸芯片生产线。908工程的实施，为国家培养锻炼了大批集成电路专业人才，探索了我国微电子工业发展的道路，同时也为无锡集成电路产业的发展积累了雄厚的产业基础。

(二) 发展阶段(2000—2015年)

1. 建立国内首家微电子工业园

进入21世纪以来，无锡抓住国际半导体产业转移的历史机遇，通过积极实施开放战略，于2000年9月建立了“无锡市微电子高新技术工业园区”，即以中国华晶电子集团公司为主体的区域群体的微电子产业园，发展华晶、跳出华晶，提升无锡市微电子技术水平，建设无锡的中关村。这是我国首家以微电子高新技术产业为背景成立的工业园区。2001—2003年，建成了国家集成电路设计无锡产业化基地，其承载了国家集成电路设计业战略目标的重要任务，当时集中发展了以华润矽科为代表的一批设计企业。同期，东南大学无锡分校搬迁至区内；2004年12月，东南大学集成电路学院无锡分院在区内揭牌成立，成为东南大学发展重视产业人才队伍的培养与建设基地。自此，无锡高新区集聚了以 SK 海力士、英飞凌、东芝半导体等为代表的一大批具有国际当代水平的集成电路晶圆制造、封测企业。通过积极支持原有企业发展，使华润微电子、江苏长电等企业成长为民族半导体工业的代表；通过鼓励企业创新创业，诞生了美新半导体、力芯微电子、芯朋微电子等一大批新兴微电子企业。

2. 产业集群集聚新吴区

2003 年以后，无锡新吴区在集成电路芯片制造领域先后引进了上华科技、海力士—意法、敦南微电子等企业，新建了多条芯片制造生产线，新建了华润安盛等一批封装企业。2008 年继上海之后无锡市又被确定为国家微电子高技术产业基地。在新区这块无锡微电子产业的主阵地上，形成以海力士—意法半导体、华润微电子、上华科技、中国电子科技集团公司(CETC)58 所、美新半导体、华润安盛等业内著名企业在内的集成电路产业集群，构建了包括芯片设计、晶圆制造、封装测试，硅单晶材料和外延片、掩模、引线框架、特种气体、专用化学品等在内的完整产业链。无锡依托产业底蕴基础，通过 10 多年的发展与探索，已成为产业链较为完整、企业集聚度较高、自主创新与市场竞争能力较强、充满发展活力的国家重要的微电子产业基地城市，集成电路产业已经成为无锡最具代表性和最具区域竞争优势的新兴产业。

3. 服务资源和平台整合同步推进

通过整合产业内的公共服务资源，逐步形成了具有无锡产业特色的信息产业支撑服务体系。无锡国家集成电路设计产业化基地设立以后，投入较多的人财物建立了包括 EDA 设计、公共 IC 测试、快速封装、可靠性试验、IP 资源中心和 FPGA 创新验证中心等系列化专业平台，并在多年运营的过程中，为集成电路企业发展壮大起到了显著的作用。无锡还引进了包括东南大学国家 ASIC、江苏省 VLSL 工程中心、中国电科第 58 研究所、无锡江南计算机技术研究所在内的众多研究所、工程中心和研发中心，这些国家级专用集成电路研究机构对集成电路研发设计提供了帮助，也为集成电路企业创新、创业提供了有力的技术支撑。在技术创新平台建设方面，江苏省政府、无锡市政府、国家 02 重大科技专项与国家封测联盟都从各个不同角度，大力支持华进半导体封装先导技术研发中心的建设。华进半导体封装先导技术研发中心成立以来，通过以企业为主体的产学研用结合新模式，开展系统级封装/集成先导技术研究，在 2.5D/3D 硅通孔（TSV）互连及集成关键技术、晶圆级高密度封装技术、SiP 产品应用以及与封装技术相关的材料和设备的验证、改进与研发等技术领域，取得了丰硕的成果。

（三）腾飞阶段（2016 年至今）

1. 各级领导高度重视

江苏省委常委、无锡市委书记李小敏在多个场合强调：无锡在构建现代产业体系过程中，要把发展战略性新兴产业特别是新一代信息技术产业作为优先选项，集成电路产业是新一代信息技术产业的重中之重，必须着力推进。无锡市委副书记、市长黄钦说：无锡在新一轮发展中将围绕产业强链补链目标，重振无锡集成电路南方微电子基地雄风。全国政协委员、无锡市副市长高亚光，在 2019 年全国"两会"接受记者采访，在谈到无锡集成电路产业发展时说：我国建设制造强国战略的新要求，为集成电路产业开拓了新的发展空间；无锡有着深厚的发展集成电路产业的渊源和情怀，我们希望未来为中国集成电路产业尤其是自主可控的现代产业体系作出无锡的贡献。

2. 产业政策密集支持

2014 年，国务院发布《国家集成电路产业发展推进纲要》，成立了国家集成电路产业发展领导小组，出台了一系列扶持措施，设立了国家集成电路产业投资基金。2015 年，江苏省出台《关于加快全省集成电路产业发展的意见》，提出到 2020 年，全省集成电路产业销售收入超 3 000 亿元，建设以无锡、苏州和南京为中心的沿江集成电路产业带，并酝酿设立省集成电路产业基金。在此基础上，无锡也密集出台相关政策，大力支持集成电路产业发展。2016 年，无锡市政府出台《加快集成电路产业发展政策意见》；2018 年，为深入贯彻落实创新驱动核心战略和产业强市主导战略总体要求，加快推进无锡集成电路产业发展，又出台了《无锡市关于进一步支持集成电路产业发展的政策意见（2018—2020）》，从鼓励集成电路产业做大做强、支持技术研发、强化人才支撑、培育产业生态等方面为全市电路产业链的发展提供政策引导。

3. 重点项目落户无锡

2016年以来，无锡集成电路产业的发展迈向新起点，成功引进无锡历史上单体投资规模最大、总投资100亿美元以上的华虹集成电路研发和制造基地项目；总投资86亿美元的SK海力士二工厂项目；总投资30亿美元的中环集成电路大硅片项目等重点项目，成为无锡历史上引进重大产业项目数量最多、质量最好、规模最大的时期。2018年3月2日，华虹无锡项目；2019年9月17日，正式投产。开工仪式举行，标志着华虹无锡基地正式落地生根。同年10月，厂房钢屋架完成吊装，12月主厂房结构封顶。2019年6月6日，首批光刻机进厂这标志着无锡迈入“12英寸时代”，成为全国集成电路高端生产线最密集的地区之一。2019年9月27日，宜兴中环领先IC用大尺寸晶圆片工程正式投产，这标志着无锡IC产业链的形成和扩容上了新台阶。无锡华润上华8英寸(二期)，拟投资40亿元，扩大功率器件生产产能3万片/月。2018年，无锡集成电路设计产业重大项目集中签约，分别与全志科技、韦尔半导体、艾为电子等10家业内设计领域翘楚签约；与北京兆易创新科技股份有限公司签署合作备忘录，双方对加快建立兆易新产品研发中心无锡基地、集成电路和物联网投资基金等合作项目达成共识。乘法效应将同时延伸到无锡集成电路全产业链，大型制造、封测龙头项目在无锡落地，开枝散叶，将带动材料、设备、配件等产业链后端企业的集聚，生产线设计、安装、芯片封装等配套产业的机会也将同步增长，无缝对接的集成电路发展产业服务圈将逐步形成，这将是重塑无锡集成电路产业竞争优势的关键之举和最佳时机。

三、无锡集成电路产业发展特色

(一) 产业集聚发展成效显著

(1) 产业规模稳步壮大。作为“国家南方微电子工业基地中心”，无锡一直在构造集成电路“芯”版图，经年积累形成了较为完备的产业链，集聚了包括华虹半导体、华润微电子、长电科技、中科芯、新洁能、中德电子(江阴润玛)、江化微、东晨电子、宜兴中环领先等在内的200多家企业，涵盖集成电路设计、制造、封装测试、装备与材料等多个领域，集成电路的全产业链发展格局在锡渐成，勾勒出了无锡集成电路的亮丽风景。2018年，江苏省半导体行业协会的最新数据显示，无锡集成电路产业规模达1 014亿元，较2017年实现14%的增长，总量位居全国第二，仅次于上海，其中规模企业达到129家，从业人员超过8万人。集成电路主营业务产销规模占省内集成电路产业总规模的51.41%，在全省各城市中排名位居第一。产销规模占国内集成电路行业总规模(6 532亿元)的12%，在国内各主要城市排名中位列第四，列上海市、深圳市、北京市之后。

(2) 产业质效日益提升。2018年，无锡市集成电路产业实现销售收入1 014.05亿元，其中：主营业务(设计、制造、封测三项主要业务)实现销售收入785.52亿元，同比增长17.15%；集成电路支撑业(装备和材料等产业)实现销售收入228.53亿元，同比增长3.59%。

(3) 产业结构呈现优化。从产业链构成看：无锡和江苏集成电路产业链均以封装测试产业为主导，占比均达到五成左右，近年来，无锡不断优化

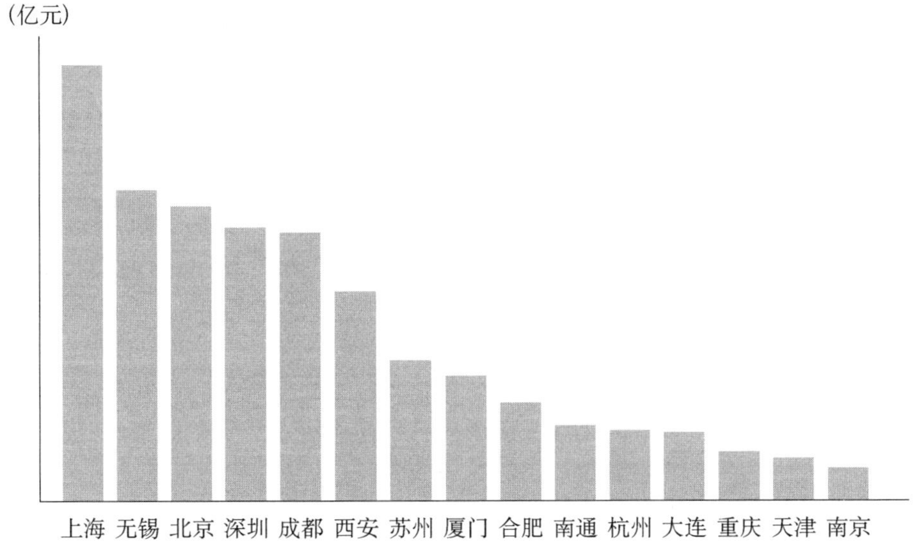

图3-5 2018年国内集成电路产业规模城市排行榜

资料来源：芯思想研究院(2019年8月)。

集成电路产业链，力推高性能集成电路芯片设计和高品质晶圆制造，2018年四大支撑产业销售收入占比为11.8∶18.5∶47.2∶22.5，其中芯片设计产业收入较2013年提升了近7个百分点，全省四大产业收入比重为11.5∶14.6∶52.0∶21.9，无锡芯片设计产业略好于全省，产业链占比高于全省0.3个百分点，晶圆制造产业链占比较全省高3.1个百分点，无锡集成电路产业链配置较全省更为优化。

(二) 设计产业发展步伐稳健

无锡集成电路设计企业以民营资本自主创业为主，产品开发以消费类电子产品芯片为主，采用短平快的发展模式，在市场化经营中迅速发展，并形成了无锡设计业的特色。以智能存储芯片、卫星导航、MEMS传感芯片等为代表的高端产品相继研发成功，有力带动无锡集成电路设计领域的研发创新能力。2018年，无锡市现有集成电路设计企业超过100家，其中规模以上企业48家。从区域分布来看，设计企业主要集中在新吴区(国家高新区)和滨湖区(国家IC设计园)。国家集成电路设计无锡产业化基地在推进设计产业发展过程中起到了关键性的促进与支撑作用。集成电路设计业实现销售收入115.06亿元，同比增长15.70%，占江苏省集成电路设计业销售收入230.49亿元的49.92%，占全国集成电路设计业销售收入2 519.3亿元的4.57%，在全省各城市中排名第一，在国内各主要城市排名中居第5位(次于深圳、北京、上海和杭州市)。

表3-2　　2013—2018年无锡市集成电路设计产业情况

指标名称 \ 年份	2013	2014	2015	2016	2017	2018	CAGR
销售收入(亿元)	58.0	64.6	76.1	84.6	99.5	115.06	14.68%
同比增长(%)	14.1	11.4	17.8	11.2	17.5	15.7	/

资料来源：JSSIA。

无锡市水平较高的集成电路设计企业可以开发设计10—28纳米产品，

但大部分企业的主流设计水平还保持在90纳米至0.5微米，与国内先进地区相比还存在一定差距。主要产品为面向消费类电子应用领域的各类芯片，包括驱动电路、电源管理电路、传感器、半导体功率器件、模拟电路、射频电路等。产品开发机制灵活，具有较强的市场竞争力。作为体现设计企业产品创新能力的一个指标，无锡市集成电路布图设计登记数量近年来呈逐年增长态势。2018年，无锡市有27家集成电路企业和院所共取得集成电路布图设计登记证书82件，取得布图设计登记证书数量前5位企业分别是无锡华润矽科微电子有限公司、无锡麟力科技有限公司、无锡思泰迪半导体有限公司、无锡德芯微电子有限公司和无锡国芯微电子技术有限公司，取得的数量分别为10件、8件、8件、7件和5件。

表3-3　　2018年无锡市集成电路设计业与全国各主要城市(地区)情况

排序	城市名称	2018年收入(亿元)	2017年收入(亿元)	同比增长(%)
1	深圳市	758.70	579.20	30.99
2	北京市	657	643.00	2.18
3	上海市	482	437.50	10.17
4	杭州市	118	75.10	57.12
5	无锡市	115.06	99.50	15.64
6	陕西省	77.90	77.20	0.91
7	南京市	67.90	53.90	25.97
8	成都市	57.40	46.70	22.91
9	珠海市	60	46.00	30.43
10	苏州市	45.80	39.70	15.47

资料来源：JSSIA。

(三) 晶圆制造发展优势明显

无锡开创了国内晶圆代工先河，曾是国内最大的12英寸存储器芯片制造和6英寸晶圆代工基地，占据全国70%市场份额。2018年，无锡市集成电路晶圆制造业销售收入236.34亿元，同比增长12.88%。无锡市集成电路晶圆制造业销售收入占江苏省同业销售收入284.86亿元的82.97%，占国内同业销售收入1 818.2亿元的13%。在国内各城市排名中居第三位，仅次于上海市和西安市。共有各类别的晶圆生产线 27 条(不含在建),其中 12 英寸生产线 3 条、8 英寸生产线 1 条、6 英寸生产线 7 条、4—5 英寸生产线 13 条、3 英寸生产线 4 条。从晶圆制造企业的注册地点看,主要集中在新吴区(无锡高新区)。

表 3-4　　2013—2018 年无锡市晶圆制造业销售收入情况

指标名称＼年份	2013	2014	2015	2016	2017	2018	CAGR
营销收入(亿元)	143.2	171.8	184.6	191.6	209.4	236.34	10.54%
同比增长(%)	−18.6	20.0	7.4	3.8	9.3	12.88	/

资料来源:JSSIA。

无锡市主要的晶圆制造企业有:SK 海力士、华润上华科技、华润华晶、无锡华虹、海辰半导体(在建)、中微晶圆、江苏东晨、江阴新顺等。其中 SK 海力士是国内排名前列的存储器芯片生产厂商,列 2018 年中国半导体制造十大企业第 4 名,拥有采用先进工艺的 12 英寸生产线,高端制造工艺达到 1Y nm;华润微电子拥有 8 英寸、6 英寸晶圆制造生产线数条,8 英寸生产线以特色工艺著称,6 英寸生产线曾经是我国首条晶圆代工生产线,2018 年华润微电子位列中国半导体制造十大企业第 6 名。

在功率器件制造方面,无锡华润华晶微电子有限公司和无锡新洁能股份有限公司分别列 2018 年中国半导体功率器件十强企业第 3 名、第 4 名。

表 3-5　　2018 年无锡市晶圆制造业销售收入与国内主要地区情况

序号	城市/地区名称	2018 年收入(亿元)	2017 年收入(亿元)	同比增长(%)
1	上海市	398.4	282.0	41.28
2	陕西省	283.3	275.7	2.76
3	无锡市	236.3	209.4	12.88
4	大连市	227.0	121.5	86.83
5	北京市	118.0	82.1	43.73
6	浙江省	108.0	110.0	−0.18
7	天津市	23.0	24.1	−4.86
8	苏州市	22.2	21.1	5.11

资料来源:JSSIA。

(四) 封装测试发展国内领先

无锡市集成电路封测产业在省内和国内占有重要地位，在产业规模和技术水平方面均具有明显的领先优势。2018 年，无锡市集成电路封测业实现销售收入 434.12 亿元，同比增长 20.02%，占国内同业比重为 19.8%，居国内各城市首位。

表 3-6　　2013—2018 年无锡市集成电路封测业销售收入增长

指标名称＼年份	2013	2014	2015	2016	2017	2018	CAGR
营销收入(亿元)	173.1	190.4	196.7	298.5	361.7	434.12	20.19%
同比增长(%)	10.9	10.0	3.3	51.8	21.2	20.02	/

资料来源：JSSIA。

无锡市主要的封测企业包括：江苏长电科技、长电先进、中芯长电、全讯科技(无锡)、海太半导体、华润安盛、英飞凌科技(无锡)、力特半导体(无锡)、华进半导体、无锡红光等。其中，新潮集团(长电科技、长电先进)2018 年排名全球封测企业十强中的第 3 位、国内同业第一位；全讯射频科技(无锡)有限公司列国内同业第 7 位；海太半导体位列国内第 9 位。在 2018 年全国十大集成电路封测企业中，无锡市就占有 3 席。

封测企业紧跟全球电子产品高性能与微型化的发展趋势，近年来大幅度提高了以倒装芯片封装(FC)、圆片级封装(WLP)、系统级封装(SiP)等为代表的先进封装工艺在产品中所占比例，并在大尺寸扇出型圆片级封装、高密度封装基板、微小节距凸点/凸块、多重再布线、无源器件集成、2.5D 硅转接板、高深/宽比硅通孔刻蚀、高密度堆叠等先进封装的关键技术领域取得进展，在 BGA、SIP、QFN、WLCSP、CSP、MIS、MCM(MCP)、铜柱凸块、Flip-Chip、高密度金丝/铜丝键合、25μm 叠层封装等部分先进封装领域和先进封装产品方面达到了与国际先进水平同步。同时，围绕半导体功率器件和特种器件封装，加快了第三代半导体功率器件、微波器件、射频模块、集成传感器件等封装技术的研发，满足 5G 通讯、新能源汽车、物联网、人工智能等芯片应用领域不断发展的需求。

表 3-7　　2018 年无锡市集成电路封测业销售收入与国内主要地区情况

序号	城市/地区名称	2018 年营销收入(亿元)	同比增长(%)
1	无锡市	434.12	20.02
2	上海市	368.90	18.88
3	苏州市	284.39	7.75
4	南通市	246.65	20.04
5	深圳市	118.42	129.99
6	陕西省	105.80	14.82
7	北京市	105.00	6.82
8	天津市	89.37	−5.39

资料来源：JSSIA。

表 3-8　　2018 年无锡市集成电路封测企业前 10 名

排序	企业名称	排序	企业名称
1	江苏新潮科技集团有限公司	6	无锡华润安盛科技有限公司
2	全讯射频科技(无锡)有限公司	7	无锡红光微电子股份有限公司
3	海太半导体(无锡)有限公司	8	中芯长电半导体(江阴)有限公司
4	英飞凌科技(无锡)有限公司	9	华进半导体封装先导技术研发中心
5	力特半导体(无锡)有限公司	10	无锡通芝微电子有限公司

资料来源：JSSIA。

(五) 配套支撑发展潜力初显

虽然集成电路关键设备是无锡集成电路产业链的短板之一，但近年来无锡半导体材料业发展也非常迅猛。目前全市配套支撑产业主要集中于小尺寸单晶硅棒、引线框架、塑封材料、工夹具、特种气体、电子化学品和测试、晶圆减薄、清洗设备等，2018 年实现销售收入 228.53 亿元，占集成电路产业整体规模的 22.54%，与上年相比增长 3.59%，总体呈现平稳增长态势。无锡市集成电路设备企业的主要产品包括晶圆清洗机、磨片减薄机、装片机、分选机、打标机、编带机、激光直写光刻机、测试仪等；材料企业主要产品包括高纯试剂、精细电子化学品、抗蚀感光油墨、特种气体等，以及封装基版、引线框架、键合丝、环氧塑封料等集成电路封装材料。部分设备和材料已应用在 6 英寸、8 英寸晶圆制造线。无锡市有规模以上集成电路配套支撑企业 40 家，其中具有一定规模的企业有江阴康强电子、江阴江化、江阴润玛、广信新材料、无锡创达新材料、华瑛微电子、恩纳基电子等。

(六) 重点项目落地快速推进

(1) 华虹集成电路无锡研发和制造基地(华虹七厂)项目。项目总投资 100 亿美元，其中一期投资约 25 亿美元，新建一条 12 英寸 90—65/55 nm 特色工艺芯片生产线，月产能约 4 万片，预计年产值 50 亿元。该项目 2018 年 3 月 2 日举行开工仪式，4 月 3 日启动桩基工程，8 月 12 日举行 F1 厂房钢屋架吊装仪式，12 月 21 日主体结构全面封顶，全年项目各施工节点均比计划有所提前。2019 年上半年将完成净化厂房建设和动力机电设备安装，2019 年 9 月 17 日正式竣工投产。

(2) 宜兴中环大硅片项目。项目总投资 30 亿美元，其中一期投资 100 亿元，将形成 12 英寸大直径硅片 15 万—20 万片/月、8 英寸硅片 60 万—70 万片/月的生产能力。2018 年 9 月底，主体厂房已封顶，12 月厂房配套项目桩基工程开始招标，2019 年 9 月 27 日正式竣工投产。

(3) 无锡海力士第二工厂项目。项目投资 86 亿美元，建设 12 英寸 10 纳米工艺晶圆制造线，月产能 20 万片。2018 年 12 月 19 日，用于该项目的中国首台 ASML NXT2000i 双工件台深紫外光刻机正式搬入 SK 海力士位于无锡的工厂。该项目已于 2019 年 4 月如期量产。

(4) 海辰半导体晶圆代工厂建设项目。2018 年 2 月 5 日，SK 海力士集成电路系统公司和无锡产业发展集团公司共同出资成立海辰半导体(无锡)有限公司。计划投资约 9.6 亿美元，在高新区建设一条产能为 8.5 万片/月，面向 CIS、PMIC 等产品的专用 8 英寸晶圆代工生产线。该项目厂房已于 2018 年 5 月下旬开工，12 月 17 日举行了钢结构工程上梁仪式。预计 2019 年 2 月底主厂房封顶，2020 年正式生产。

(5) 英飞凌车用 IGBT 模块项目。2018 年 3 月 2 日，上汽集团和英飞凌宣布成立合资公司，计划投资近 16 亿元，在位于英飞凌无锡工厂内进行扩建，生产汽车级框架式 IGBT 模块。2018 下半年该项目已开始批量生产。

(6) 宜兴经济技术开发区半导体封装项目。2019 年 6 月 21 日,宜兴经济技术开发区与天津中环半导体股份公司、扬杰科技达成合作框架协议,将联合投资 10 亿元建设半导体封装基地(合资公司股权比例为扬杰科技 60%、中环股份 40%),目前该项目处于前期准备阶段。

(7) 部分项目成效明显。无锡华润上华科技公司牵头并联合北京大学等 8 家单位共同承担的"集成电路与传感器集成制造技术"项目,通过了国家 02 科技重大专项的正式验收。该项目突破了多项 MEMS 传感器加工关键技术,解决了制约我国 MEMS 规模生产的工艺一致性、稳定性差的关键问题,建立国内首个与 CMOS 兼容的 MEMS 专业代工规模量产生产线,并通过了以压力传感器、硅麦克风、红外传感器等为代表的 6 大产品的量产验证。该项目共申请发明专利 316 件,授权 165 件,并获得第十三届(2018 年度)中国半导体创新产品和技术奖;华润上华科技成功开发的第三代 0.18 微米 BCD 工艺平台,提高了器件可靠性,降低了工艺成本,可覆盖 7—40 V 宽工作电压范围,为电源管理 IC 的设计提供了具有竞争力的工艺方案;江阴长电先进封装有限公司的"晶圆凸点及重布线晶圆级封装技术"获首届集成电路产业技术创新战略联盟成果产业化奖。

(七) 重点平台建设日益完善

(1) 国家集成电路设计无锡产业化基地。国家集成电路设计无锡产业化基地是国家科技部 2001 年批准建立,为国家八大集成电路设计基地之一,建有集成电路设计(EDA)公共技术平台,配置了国际主流的 EDA 工具软件和基本设计流程,配套开展设计服务、多项目晶圆流片、产品验证等技术支持服务;建有人才培养和产业支撑服务平台,管理和运行达数万平方米的集成电路设计企业孵化器。2018 年,无锡市获国家工业和信息化部批准,建设国家"芯火"双创基地,以太湖国际科技园为核心区,在现有集成电路设计产业化基地基础上,面向国产自主芯片、整机厂商合作以及创新创业领域,建设技术创新服务平台、自主知识产权推广平台、产学研用产业链推广平台以及人才培养与协同创新平台。通过充分发挥"芯火"基地的带动作用，全面助推无锡集成电路产业发展。2018 年 5 月 29 日，无锡集成电路设计基地新的企业孵化培育基地——无锡国家集成电路设计产业园揭牌。“芯火”基地建立和新的设计园区运行，标志着无锡集成电路设计基地将在无锡地区集成电路产业新一轮发展中，发挥更大的作用。

（2）无锡集成电路设计中心。无锡滨湖区是集成电路产业特别是集成电路设计产业的又一个集聚区，在无锡蠡园经济技术开发区（无锡国家工业设计园）范围内建立的集成电路设计中心园区，依托园区内的中科芯（第 58 所）和无锡清华研究院的支撑，形成了包括各类专业平台在内的服务支撑比较完善、数十家设计企业集聚的集成电路设计产业高地。园区内的中科芯、中微爱芯、华大国奇、江苏卓胜、世芯电子、国芯微电子等设计企业，已成为代表无锡集成电路设计水平与实力的龙头企业。

（3）华进半导体封装先导技术研发中心。华进半导体封装先导技术研发中心是在国家科技重大专项支持下，由中科院微电子所联合国内近 10 家主要封测类企业共建的、面向国际封测前沿技术领域的研发中心，也是国家封测产业链技术创新战略联盟的研发平台。华进半导体配备了数亿元的高端研发测试设备，开展系统级封装/集成先导技术、2.5D/3D TSV 互联及集成关键技术、多种晶圆级高密度封装工艺与 SiP 产品应用等研发，以及与封装技术相关的材料和设备的验证，为产业界提供系统解决方案。华进半导体的目标是建成在国际半导体封测领域中具有影响力的国家级封装与系统集成先导技术研发中心，在部分领域能够引领国际封装产业技术发展，在全球创新链中占有自己的位置；华进已累计申请专利 772 项，其中发明专利 694 项、国际发明专利 29 项，已是业内著名的研发中心。

（4）江苏省集成电路测试服务中心。江苏省集成电路测试服务中心依托无锡中微腾芯电子有限公司建设，是经江苏省科技厅批准设立的省级公共技术平台，拥有产品测试、可靠性检测和研究、失效分析、试验设备 600 套，技术团队 200 余人，可以对数字、模拟、数模混合等各类电路提供从芯片测试到验证分析的整体测试解决方案。

（5）江苏无锡集成电路快速封装服务平台。江苏无锡集成电路快速封装服务平台是省科技厅批准的省级公共技术服务平台，依托无锡中微高科电子有限公司建设，拥有一流设备仪器，具备面向集成电路设计、制造企业，开展封装设计、封装工艺开发、小批量快速封装、高可靠陶瓷封装、基板型塑料封装等服务能力，用于产品试制、特种器件封装及应用服务，其中陶瓷封装质量等级可满足航天要求，并承担了江苏省微电子封装工程技术研究中心的建设任务。在江苏省科技厅组织的“2018 年省企业重点实验室和省科技公共服务平台评估”工作中，江苏无锡集成电路快速封装服务平台被评定为优良。

四、无锡集成电路产业发力方向

(一) 产业配套政策与时俱进

在国家明确将集成电路产业上升至国家战略后，国内掀起新一轮集成电路产业海外收购和重大项目建设热潮。当前，北京、上海、武汉、无锡、厦门、大连、合肥等多个城市均把集成电路产业作为创新驱动、转型升级的战略制高点之一，纷纷出台新的扶持措施，加大投资力度，引进重大项目，力争在未来集成电路产业布局中抢占先机。2018 年，中西部地区集成电路产业销售收入同比增长超过 60%，其中，合肥、西安、长沙等地的增速都超过 50%。在此背景下，无锡 2018 年出台了《关于进一步支持集成电路产业发展的政策意见(2018—2020)》，抢抓产业发展制高点，将集成电路产业作为无锡做高城市能级的重点。应该说，政策面上无锡对集成电路产业的整体推动是与时俱进的。

融合发展成为无锡集成电路产业发展的重点。无锡是中国物联网发展的首航之城，经过多年的发展与沉淀，产业基础、技术水平、发展环境均居全国前列。明确把集成电路与物联网、云计算、大数据等领域融合发展进行布局规划，既有利于依托无锡市在物联网、云计算、大数据等新一代信息技术产业的先发基础，从而促进产业间相互成长，同时也是产业向更高层次发展的必然选择。早在 2013 年无锡就明确提出，集成电路设计业要“围绕物联网、互联网、三网融合、智能终端、大数据和云计算等战略性新兴产业和重点领域的应用需求”。晶圆制造业要“开发 MEMS、射频、功率器件等高端特色工艺”等，这些都为“融合发展”指明了方向。

在最近发布的集成电路产业发展意见中，又进一步明确了支持生产制造类企业优先采购无锡本地设计企业芯片产品的补贴政策，鼓励智能传感器等产品领域的研发与产业化，这些都为“融合发展”起到了政策引导作用。2018年6月，发布《无锡市推进新型智慧城市建设三年(2018—2020)行动计划》，进一步明确了智慧产业、信息网络、信息安全等六大方面的提升内容，推动以物联网为龙头的新一代信息技术与经济社会深度融合，这些政策都为“融合发展”提出了新要求。

表3-9　各地集成电路产业政策文件

地区	政策文件	主要举措
河北省	关于加快集成电路产业发展的实施意见	目标到2020年主营业务收入年均增速30%以上，引进5—10家集成电路上下游企业，新建3—5家省级以上重点实验室、企业技术中心等研发平台
江西省	江西省集成电路产业发展情况	支持有条件的设区市设立集成电路产业投资基金，加大集成电路产业招商引资力度，加强集成电路产业人才培养和引进
安徽省	安徽省半导体产业发展规划(2018—2021年)	目标到2021年半导体产业规模达到1 000亿元，半导体产业链相关企业达到300家，芯片设计、制造、封装和测试、装备和材料龙头企业各2—3家
合肥市	合肥市加快推进软件产业和集成电路产业发展的若干政策	进一步设立集成电路产业基金，目标建设新的集聚区
厦门市	厦门市加快发展集成电路产业实施细则	涵盖厦门市发展集成电路的投融资政策、支持领域、人才补助和科研扶持等各类标准，并将设立不低于500亿元的厦门市集成电路产业投资基金
成都市	成都市进一步支持集成电路产业项目加快发展若干政策措施	对IC设计企业、制造企业、配套服务企业、高校、科研机构等企业(单位)在集成电路流片、封测、IP核采购等重要环节给予补贴
南京市	关于加快推进集成电路产业发展的意见	目标到2020年，全市集成电路产业销售收入突破500亿元，年均增幅60%以上，形成制造、设计和封装测试等环节协同发展的集成电路产业链
苏州市	昆山市半导体产业发展扶持政策意见	将符合条件的半导体企业给予最高1 000万元的补助，并提出设立昆山市半导体产业投资基金
无锡市	无锡市关于进一步支持集成电路产业发展的政策意见(2018—2020)	包括鼓励做大做强、支持技术研发、加大人才支撑、完善生态4个方面15条政策

资料来源：JSSIA。

(二) 专项扶持基金同步建立

以需求为导向,以技术创新、模式创新和体制机制创新为动力,突破集成电路关键装备和材料瓶颈,推动产业整体提升,实现跨越式发展,国家成立了集成电路产业投资基金股份有限公司,注册资本 987.2 亿元,实际融资达到 1 378 亿元,引导社会投资进入集成电路领域,为解决产业快速发展所需巨额资金创造了条件。

表 3-10　国内各类集成电路发展基金项目汇总

时间	地区	相关基金	基金规模
2013 年 12 月	北京市	集成电路产业发展股权投资基金	300 亿元
2014 年 11 月	天津市	集成电路设计产业促进专项资金	2 亿元/年
2015 年 7 月	江苏省	南京市浦口区集成电路产业专项发展基金	10 亿元
2015 年 8 月	湖北省	湖北集成电路产业投资基金	不低于 300 亿元
2015 年 11 月	深圳市	深圳市集成电路产业引导基金	200 亿元
2015 年 11 月	合肥市	合肥市集成电路产业投资基金	100 亿元
2015 年 12 月	贵州省	贵州华芯集成电路产业投资基金	18 亿元
2016 年 2 月	上海市	集成电路产业基金	500 亿元
2016 年 3 月	福建省	厦门国资紫金联合发展基金	160 亿元
2016 年 3 月	湖南省	国微集成电路创业投资基金	50 亿元
2016 年 5 月	四川省	四川省集成电路和信息安全产业投资基金	120 亿元
2016 年 6 月	辽宁省	辽宁省集成电路产业投资基金	100 亿元
2016 年 6 月	广东省	广东省集成电路产业投资基金	150 亿元
2016 年 6 月	福建省	安芯产业投资基金	500 亿元
2016 年 9 月	陕西省	陕西省集成产业投资基金	300 亿元
2016 年 11 月	石家庄市	集成电路产业投资基金	100 亿元
2016 年 12 月	江苏省	南京市集成电路产业专项发展基金	500 亿元
2016 年 12 月	江苏省	无锡市集成电路产业投资基金	200 亿元
2017 年 2 月	江苏省	昆山市半导体产业投资基金	100 亿元
2017 年 5 月	安徽省	安徽省集成电路产业投资基金	200 亿元
2018 年 4 月	厦门市	厦门市集成电路产业投资基金	500 亿元
总计			4 410 亿元

资料来源:根据相关资料整理。

在此背景下，各地为促进集成电路市场的良性运转，建立各类大基金，规模合计达到 4 410 亿元，其中：上海市、南京市和厦门市集成电路产业专项发展基金规模均达到 500 亿元，无锡建立集成电路产业投资基金总额 200 亿元，在国内城市中排位居中。

（三）重点培育，打造龙头企业

培育龙头骨干企业，鼓励企业做大做强。其主要措施包括：对行业排名前列和实现超常规发展的企业给予奖励；对首次达到国家规划布局内重点集成电路设计企业要求的设计企业给予一定额度的奖励；对成功并购国内外产业链相关企业或重点研发机构的，在达到规定标准后按照并购实际发生金额给予一定比例的并购补贴等；对引进的重点项目按其实际投资额予以一定比例的补助；对投资规模巨大并对当地产业格局产生较大影响的项目，采取一事一议等措施。

（四）加快培育核心竞争力

除积极落实高新技术企业、集成电路企业和企业研究开发费加计扣除等国家鼓励政策外，还提出了鼓励企业以产学研合作方式建设研发机构，对其中达到标准的按照设备投资额给予一定比例的补贴；择优支持关键技术、高端产品和先进工艺开发，对设计企业开发先进产品的首轮流片费用给予一定比例的支持；鼓励企业开展科研攻关，对承担重点项目的单位在进行资金配套的基础上再给予一定额度的奖励；鼓励企业增加研发投入，对研发投入超过一定数额的企业按实际投入给予一定比例的资金补助等措施。强化人才培养，对为产业发展作出突出贡献的杰出人才，给予一次性奖励；支持和鼓励集成电路高层次人才申报国家“千人计划”“万人计划”及省“双创计划”等人才计划；鼓励当地高校新增集成电路相关专业，按新增专业的数量给予一定额度的补贴；支持院校和有条件的企业举办集成电路人才培训基地，并配套给予一次性资金支持。

(五) 全力改善创新支撑环境

鼓励各类企事业单位设立面向集成电路产业投资基金,对超过一定规模且业绩明显的基金,按其实际投资集成电路企业的资金给予一定比例的奖励;加强公共服务平台建设,重点支持和建设集成电路设计、测试、验证等公共服务平台,提升对产业服务的深度和广度;支持企业参加境内外各类展销会,对符合条件的,按其实际支出给予一定额度的补助。特别在融资环境营造方面,2018 年,无锡市先后与国家开发银行、国家集成电路产业投资基金股份有限公司签署战略合作协议,推进无锡集成电路产业的整体布局,完善优化无锡集成电路产业链条,提升无锡集成电路产业的核心竞争力。2019 年,发布《关于进一步深化现代产业发展政策的意见》,对支持重大产业项目建设、支持企业科技创新、支持企业做优做强、支持绿色集约发展、支持发展智能制造、支持以物联网为龙头的新一代信息技术产业发展、支持现代服务业发展,做了具体的政策引导以及资金方面的奖励和扶持。

五、无锡集成电路产业的短板不足

国内集成电路产业主要集中在四大区域:一是上海、江苏、浙江、安徽的长三角地区,前十大城市中,长三角占据一半,五席分别是上海、无锡、苏州、合肥、南通,集成电路产业规模超过全国的近一半,是我国最大的集成电路产业聚集地;二是北京、天津环渤海地区,集成电路产业占全国的 1/5 左右,北京入围前十;三是深圳、珠海、广州珠江三角地区,集成电路产业占全国的 1/5 左右,深圳入围前十;四是中西部地区,成为近年来产业投资项目的集聚地。对照省委、省政府对无锡提出的“当好全省高质量发展领跑者”的目标要求,对标上海、北京、深圳等国内集成电路产业重城,找准发力方向,将有助于进一步优化无锡集成电路产业链的配置。

(一) 产业结构仍需优化

2018 年,无锡市集成电路产业主营业务规模达到 785.52 亿元,其中:无锡市集成电路设计业销售收入 115.06 亿元,集成电路晶圆制造业销售收入 236.34 亿元，集成电路封测业销售收入 434.12 亿元，三业合计销售收入 785.52 亿元（含分立器件），集成电路设计、制造和封测三业的比重约为 15∶30∶55。其中，生产型的晶圆制造和封装测试企业营收占比超过 85%，而利润率及附加值最高的集成电路设计企业营收贡献不足 15%，研发占比偏低，产业结构仍需升级转型。晶圆制造企业中超过 60%的产值为外资 IDM 企业贡献，产业带动性有限，地方财税贡献不足。无锡市集成电路产业链的结构需要继续优化。

无锡市在集成电路封测产业领域主要依托于长电科技为主的龙头企业带动，最具有全国代表性；晶圆制造领域与国内增速相差较大，主要由于海力士二期、华虹无锡、海辰半导体等在建项目产出延后于国内其他地区企业（如厦门联芯、合肥晶合、合肥长鑫、中芯国际等工厂；同时受益于存储器价格上涨，西安三星、大连英特尔产值大幅增长）；集成电路设计领域，无锡市产业技术含量基数相对最低，产业增幅低于全国平均水平，总量增长不足，这是导致无锡市集成电路产业结构不平衡的最主要因素。

表 3－11　　2018 年无锡市集成电路主营业务产值、增速比对　　单位：亿元

	设计业	增速(%)	晶圆制造业	增速(%)	封测业	增速(%)
全国	2 519.3	21.49	1 818.2	25.56	2 193.9	16.09
上海	482.0	10.17	398.4	41.28	369.9	18.88
无锡	115.06	15.64	236.3	12.88	434.12	20.02

（二）设计产业亟待加强

无锡是 8 个最早的国家集成电路设计产业化基地之一，经科技部批准于 2001 年 10 月成立。无锡市拥有集成电路设计企业 100 余家。2018 年，无锡市集成电路设计产业营收为 115.06 亿元，排名全国第 5。排在无锡前位的城市分别是：深圳（758.7 亿元）、北京（657 亿元）、上海（482 亿元）、杭州（118 亿元）。无锡市集成电路设计企业总体体量偏小，尚无企业进入全国集成电路设计企业前十位。相较于无锡全国首位的集成电路封测产业和全国第三的集成电路晶圆制造业，无锡市的集成电路设计企业规模不够大、

产业较分散,具备闪亮品牌效应的芯片产品不突出,面广量大的产品不多,技术含量较高的产品偏少,设计企业散、小、弱的居多,总体影响了无锡市在全国集成电路产业的地位。除产值外,在集成电路设计技术能力上也还有待提升,产品结构还有待完善。上海在设计领域,部分企业研发能力已达7纳米,紫光展锐手机基带芯片市场份额位居世界第三。

(三) 应用市场尚需开拓

集成电路作为"中间"产品,只有在方案、系统、整机中得以应用才能体现其产品价值,新兴的终端产品市场及应用技术是拉动集成电路产业新发展的核心动力。当前物联网、人工智能、智能汽车及新能源汽车、智能终端制造、新一代移动通信成为新开辟的应用领域,或将成为近几年集成电路产业发展的主要推动力。物联网产业的发展将是一个带动芯片广泛应用于所有产品的时代,并有望改变集成电路产业的固有周期。无锡市作为"物联网"产业发源地、国内重要的物联网产业基地、国家物联网示范城市,布局了较多领域,物联网产业在无锡已经生根,但开花、结果尚需时日,因此仍需要在市场应用方面加大力度,加速产业提质放量。

(四) 公共平台仍要完善

无锡市经过多年的建设打造,已形成了一批专业特色园区、研发机构、服务平台,为集成电路产业的持续发展提供了有效支撑。截至2018年,已建成国家集成电路设计(无锡)产业化基地、无锡国家集成电路设计中心、江阴国家集成电路封测高新技术产业化基地、无锡新区集成电路产业园4个特色产业园区;建成了中国电科第58研究所、江苏省产业技术研究院专用集成电路技术研究所、江苏省物联网中心、华进半导体等多个科研及产业化机构与平台,为全市集成电路产业的发展提供了技术研发支持、企业发展服务等支撑;但目前已有的EDA设计工具、流片服务、晶圆测试、快速封装、可靠性等公共技术平台,以及人才实训、项目落地、投融资等公共服务平台还存在客户有限、服务能力不强、使用效率不高、运营能力不够等不足,特别是服务于专业平台的技术人才队伍建设仍显不够，平台运营团队还需加强，服务能力和专业技术能力有待提高。此外，从平台完整性考虑，失效分析、设计服务、IP供应与交易还需补充完善。

（五）高端人才储备不足

据2018年统计数据，无锡市集成电路从业人员8.6万人。其中，相关企业生产技能人才占比达到77.52%，研发人才占比仅7.04%，高端人才占比偏低。主要从业人员大部分是从事晶圆制造、封装测试等制造型企业以操作为主的产线职工，从事工艺技术和产品研发的高端人才有限，软硬件兼能顾及的高端研发人才更少。无锡市虽拥有众多集成电路设计企业，但大多以相对低端的消费类集成电路产品设计为主，采用先进工艺制程的产品不多。有些企业虽通过在深圳、北京、上海等地设立研发机构，吸纳当地人才，但对无锡本地集聚集成电路骨干人才贡献有限。无锡市高端人才向上海、北京、深圳流失量较大。

本地人才资源不足。无锡市本地重点高校的江南大学年培养微电子学本科生70名左右；年培养微电子专业全日制硕士及工程硕士研究生25名左右；年培养微电子专业博士研究生3—5名。人才培育数量远远无法满足本地企业需求，再加上周边城市对于应届微电子专业毕业生的吸引，最终能够留在本地企业工作的毕业生数量更少。集成电路产业人才面临周边先发及后发热点城市争夺。以上海为核心的先发城市中，由于企业众多、技术平台较高，人才成长空间充足，薪资待遇优厚，具备较强的人才虹吸效应；以南京、合肥为主的产业后发城市中，政府对企业支持力度大，人才政策突出，借助其丰富的高校资源能够有效吸引无锡本地微电子专业本科学生通过报考研究生以提升学历并流转至南京、合肥等城市。虽然无锡市引进建设了东南大学无锡分校、中科院微电子所、中科芯微电子学院等众多教育机构及研究院所，但高端专业人才的本地化依然面临严峻挑战，教育、培训、培养与使用脱节。

(六) 产业路径仍待优化

无锡集成电路产业超过 60%的贡献率来源于集成电路制造业和封测业,最突出的是较低附加值的封测产业,而较高附加值的设计业企业数量呈现小而散的局面,是典型的规模型发展路径;上海得益于完善的集成电路产业链,发展均衡的各大产业环节协同联动,是典型的生态型发展路径;深圳则是由于集聚了非常多下游中小应用系统领域的厂商,对市场变化敏感,特别容易在细分市场领域出现设计龙头企业,是典型的市场型发展路径;而北京占据中央行政事业单位、央企国企集聚的天然优势,承载国家集成电路战略使命,人才和科研优势突出,总部、品牌整机企业集聚,是典型的兼具战略承载和创新引领的发展路径。相比较,无锡集成电路产业整体发展路径较为粗放,借鉴各地优势发展路径,集约发展的提升空间较大。

六、未来无锡集成电路产业发展重点方向

(一) 人工智能

全球人工智能已经成为一种竞争优势,2019—2020 年人工智能将扮演全球半导体产业的主要增长动力。基于云计算和大数据的人工智能采用深度学习算法,能拥有更强的计算能力进行数据分析,不论从人工智能导入手机、工业 4.0 和先进驾驶辅助系统等角度来看,还是从对数据运算、存储和运输的需求越来越高的观点来看,都将对芯片设计和制造提出进一步升级的要求。

(二) 物联网

根据 IHS MARKIT 预测,全球物联网设备的安装基数在 2020 年将增长至 730 亿美元。强化的数据传输和云分析功能的综合要求将带动 2019 年物联网持续加速发展,带来信息连接、收集、计算和处理等方面的功能芯片不断优化。

（三）云计算大数据

云服务和大数据为人工智能和机器学习发展铺平了道路，云计算和大数据的持续发展对高性能计算芯片、大数据服务器大容量存储芯片提出了新的要求。

（四）5G应用

2019年11月5G正式商用，领先厂商预计在2020年将5G产品扩大商业应用规模，使得5G应用芯片逐渐上市上量，给半导体企业带来更多的市场机遇。

（五）机器人和无人机

机器人和无人机应用范围的不断扩大，除了该领域的芯片市场（约有40亿美元）持续增长以外，更深层次的意义在于机器人和无人机将深入生产、生活和社会的各个领域，颠覆制造业和工农业长期以来的商业模式。

（六）智能手机的持续进化

智能手机新功能的应用一直没有停步，它为继续推动智能移动设备及芯片市场发展提供动力。

（七）车用芯片

近年来自动驾驶快速发展的态势相当显著，并正在接近成熟。目前，工业发达的各国和地区致力于让自动驾驶车辆早日合法上路，陆续出台了自动驾驶的试运行计划，2019年以后的几年，车用芯片将是集成电路产业增长较快的领域之一。

（八）计算机视觉识别

计算机视觉及识别的重要性与日俱增，这与工业企业以及全社会的数字化大趋势息息相关。图像传感器的多样化,加上图像处理与分析技术改进正在更加广泛地发展,包括工业机器人、无人机、智能交通、高质量监测、医疗和汽车等方面应用,更是对计算机视觉识别应用领域的芯片发展起到了推波助澜的作用。

七、提升无锡集成电路全产业链高质量发展的建议

当前是中国集成电路产业历史上最好的黄金机遇期,无锡将迎来集成电路产业发展的重大机遇期和重大转型期,理应实现更大规模、更具创新性和更具引领作用的突破性发展。“把无锡市打造成国内一流、国际知名的集成电路产业高地,并凸显物联网产业、汽车电子、无线通信、智能高端装备、新能源等无锡特色”“把无锡建设成为国内领先的,具有国际知名度的模拟、物联网产业聚集基地”“重振无锡南方微电子基地雄风”,“为建设发展中国自主可控的现代产业体系作出无锡的贡献”。为实现以上目标,无锡市集成电路产业发展必将围绕“着力发展集成电路设计业,加速发展集成电路制造业,提升先进封装测试产业发展水平,突破集成电路关键装备和材料”主线加速进行。

(一)提站位,定位世界级无锡“芯”聚力高质量发展

江苏省委娄书记在无锡调研时提出:无锡要成为全省高质量发展的标杆、示范和领跑者,集成电路产业是无锡现代产业中发展最好、最完整的产业,未来发展平台广、空间大、效益好,对标最高、最好、最优,无锡加快集成电路产业高质量发展,是最好的示范引领产业;主动谋划和融入国家集成电路产业战略布局,最大可能地凝聚各方共识,更进一步地激发和调动社会各方面的力量,在更高起点上谋划无锡市集成电路产业的不断发展;充分利用长三角一体化进程有利契机,将无锡市集成电路产业发展的成功与巩固长三角集成电路产业在国内优势地位紧密结合,明确无锡市是长三角集成电路产业聚集区核心成员的定位,深度融入长三角一体化进程,把无锡的集成电路产业发展与长三角的市场要素更好地结合起来,把无锡的集成电路科技创新与长三角的科创资源更好地结合起来;继续发扬无锡市全国重要的

集成电路产业基地的作用，积极获取中央及江苏省层面对无锡市集成电路产业定位的认可；在国内国际信息技术舞台上，发出无锡“芯”声，以世界级的站位，带动无锡集成电路全产业链大踏步前行。

（二）强规划，科学统筹全产业链协调发展

无锡集成电路产业进入了有序快速稳步发展的新阶段。随着国际国内集成电路产业发展新情况、新形势、新任务的出现，要及时做好无锡集成电路产业发展的顶层设计，及时研究制定无锡集成电路产业发展各阶段的产业和技术发展方向和产业链配置的主攻方向，合理构建新布局；在进一步增强封装测试产业传统优势的同时，加强晶圆制造产业规模效应，提升芯片设计产业技术含量，开拓配套支撑产业创业增量；以优化全产业链配置为导向，协同产业链上下游企业共同发展，突破集成电路产业先进基础工艺、关键基础材料和产业核心技术瓶颈，在壮大无锡集成电路全产业链集聚区，努力使无锡集成电路产业成为国内乃至世界知名产业集群。

（三）补短板，全力促进芯片设计产业优化发展

集成电路设计业是无锡市集成电路产业链的短板，无锡市要在做大做强集成电路设计业上下功夫，以 IC 设计为龙头。芯片设计是产业链的前端，也是面向应用的最终环节，以芯片设计产业的快速增长带动集成电路制造业的发展。国家集成电路“十三五”规划中目标 2020 年芯片设计产业年收入达到 3 900 亿元。为此，无锡需要提升集成电路芯片设计的规模和水平：一是骨干企业芯片设计能力力争达到 7—10 纳米，力争有 3—5 家企业成长为国际先进企业或国内龙头企业，提升无锡市集成电路设计产业地位；二是借助产业并购基金或行业龙头企业资源，引导对本地企业的兼并或重组；三是鼓励符合条件的集成电路设计企业加快上市步伐，鼓励本地企业对外扩张，到产业先进地区甚至海外拓展业务或者构建研发平台，并逐步实现技术积累与回流；四是依托无锡国家集成电路设计产业园，在高端通用核心产品、工业控制、前沿新兴领域实现关键技术突破；五是聚焦物联网、人工智

能、云计算、移动通信、汽车电子等领域的核心芯片进行前瞻性布局,以芯片设计企业和晶圆代工企业、封装测试企业组成产业链联盟的方式,提升无锡集成电路产业链整体水平。

(四) 扩产能,有效推进晶圆制造产业跨越发展

国家集成电路“十三五”规划中目标 2020 年芯片制造业的销售规模要达到 2 500 亿元,SEMI 预计 2017—2020 年全球将有 62 座新晶圆厂投产,其中 26 座将位于我国,因此推动无锡芯片制造业做大做强,不仅有市场有前景,也是无锡加强集成电路产业链配置的有效抓手。全力推进华虹无锡集成电路研发和制造基地项目和 SK 海力士二工厂项目,加强与世界先进半导体厂商的联合,组织力量探索纳米线晶体管、光子集成电路和量子器件等新技术的研究,加快晶圆制造企业落户无锡的引进力度,将无锡芯片制造产业打造成为国内技术最先进、产能规模最大的芯片制造企业群体。

(五) 保优势,质效双提封装测试产业引领发展

国家集成电路“十三五”规划中目标 2020 年封装测试产业的销售规模要达到 2 900 亿元,其中先进封装测试产业销售收入占封测产业总规模的 45%以上。无锡应以此为契机,进一步拓展封测产业市场规模,提升先进封装测试产业的发展水平,紧贴整机系统应用市场发展的需求,努力开发市场需要的中高端封测产品,积极开发高可靠、更高性能的封装技术,如目前热门的晶圆级芯片尺寸封装技术(CSP)和三维(3D)封装技术等高端先进封装技术,同时加快新技术的规模化生产能力。积极鼓励借鉴长电科技成功收购星科金朋的模式,做大做强封装测试龙头企业,以大体量的规模、先进的技术,进一步在省内、国内、全球打响无锡集成电路封测产业的品牌。

(六) 拓领域,推进技术配套,支撑产业创新发展

配套支撑产业为晶圆制造和封装测试产业提供材料和设备,是打造集

成电路全产业链的必要保障和基础支撑。在做大做强晶圆制造产业、做优做好封装测试产业的基础上，吸引更多优质配套支撑企业落户无锡。全力推进以宜兴中环大直径硅片项目为集聚点，聚集更多集成电路材料和设备企业落户无锡宜兴，打造新的配套支撑产业园，与无锡现有的集成电路晶圆制造和封装测试形成产业配套，在为集成电路“南方基地”回归提供支撑的同时，形成集成电路产业链和区域链。

（七）重服务，优化配套，支撑服务产业融合发展

一方面，看齐上海、北京、深圳等国内一流专业园区的水准，全面提升园区产业发展的集聚、服务、创新功能，打造集成电路高端设计、高端制造、高端封测的全产业链基地，借助无锡市集成电路产业对周边地区的辐射带动作用，充分发挥集成电路产业园的作用，不断提升园区专业化、标准化、国际化的水平，真正形成高水平的集成电路产业研发设计、高端制造、高层次人才、总部经济集聚区域，成为无锡市集成电路产业发展的核心区和增长点。政策鼓励建设专业化公共服务平台，包括推动 EDA 工具的研发和技术标准研制以及加大研发的补贴力度，同时要注重支持和鼓励各板块、相关园区间的错位发展，保持差异化布局的特色。另一方面，加强对集成电路企业知识产权保护方面的宣传与支持。鼓励企业积极申请集成电路相关的发明及实用新型专利、商标、软件著作权、集成电路布图设计专有权；落实产业政策，加大对相关专利、版权、布图设计等的保护力度，鼓励企业通过诉讼方式维护自身合法权益；培养扶持一批在集成电路领域具有专业特长的专业性法官及专利事务所，提升无锡市在集成电路知识产权保护方面的城市声誉。打造无锡市鼓励研发创新、公正公平的良性产业生态环境，为企业长远发展提供充足空间。

（八）引人才，多方渠道发力，加速产业人才培育

重点引进国家重点支持的相关院校组建示范性微电子学院，加快培养集成电路设计、制造、封装测试及其装备、材料等方向的工程型、复合型人

才。聘请一定比例的企业专家授课或担任指导教师,引进国外高水平专家,建立一支由专职教师、企业专家和兼职教师组成的师资队伍,推动示范性微电子学院国际化发展。定期前往北京、上海、成都、西安等相关院校招聘微电子学、微电子与固体电子学、集成电路设计与系统设计、半导体、通信、计算机等相关专业应届本科、硕士、博士毕业生。重点培育和引进软件、算法、系统、应用领域的专业人才;在集成电路晶圆制造、封装测试方面,除微电子学相关专业人才外,重点培育和引进物理学、软件、化工及材料学、机械及自动化等相关专业人才;在装备及材料方面,重点培育和引进软件、机械及自动化、电子信息工程等相关人才。

(九)强意识,合力构建知识产权新局面

知识产权是半导体发展最重要的创新要素之一。由于历史原因,不少半导体相关企业高价值知识产权储备欠缺,应对国外企业利用知识产权制造市场壁垒的经验不足,在市场竞争中屡屡遭遇各类知识产权挑战,影响企业发展、影响创新与产业安全。在此形势下,重视知识产权创造、保护与运用,有助于产业共同安全、健康、高速发展。一是在增强意识上下功夫。知识产权合规化建设是每个企业都躲不开的课题,有志企业应该高度重视知识产权方面工作的积累和布局,完善自身制度,打好基本功。尤其是各级领导要进一步意识到加强知识产权方面的合规化建设是半导体企业发展的必修课。二是合力构建谋布局。知识产权保护意识的不断提高以及知识产权合规化的建设,需要包括企业、监管部门和司法机关和行业机构等多方面的共同努力。其中,可以充分依托行业协会对产业情况熟悉的有利条件,开展包括知识产权建设在内的相关工作,不断提升无锡市集成电路产业创新能力、产业安全、行业话语权与知识产权运用的能力,提升无锡市在集成电路知识产权保护方面的城市声誉,打造无锡市鼓励研发创新、公正公平的良性产业生态环境。

作者:无锡市半导体行业协会、无锡市统计局

第四章　无锡新材料产业发展现状及对策研究

新材料是指新出现的具有优异性能或特殊功能的材料，或是传统材料改进后性能明显提高或具有新功能的材料。融入了当代众多学科先进成果的新材料产业是支撑国民经济发展的基础产业，逐渐成为促进经济快速增长和提升企业及地区竞争力的源动力。新材料产业的发展水平已成为衡量一个国家和地区经济社会发展、科技进步和国防实力的重要标志。无锡是新材料制造和需求大市，具有良好的产业基础和发展空间，技术水平和综合实力居全国前列。

2009 年，无锡提出发展战略性新兴产业，新材料产业位列其中，经过近 10 年的发展，先进钢铁材料、新型高分子材料等先进基础材料，产业规模稳步增长；高性能纤维及复合材料、先进半导体等关键战略材料，产业发展增速明显；石墨烯、先进陶瓷等前沿新材料，影响力和竞争力日益增强。新材料产业在促进传统产业转型升级、推动科技创新和培育新兴产业动能的独特优势，成为无锡装备制造业水平提升的支撑和保障，引领无锡从制造业大市向制造业强市转变。

一、无锡新材料产业的发展历程

新材料作为各类高新技术产业发展的基础和先导，一直受到无锡市政府的重视，在多项战略规划中均将其列为无锡重点发展的高新技术产业之一。“十五”以来，无锡持续加强新材料领域的科技创新力度，新材料产业快速发展，产业化成效不断提高。新材料产业发展在无锡底蕴足、成效好、结构优,逐步形成了企业集聚、行业多样、产品领先的产业新格局。

(一) 无锡新材料产业发展的主要阶段

1. 产业发展有底蕴(2000—2008 年)

作为纺织、化工、电子等传统原材料大省,江苏在发展新材料产业上有着先天的优势,新材料产业是江苏省重点发展的高新技术领域产业之一,产业规模约占长三角地区的一半以上,约占全国规模的 15%。借此东风,“十一五”以来,无锡以电子信息、先进制造、新材料和生物医药四大产业作为高新技术产业发展重点,新材料产业得到快速发展。2008 年,全市新材料产业初具规模,拥有规模以上新材料企业 570 多家,①其中拥有产值超亿元企业 145 家、上市企业 21 家,实现工业总产值 1 678.37 亿元,比 2005 年增长了 86.1%。“十一五”以来年均增速 28.7%;占全省产值比重接近 40%,占当期高新技术产业比重超过 40%,比重高于全省平均 10 个百分点以上,占全市规模工业增加值的比重为 15%,在四大高新技术领域中的比重位列第一。无锡先后建立了国家 863 计划“江阴沿江新材料产业带”和“锡山新材料成果产业化基地”,以及国家火炬计划“宜兴非金属材料产业基地”和“惠山特色特种冶金新材料产业基地”。

2. 产业扩张有成效(2009—2015 年)

“十一五”后期,国家和江苏省相继出台了产业振兴规划,无锡在 2010 年启动“新兴产业培育年”,目标从优化产业结构、做强重点企业、推进基地建设、淘汰落后产能等方面进行全方位的规划。新材料产业以江阴、宜兴、锡山、惠山四个国家级产业基地为载体,重点发展光电子材料、新型显示材料、高性能纤维复合材料、新型化工材料、新能源材料等 8 类重点,大力发展节能环保、循环高效、资源可再生利用的新型材料,着力推广纳米技术在前沿新材料中的应用,推进新材料的轻量化、功能化、复合化和产业化,实现产品结构

① 2008—2015 年新材料产业数据按照无锡战略性新兴产业口径统计,包括新材料和新型显示产业,同时涵盖规模以上和规模以下企业。2016 年起新材料产业数据按照国家战略性新兴产业口径统计,仅包括新材料产业规模以上企业。

向特种材料、新型材料方向调整，成为国家重要的新材料研发与生产基地。

全市以新兴产业“双倍增计划”为引领，计划利用6年时间，把新材料产业在内的战略性新兴产业培育成为无锡的先导产业和战略支柱。2012年，无锡新材料产业营业收入为1 725.16亿元，较2009年均增长达到20%左右，占八大战略性新兴产业的比重接近30%；2015年，无锡新材料产业营业收入接近2 200亿元，较2012年增量超过500亿元，无锡新材料产业扩张卓见成效。

3. 产业结构有优化（2016—2018年）

2015年3月，李克强总理在全国“两会”上作《政府工作报告》时首次提出“中国制造2025”的宏大计划，无锡作为工业经济发展的先发地区，在要素环境紧约束的条件下，积极落实中国制造2025大目标，坚持为推动工业经济可持续发展做出示范，于当年9月市委十二届九次全会上提出了“产业强市”主导战略，努力在供给侧结构性改革的实施中树立以工业经济增强为内生动力的样板、以新材料产业作为重点发展方向，在政府引导和企业自主创新两种力量作用下，在产业体系、产业规模、技术水平等方面均取得了较大的进步。

无锡已在金属材料、纺织材料、化工材料等传统材料产业方面形成了较好的产业基础，新型电子信息材料、新能源材料、高性能纤维复合材料、功能陶瓷材料和纳米材料等新材料产业迅猛发展。“十三五”以来，无锡新材料产业更加注重优势主导产品的研发和量产，在碳纤维、纳米材料、石墨烯三大重点前沿领域中，至少在其中两个方面都占有全国领先地位。有“新材料之王”之称的石墨烯，其市场化应用一直是产业瓶颈，2016年惠山区作为石墨烯新材料特色产业基地，集聚了30多家石墨烯科研、生产企业，产品涉及护膝、护腰、晚礼服、发热地板、发热画等民用产品，并进军车用产品和锂电池加热高端领域，不断创造新的市场需求。

（二）无锡新材料产业发展的特色领域

1. 先进钢铁材料

先进钢铁材料是在环境性、资源性和经济性的约束下，采用先进制造技术生产具有高洁净度、高均匀度、超细晶粒特征的钢材，强度和韧度比传统钢材高，钢材使用寿命增加，满足海洋工程、核电工业、汽车工业、油气运输、高端装备制造等国家建设及工业重要领域的需求。无锡市钢铁行业以特种钢为鲜明特色，形成了特钢原材料→高端制品→下游应用的产业链条，集聚了一批具有特色和竞争力的企业群体。上游有我国最主要的特钢企业中信泰富特钢集团，下游有包括法尔胜、贝卡尔特、玉龙钢管、中彩新材料、新大中薄板一批在国际、国内具有重要影响力的知名企业。

2018 年，无锡市特钢产业实现总产值约 600 亿元。主要以江阴市为集聚地，具备年产 600 万吨特殊钢的能力，主要产品有特厚钢板、管线钢、耐磨钢、高强钢、压力容器钢、高档轴承钢、齿轮钢、弹簧钢、易切削非调质钢、系泊链钢、连铸合金大圆坯、帘线钢等，主要服务于国家航天航空、海洋、核电、风电、石油开采、工程机械和汽车等产业。目前，集群内已集聚产业链企业及服务机构 132 家，[①]其中高新技术企业 42 家、上市企业 3 家、超百亿元企业 3 家。兴澄特钢目前已经形成年产铁 500 万吨、钢 690 万吨、轧材 660 万吨的生产能力，公司产品全部为特钢，是全球第二大的专业特钢企业。2018 年，企业营业收入增速同比增长 27.4%，规模继续保持全国行业第一。法尔胜集团承担国际标准化组织钢丝绳技术委员会秘书处和全国钢标委钢丝绳分技术委员会秘书处，在国内外钢丝绳领域拥有较高话语权。贝卡尔特是世界知名的钢丝、钢帘线跨国公司，在江阴建设了 4 个生产基地和 1 个亚洲研发中心，年产量 150 万吨，其中钢帘线 30 万吨以上，欧洲市场份额占到 35%、拉美市场占 31%、北美市场占 24%。

2. 先进陶瓷材料

先进陶瓷是以高纯、超细的人工合成的无机化合物(可含或不含硅化物)为原料，采用精密控制的先进工艺烧结而成的，比传统陶瓷结构更加精细、性能更加优异的新一代陶瓷。先进陶瓷又称为精细陶瓷或高性能陶瓷。无锡先进陶瓷材料品种繁多，门类齐全。宜兴市是中国最早的陶瓷产区之

① 数据为产业集群口径。

一，已有七千多年的制陶历史。20 世纪 50 年代起，宜兴市的先进陶瓷企业不断涌现，各门类先进陶瓷产品已广泛应用于电子、通信、家电、化工、纺织、冶金、石油、制药、环保和军工等 40 多个行业，很多产品荣获省和国家高新技术产品称号以及国家发明专利，并列入“火炬”计划、“星火”计划项目，展现了广阔的发展前景、较强的竞争实力和巨大的市场需求。

目前，宜兴先进陶瓷与耐火材料企业共有 400 多家，年销售收入占宜兴陶瓷总量的一半以上，体现了陶瓷产业由传统产品向高端产品转型升级的趋势。宜兴市的江苏省陶瓷研究所有限公司专业从事氧化铝、氧化锆等结构陶瓷和 PTC 热敏陶瓷的研发，先后完成江苏省“八五”“九五”“十一五”科技攻关计划项目，多项成果获部、省级科技进步奖。在人才培养方面，无锡先进陶瓷材料目前已拥有一支高水平研发队伍，一批国家级研究机构正从事先进陶瓷新材料的研究开发工作。很多先进陶瓷生产企业也先后建立了研发中心，如无锡市前洲林洲干燥机厂、江苏省陶瓷研究所有限公司和无锡市锡阳研磨科技有限公司等诸多单位已建成省级研发机构。

3. 高分子新材料

高分子材料合成等精细化工是无锡市化工新材料的特色之一。其最大优点为博各种材料之长，如高强度、质轻、耐温、耐腐蚀、绝热、绝缘等性质，根据应用目的，选取高分子材料和其他具有特殊性质的材料，制成满足需要的复合材料。无锡市高分子材料产业形成了涵盖 PX（对二甲苯）、PTA（精对苯二甲酸）、涤纶纤维、聚酯切片、PET（差别化纤维和聚酯材料）薄膜、氨纶、PS（聚苯乙烯）、EPS（可发性聚苯乙烯）、PU（聚氨酯）、PA（聚酰胺）、聚醚胺、IBOMA（甲基丙烯酸异冰片酯）等在内的、品类众多的高分子材料产业链体系，涌现出三房巷、澄星磷化工、兴达泡塑、雅克科技、双良利士德、双良氨纶、帝斯曼、三木化工、丹森科技、洪汇新材、阿科力等龙头企业。

2018 年，无锡市高分子材料产业实现产值约 950 亿元。集群主要分布在江阴市、宜兴市和锡山区。截至 2018 年年底，集群内共集聚 321 家企业，[①]其

① 数据为产业集群口径。

中规模以上企业186家、超亿元企业86家、境内外上市公司15家。兴达泡塑年产可发性聚苯乙烯60万吨，世界排名前三、中国第一；三房巷集团发展PTA、聚酯切片、涤纶纤维、PET薄膜、纺织和工程塑料等为主体的六大产业，是国内大规模的聚酯供应商之一；雅克科技是国内最大、全球第二的有机磷系阻燃剂生产和出口商，同时进军LNG船用保温板以及半导体前驱体材料，填补国内空白；三木化工是全国涂料树脂行业生产规模最大、品种最全的企业；洪汇新材是国内氯醋共聚树脂规模最大、品种最全的专业生产厂家，具备产能4万吨/年，规模居国内第一；阿科力是国际第三、国内最大的聚醚胺供应商，同时也是国内最大的甲基丙烯酸异冰片酯生产企业；澄星磷化工石油化工(PTA、PET)业内排第四。无锡市高分子材料产业集群以江阴高新区化工集中区、江阴临港开发区利港化工集中区、江阴临港开发区石庄化工集中区、宜兴市新材料产业园、宜兴屺亭化工集中区、锡山经济技术开发区新材料产业园为主要发展载体。

4. 电子新材料

电子新材料是无锡市化工新材料中新兴崛起的另一个重要分支，是指电子技术在微电子技术中使用的材料，包括介电材料、半导体材料、压电与铁电材料、导电金属及其合金材料、磁性材料、光电子材料、电磁波屏蔽材料以及其他相关材料。无锡已形成了涵盖超高纯试剂、光刻胶、特种气体、酚醛模塑料、环氧模塑料、液态环氧封装料、动力电池材料、滤光片、硅基材料等在内的较为完整的产业体系。

2018年，无锡市电子新材料产业实现产值约350亿元。集群主要分布在江阴市、宜兴市和新吴区，集群内共有规模以上企业122家，[①]其中江化微电子、广信感光、润玛电子均是2018年中国电子化工材料十强企业。江化微电子是目前国内生产规模大、品种齐全、70配套完善的湿电子化学品专业服务提供商；广信感光生产的PCB油墨已达世界同类产品技术水平；润玛电子先后起草了多项超净高纯电子化学品领域国家标准和行业标准，其

① 数据为产业集群口径。

自主开发的RM-A、RM-B系列超净高纯试剂，填补了国内空白；液化空气(无锡)有限公司、无锡高新气体有限公司及无锡市圣马气体有限公司三家工业气体生产企业，最大产能共计约71 550立方/时，帝科电子是国内光伏正面银浆的主要生产厂商，产品实现进口替代，年销售近10亿元。

无锡拥有超高纯试剂和光刻胶企业22家，全国主要10家公司中有3家在无锡，年产能占全国主要产能比例达30.9%，龙头企业江化微电子，国内市场占有率9.16%；集成电路用电子材料生产商雅克科技、创达新材获国家集成电路产业投资基金投资持股，雅克科技完成收购江苏先科，间接控股韩国UP Chemical，产品主要为有机硅烷前驱体和有机金属前驱体，通过收购同时获得了SK海力士、三星、台积电、林德气体、昭和电工和关东电化等优质的客户资源；PCB油墨企业5家，拥有广信感光等龙头企业；特种气体企业15家，拥有雅克科技、液化空气(无锡)、无锡高新气体及无锡市圣马气体等龙头企业；硅基材料企业10家，拥有雅克科技、帝科电子等龙头企业；滤光片企业11家，拥有博砚电子等龙头企业；动力电池材料企业15家，拥有格林美、三星SDI、村田新能源等龙头企业；中石伟业、世星科技的石墨薄膜散热材料已实现量产，并广泛应用于芯片、液晶等领域，为华为、苹果、京东方等企业配套。

5. 前沿材料石墨烯

石墨烯是由碳原子形成的具有六边形蜂巢晶格结构、单层片状的二维新材料，是目前已知材料中最薄的一种，厚度仅有0.34纳米。石墨烯因其独特的电学性能、力学性能、热性能、光学性能和较高比表面积，近年来受到化学、物理、材料、能源、环境等领域的极大重视。到2020年，石墨烯全球市场价值将达到3.85亿美元，“十三五”期间的复合增长率将在40%以上。我国现阶段石墨烯产品研发的主要应用领域集中在超级电容器、锂离子电池、复合材料、透明导电电极、导电导热涂层等方面，未来进一步的发展可能是柔性显示、太阳能、高性能芯片方面。

无锡市石墨烯产业主要集中在惠山区、江阴市，主要产品涵盖石墨烯制备、石墨烯应用以及检验检测等细分领域。分别依托无锡石墨烯产业发展示范区、祝塘石墨烯小镇等重点园区,积极发展石墨烯产业,形成了良好的发展态势。2018 年,石墨烯核心产业年销售 1 亿元,后道延伸产业产出近 10 亿元。无锡石墨烯产业发展示范区于 2013 年 8 月成立,以“一区二中心”为发展架构,分别是无锡石墨烯产业发展示范区、无锡石墨烯技术及应用研发中心、国家石墨烯产品质量监督检验中心,重点培育和发展超电储能、导电薄膜、导热发热材料、复合材料、电子元器件五大应用领域的产业化项目。通过建设专业化平台、引进专业化人才,打造了众创空间—孵化器—加速器—产业园的创新创业发展链条。

江阴祝塘石墨烯小镇有关产业生态圈已初步形成,着力助推上游原材料石墨烯、合成云母等产业的发展壮大,大力推进下游应用型产业的发展,努力构建完整产业链。超电储能领域,烯晶碳能是全球首家超级电容器覆盖全产业链技术研发制造的企业;导电薄膜领域,格菲电子拥有自主核心发明专利 60 多项,是全球最大的 CVD 石墨烯量产公司之一;导热材料领域,同创石墨烯是全球首款石墨烯远红外电热膜的制造商;复合材料领域,云亭石墨烯专业从事原创性石墨烯材料改性、石墨烯聚苯乙烯泡沫塑料新材料研发、产业化技术应用;电子元器件领域,盈芯半导体的大面积二维石墨烯薄膜以及与 CMOS 工艺兼容的石墨烯微电子器件等已实现产出。

6. “两机”材料

“两机”材料是指航空发动机及燃气轮机中的相关材料,是国家综合国力、工业基础和科技水平的集中体现,是军民用飞行器和航空工业发展的源动力,为轻型燃气轮机、重型燃气轮机提供改型的技术基础。与世界先进水平相比,我国航空发动机差距较大,未来发展空间巨大。

无锡地处中国经济最具活力的长江三角洲区域,是民族工商业和乡镇企业的发祥地,在装备制造业方面已经形成了较高水平的完备产业体系,在冶金、机械等行业都具有较强的竞争优势。中船重工集团第七〇三研究所无锡分部、中航工业航空动力控制系统研究所在“两机”控制系统方面均处于国内一流水平。“两机”相关企业依托良好产业基础,积极加大投入力度,加快转型升级,在科研攻关、产品研发、生产制造等方面实现了较大突破,累计完成固定资产投资超过60亿元，其中近3年新产品研发投入近6亿元。全市共有“两机”产业相关企业、科研机构近20家，形成了能够有效替代进口、打破国外垄断的研发和生产能力。中航动力、透平叶片、隆达金属、航亚科技、江苏永瀚等一批企业发展成为相关领域的龙头企业，形成了较强的核心竞争力和较高的市场占有率。

二、无锡新材料产业发展的现状

新材料产业作为无锡具有比较优势的新兴产业，在体系建设、产业规模、技术进步等方面取得明显成就，2018年已形成了包括研发、设计、生产和应用，品种门类较为齐全的产业体系。在产业总体规模保持省内前列的同时，特钢、碳纤维、石墨烯等战略新材料领域不断取得新的突破，形成领先优势。

（一）产业规模快速扩张，支撑地位逐步显现

从区域分布来看，无锡市新材料企业在江阴市、宜兴市、惠山区和锡山区等地较为集聚，企业数量较多、产业规模较大，相对形成了一定优势特色；从重点门类和优势领域来看，无锡市传统的金属、化工产业基础较好，新型化工材料和新型金属材料产业规模比重较大，电子信息、新能源等重点应用领域新材料特色显著。2018年，全市新材料产业共有规模以上工业企业241家，占战略性新兴产业的比重为27.5%，位居首位；新材料产业实现产值1 243.16亿元，占战略性新兴产业的比重为30.8%，在八大新兴产业领域中列第2，仅次于新一代信息技术产业；新材料产业产值增速同比增长28.0%，位居八大产业首位，高于平均水平13.9个百分点。从企业效益看，2018年，实现营业收入1 317.21亿元，同比增长16.6%，快于规模工业平均水平8.2个百分点；实现利润总额74.82亿元，同比增长32.2%，快于规模工业平均水平13.6个百分点。从企业类型看，内资企业占据主导，241家企业中175家为内资企业，占比超过七成。

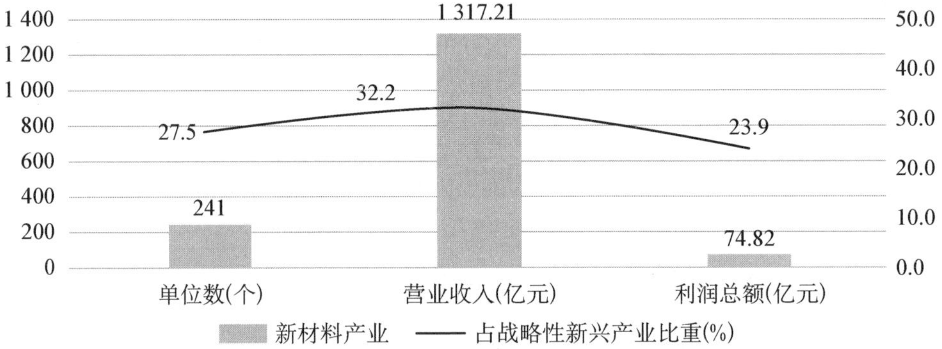

图 4－1　2018 年新材料产业企业数、营业收入和利润总额情况

资料来源：无锡市统计局现代产业统计数据，数据为规模以上工业口径。

(二) 创新体系逐步形成，创新投入不断增加

无锡面向产业创新需求，围绕产业链布局创新链，加快产业研究院、企业工程技术中心等创新平台建设，整合优质科技资源，依托省内研发平台，加大人才引进力度，集聚高端研发人才，提升产业创新能力。新材料领域布局了一批国家、省重点实验室，引导企业建立国家企业技术中心，积极推进"一站两中心"新型研发机构建设。全市新材料领域共有国家级企业技术中心 3 家、国家工程技术研究中心 1 家、省级企业技术中心 20 家、省级工程技术研究中心 17 家、市级企业技术中心 30 家、市级工程技术研究中心 33 家、博士后科研工作站 8 家。2018 年，新材料重点企业共计投入研发经费占销售收入比重超过 2.4%，承担省级以上各类科技项目 142 项，拥有授权专利超过 1 000 件。

(三) 行业发展聚焦高端，特色园区成效明显

1. 锡山新材料产业基地

锡山经济技术开发区新材料产业园位于东港镇东青河村，规划面积 2.1 平方公里，是国家 863 计划锡山新材料成果产业化基地和国家火炬计划"锡山新材料产业基地"。新材料产业是锡山区三大支柱产业之首，2018 年，锡山区新材料相关企业超过 200 家，完成工业产值超过 500 亿元，在全

区工业经济总量中的比重超过 1/4。锡山新材料产业基地的新材料产业产值占全区高新技术产业产值的比重超过 70%，拥有高新技术企业 59 家，占锡山区高新技术企业总数的 42%。

锡山新材料产业基地已形成了五大领域的新材料产业，分别是：以铁氧体软磁材料、FR4 高性能覆铜板、高密度电子线路板、光存储等为代表的电子信息材料；以环保 EPS 材料、防伪涂料、环氧树脂、功能化纤维为代表的有机高分子材料；以大盘重铜合金管材、钢芯铝绞线、碳纤维铝绞线、铂铑合金贵金属、银合金焊料、钢绞线、不锈钢管件等为代表的金属新材料；以陶瓷控管、瓷绝缘子、竹活性炭等为代表的无机非金属材料和以电子化学品等为代表的精细化工材料。其中，电子信息材料领域已形成了电子印刷线路板、IC 封装、电子化学品、覆铜板、胶片、电子集成元器件产业链，形成了超百亿元年产值的电子产业集群，基地产业特色进一步彰显。基地的新材料企业上市步伐进一步加快。2014 年 1 月，阿科力成功在新三板上市，实现了主营业务的快速增长，企业综合实力迅速增强。洪汇新材料、确成硅化学、兴达泡塑新材料、江苏通用科技、赛福天钢索、捷阳节能科技等企业已经完成股改，上市工作正稳步推进。

2. 宜兴非金属材料产业基地

宜兴市在 2003 年获批为“国家火炬计划宜兴非金属材料产业基地”，依托该基地，宜兴市立足新材料产业基础，充分发掘技术、人才优势，努力拓宽新兴领域，初步形成了化工新材料、金属新材料和非金属新材料三大系列。宜兴市非金属材料产业中，陶瓷产业最具特色，区域内拥有江苏宜兴陶瓷产业园区，该园区以陶瓷和非金属材料产业为重点，目标是打造千亿元级陶瓷和非金属材料产业基地。

宜兴市拥有一批无机非金属材料的重点企业和龙头企业，尤其是在陶瓷材料产业方面，宜兴市的高端陶瓷产业显现集群效应，初步形成以江苏一方科技有限公司、宜兴新威集团有限公司等企业为代表的先进建筑陶瓷产业群；以宜兴东方石油支撑剂有限公司(东方陶粒)为代表的石油天然气工业配套的功能陶瓷产业群；以宜兴金帆陶瓷有限公司、宜兴彩陶工艺厂企业为代表的高档日用陶瓷产业群;以宜兴市宜刚精密陶瓷有限公司、宜兴中创耐火材料有限公司为代表的非金属陶瓷材料产业群。

3. 江阴高新区特钢新材料产业集群

2013 年 11 月,科技部公布了 2013 年度创新型产业集群试点(培育)名单,“江阴高新区特钢新材料产业集群”成功入选。江阴高新区曾先后被认定为国家 863 计划新材料成果转化及产业化基地和国家火炬计划江阴高性能合金材料及制品产业基地,目前已成为国内最大的特种钢“替代进口”生产基地和出口基地。江阴高新区特钢新材料产业集群已建成江苏省高性能金属线材制品产业技术创新战略联盟和国家金属线材制品工程技术研究中心、江苏省特钢工程技术研究中心、贝卡尔特亚洲研发中心和兴澄特钢研究院等一批具有国际先进水平的核心研发机构。充分依托江阴高新技术创业园、扬子江科技企业加速器和产业园等载体,江阴高新区特钢新材料产业集群已发展成为集聚兴澄特钢、法尔胜泓昇集团、比利时贝卡尔特等国内外知名企业的特钢新材料创新型产业集群。

2018 年,江阴高新区特钢新材料集群已有产业链企业及服务机构 150 家,其中高新技术企业 42 家、上市公司 3 家、年销售额超百亿元企业 3 家。2018 年,特钢新材料集群内企业实现销售收入超过 800 亿元,同比增长 19%。在引进和发展科技服务中介机构方面,江阴高新区组建和引进了江苏省高性能金属线材制品产业技术创新战略联盟 1 个、国家级技术转移机构 1 家、具有行业资质的产品检测认证平台 2 个,组建了科技企业融资担保公司、科技产业市场营销服务机构、高端人才培训中心、专利检索及维权事务所、知识产权服务中心、科技金融等各类专业服务机构 19 家。

(四) 骨干企业不断涌现,引领作用日益提升

无锡新材料产业经过这几年的快速发展,培育出一批拥有自主知识产权、在国内具有一定竞争力的大企业大集团。在前沿新材料领域,2018 年产值过 100 亿元的企业有 2 家,10 亿—50 亿元级企业 12 家,5 亿—10 亿元级企业 24 家,产值过亿元企业有 118 家。在一些重点前沿新材料领域,形

成了一批产品具有特色、企业知名度高、竞争力强、行业影响力大的国内首企，如江阴兴澄特钢是全国特钢行业龙头、江阴法尔胜是国内最大的高档金属制品和光纤预制棒生产企业。一批掌握核心技术、创新能力强、高成长性的中小企业也在茁壮成长。以产业骨干企业为龙头，加快应用产品开发企业的培育，整合产业资源，延伸产业链，形成以龙头企业引领、产业链下游骨干企业支撑、中小企业配套的产业格局。

（1）江阴兴澄特种钢铁有限公司

兴澄特钢隶属中信泰富特钢集团，是中国中信集团下属的高度专业化的特钢生产企业，从 1993 合资成立以来，公司以“建成全球最具竞争力的特钢企业”为愿景，经过 20 余年的发展，现已成为我国特钢行业龙头企业，被《国家钢铁工业“十二五”规划》列为四大特钢产业基地之一和中国特钢技术引领企业。拥有 8 500 多名员工，具备年产铁 500 万吨、钢 690 万吨、坯材 660 万吨的生产规模，产品主要有轴承钢、齿轮钢、弹簧钢、系泊链钢、帘线钢、特厚板、容器钢、管线钢、高强耐磨钢等先进钢铁材料，广泛应用于石化、工程机械、汽车用钢、高速铁路、海洋工程、风力发电、新能源等行业，其中高标准轴承钢连续 11 年产销全国第一，汽车用钢连续 7 年产销全国第一。

2018 年，兴澄特钢“临氢设备用 12Cr2Mo1R 压力容器钢板”“S355J2 非合金特厚钢板”“1.2312 系列含硫塑料模具钢”“风电偏航变桨轴承用连铸圆坯”“轿车曲轴用 SVh40C 钢”“乘用车凸轮用 100Cr6 钢”和“轿车 EPS 转向齿条用 Grade 50 钢”七项新产品全部通过省级鉴定，而“轴承用高标准轴承材料工业强基工程实施方案”项目更是通过工信部工业强基专项行动的验收，也是江苏省首批验收项目中唯一一家由工信部直接组织验收的企业。

（2）法尔胜泓昇集团有限公司

公司系涉及光通信、精工装备、金融服务、资产管理、物流贸易的多元化企业集团，是苏南地区首批首家国家级创新型企业，长期位列中国企业 500 强、中国民营企业 500 强。2013 年，“法尔胜”牌输送带用钢丝绳产品获得了国家质量监督检验检疫总局颁发的“出口免验”证书；2015 年，被认定为国家技术创新示范企业；2016年，荣获“中国工业大奖”，被工信部列为首批制造业单项冠军示范企业。拥有国家级企业技术中心和金属材料检测中心，承担着国家多项重点科技支撑计划课题、“全国钢标委钢丝绳分技术委员会秘书处”与“国际标准化组织钢丝绳技术委员会(ISO/TC105)秘书处”，是我国企业首次独立承担国际标准化组织技术委员会秘书处的单位。

法尔胜还成功组建行业内目前唯一的“国家金属线材制品工程技术研究中心”。法尔胜以科技为支撑，推动产业转型提升，多次荣获国家科技进步一等奖、二等奖。公司目前拥有排名全球前列的输送带用钢丝绳、桥梁缆索、预应力钢绞线生产能力，行业前列的精细钢丝绳、轮胎用钢帘线(合资)、切割钢丝(合资)生产基地，国内前列的特种不锈钢制品生产基地，法尔胜是中国光纤光缆行业十大影响力企业之一。

光通信产业是法尔胜泓昇集团新材料产业的重点之一。目前，法尔胜泓昇集团与中国普天结成战略合作伙伴关系，主要研发和生产光纤预制棒、特种光纤光缆、光器件及光传感系统，产品广泛应用于我国各级通信网络及国防航天、电力、铁路、医疗等专用领域。公司光通信基地承担了10余项国家级科研项目，具有光纤预制棒的自主知识产权，光棒技术已经达到国际先进水平，为我国的民族光通信产业作出了重要贡献。光通信基地依托强大的自主研发能力不断进行技改扩能，连续多年获评中国光纤光缆行业十大有影响力企业之一。

(3) 无锡威盛新材料科技有限公司

威盛新材最早成立于2005年，是一家集研发、制造、销售碳纤维制品于一体的高科技企业，是长三角地区唯一一家以汽车工业、航空军工、医疗器械、轨道交通于一体的碳纤维制品制造商。公司拥有3 000多平方米的生产车间，及近千平方米的研发中心，拥有大型热压机、热压罐、液压成型台以及多台进口CNC高速铣床等十余种加工设备。公司同时加强了与上海复旦大学、南京航空航天大学、上海交通大学的合作交流，真正达到产、学、研一体化发展。目前产品均采用台湾地区及日本等国国际领先品牌原材料制造，并通过了美国UL、SGS以及ISO9001：2008认证，在研发团队的努力下，可满足特种功能需求的客户，产品常年出口港澳台地区及欧美、东南亚等国家。

（4）无锡洪汇新材料科技股份有限公司

成立于2001年，地处中国江苏省国家级锡山经济技术开发区，注册资本8 100万元，公司前身为无锡市洪汇树脂有限公司，在2011年完成股份制改造。公司主要从事氯乙烯-醋酸乙烯共聚树脂和氯乙烯共聚乳液系列产品的研发、制造和销售，形成了二元系列、羧基三元系列及羟基三元系列等系列产品。产品广泛用于油墨、油漆、涂料、色片、唱片基材、磁卡基材和粘合剂领域。先后取得多个高新技术产品和国家发明专利，被认定为江苏省高新技术企业、民营技术企业；通过了ISO9001：2008质量管理体系认证和ISO14001：2004环境管理体系认证，产品的种类、质量和产能均居全球同行业之首，产品远销亚洲、欧洲、美洲、大洋洲和非洲等数十个国家和地区。

技术研发方面，主要对现有氯乙烯-醋酸乙烯共聚树脂系列产品应用进一步拓展优化，PVC改性系列树脂研发正在结合下游客户应用需求进一步优化；应用于磁卡基材领域树脂已实现小批量供货，具备产业化；水性工业涂料基料-氯乙烯共聚乳液等水性系列产品持续研发，结合不同领域用户的实际应用及合作需求，进一步优化技术性能，丰富产品系列，应用于壁纸、建筑材料、纺织涂层阻燃、金属防腐等领域的水性系列产品，进一步得到客户认可，待募投资项目建设具备生产条件时，并结合市场需求状况，将逐步实现产业化；"海工防腐涂料用绿色环保含氯共聚物水性树脂（共聚乳液）材料研发"项目被列入江苏省科技厅、江苏省财政厅省级重点研发专项资金名单。

（5）飞而康快速制造科技有限责任公司

公司成立于2012年8月，注册资本2.2亿元，是一家覆盖3D打印用金属粉末原材料生产、零部件3D打印制造、零部件后处理（包含热等静压）、机加工、性能检测、3D打印设备销售的3D打印全套解决方案提供商。公司配备齐全研发生产设备，可实现钛合金、铝合金、镍基高温合金、不锈钢、模具钢等金属材料3D打印零件加工。已获得授权发明专利3

件，已获得授权实用新型专利 6 件，已建立企业标准 3 项、行业标准 3 项。已完成近 30 000 多件零件的 3D 打印加工制造，完成了钛合金、铝合金、高温合金、不锈钢等材料激光参数开发、热处理工艺优化设计，建立了一套成熟的部件加工全流程工艺制度、涉及金属粉末原材料规范、3D 打印技术规范及后处理规范、金属粉末原材料性能数据库及 3D 打印金属材料力学性能数据库。

公司是国内唯一一家可大批量生产满足 CAAC 适航认证的钛合金粉末及 3D 打印钛合金航空构件的公司。航空级钛合金粉末和 3D 打印零部件服务供应全球，公司国内外航空领域客户主要有空客、赛峰、GKN、庞巴迪、EOS 公司、中国商飞、航发集团、中航工业、航天科工、中船等集团公司，并被空客和 GKN 就批量供应钛合金粉末和 3D 打印零件进行正式供应商的认证。在做大做强现有技术领域产品的同时，已与全球领先的金属 3D 打印设备制造商雷尼绍公司签署战略合作协议，成为雷尼绍增材制造(AM)技术解决方案的中国合作伙伴及战略合作方。

2015 年，中国商飞在上海举行中国 C919 客机首次下线仪式，标志飞而康科技公司生产的钛合金粉末和 3D 打印的 28 个钛合金零件均通过 CAAC 国际适航认证并实现 3D 打印零件安装 C919 国际民用大飞机。截至 2018 年，公司已为中国商飞交付合格 3D 打印钛合金零件 427 件，并成为中国商飞唯一金属增材制造零件合格供应商。

(6) 中建材(宜兴)新能源有限公司

公司是中国建材凯盛科技集团在东部发达地区新能源产业战略发展布局中的一个核心项目，实施“超薄产品差异化、产线流程自动化、信息管控集成化、经营管理智慧化”的竞争策略，打造东部发达地区技术领先的标杆企业。公司主导产品超薄光伏玻璃顺应了国内外光伏产业向薄型发展、向双玻组件发展、向多层次发展的趋势，具备高透、超薄的特点，其创新之处在于超薄产品所需料方、熔化、超薄成形工艺及操作技术，超薄成形退火装备、超薄切割装备等专属工艺技术，可半钢化。

公司一期 280 吨超白玻璃生产线于 2016 年 2 月底顺利点火投产，实现了产销两旺的好势头。2017年,公司二期总投资5.5亿元,采用国际最先进的全氧燃烧光伏玻璃窑炉,窑炉设计日熔化量为280吨,实现年产值8亿元。该项目引领了国内外光伏产业向薄型发展、向双玻组件发展、向多层次发展的潮流,是宜兴新能源产业加快技术升级,加快企业战略转型,积极落实"产业强市发展战略"的重点项目之一。公司生产出了世界最薄的1.5 mm光伏玻璃,填补了世界空白,开创了光伏玻璃轻量化的新纪元,为全球光伏行业的发展作出了重大贡献。公司因此成功入选CCTV发现之旅《品质》栏目。

2018年,公司深入分析行业发展动向,加速建成了行业内首条年产650万m^2高效能背板玻璃生产线,开拓了国内面板、背板玻璃组合生产销售市场,努力实现"以500T的产能创造1 000T的效益"的经营目标。公司已经通过了工信部两化融合贯标管理体系认证,被评为"无锡市两化融合企业""无锡市智能车间",并作为宜兴唯一一家企业获批国家"工信部智能制造新模式应用项目"。未来公司将与隆基股份、协鑫集成、亚玛顿、东方环晟、东方日升、正信光电、浚鑫科技、阿特斯等大型组件厂商保持紧密合作,积极开拓欧美、东南亚等地国际市场,前景极为广阔。

(7) 无锡透平叶片有限公司

公司始建于1979年,主营业务为电站叶片和航空锻件的工艺开发和制造,是能源和航空领域国内领先、全球知名的高端动力部件供应商。公司位于无锡惠山经济开发区,占地面积23万平方米,总资产25亿元。经过30余年的产业实践,凭借先进的工艺技术和专业化管理,在电站大型涡轮叶片国内市场上的综合占有率达80%以上,具备百万等级超超临界汽轮机、百万机组大叶片的工艺开发及制造能力。

在能源领域,公司已成为国内三大电气公司电气的战略供应商,更优质服务于GE、东芝、三菱、西门子、阿尔斯通、BHEL等全球多家著名电气公司,声誉卓著。自2008年起,该公司立足主业、拓展主业,利用在能源领域建立起的"科技、装备、效率、品牌"四大优势,通过与GE公司、R-R公司的合作,开启了海外航空业务。

(8) 江阴澄星实业集团有限公司

公司创立于1984年12月,产业涉及精细磷化工、精细煤化工、石油化工(PTA、PET)、电子化学品液体化工品仓储物流、国际贸易、金融投资、现代服务业等领域,产品畅销国内远销世界84个国家和地区。石油化工产业拥有两套总计年产300万吨精对苯二甲酸(PTA)生产装置和一套年产120万吨瓶级聚酯切片(PET),均引进消化吸收英威达专利技术,是目前世界上同类装置中技术最先进、生产效率最高、单套产能最大的PTA、PET生产装置。电子化学品是集团近几年通过自主研发、合资合作精心培育的一个重点产业,目前已经有5个产品,年销售额达8亿多元。

2018年,集团完成营业收入863.41亿元,实现利税35.93亿元,外贸进出口总额达到23.92亿美元。总资产规模超500亿元,员工1万多名,连续17年进入中国企业500强,列2018年度中国企业500强第234位、中国民营企业500强第73位、中国石油和化工企业100强第14位、中国民营化工企业百强第4位。2019年,列江苏省民企百强第12位。

(9) 中国稀土控股有限公司

中国稀土控股有限公司为全国超大规模的稀土及耐火材料生产商之一。公司成立于1984年,于1999年10月15日在香港联交所上市(名称:中国稀土,代码:0769),是中国唯一在海外上市的稀土和耐火材料生产企业。公司位于宜兴市丁蜀镇,占地面积36万平方米,建筑面积24万平方米,拥有员工1 000余人,其中科技人员占企业员工总数的30%。公司通过自身的管理和努力,先后获得江苏省高新技术企业、国家AAA级重合同守信用企业、无锡市工业明星企业、免检企业、无锡地区50个重点规模企业之一、宜兴市工业百强企业等多项荣誉称号。公司以稀土分离和稀土发光材料为核心,建立起上游以资源开发为重点,确保公司长期长足发展的原料需求,下游以提高产品附加值为重点的自我循环、自我发展的良性发展体系,保障了企业运行效益。

旗下的宜兴新威利成稀土有限公司,为全球最大的稀土分离企业之一、江苏稀土行业的龙头企业,是国家生态环境部核查通过的第一批稀土企业之一和国家工信部审核批准的第二批符合《稀土行业准入条件》的企业之一,2013 年被评为国家级信息化和工业化深度融合示范企业。公司拥有 10 余条自动化稀土生产线,工艺先进、技术实力雄厚、设备精良,稀土冶炼分离产品年产量达万吨,高纯稀土产品占全球应用量的 20%,产品品种规格从 99%—99.999 9%一应俱全,能充分满足各类顾客的需求,产品畅销国内外,拥有以德国 OSRAM、韩国 LG、美国 GE 等国际知名企业为主的一批新老客户,并建立了稳固的合作关系。

三、无锡推进新材料产业发展政策举措

新材料产业的研发水平及产业化规模正成为衡量一个国家经济社会发展、科技进步和国防实力的重要标志,在发展高技术、改造和提升传统产业、增强综合国力和国防实力方面起着重要的作用。

(一) 国家和省级层面产业发展政策

2002 年,江苏省把新材料列为重点发展的八大高新技术领域之一,并出台《江苏省前沿领域新材料产业规划纲要(2008—2010 年)》。“十二五”后期以来,国家层面也出台了一系列发展和扶持政策。2014 年,发改委、财政部、工信部联合下发《关键材料升级换代工程实施方案》;2016 年,就稀土和有色金属专题出台了相关的行业发展规划,同时由国务院牵头成立了国家新材料产业发展领导小组;2017 年工信部、发改委、科技部、财政部联合发布了《新材料产业发展指南》;2018 年国家统计局公布《战略性新兴产业分类(2018)》,对新材料产业目录作了进一步细化完善,共包括先进钢铁材料、先进有色金属材料、先进石化化工新材料、先进无机非金属材料、高性能纤维及制品和复合材料、前沿新材料、新材料相关服务 7 大领域,涵盖高性能轴承用钢加工、高技术船舶用钢加工、高强度汽车用冷轧板加工、新型铝合金制造、金属增材制造专用材料制造、新材料研发与设计服务等 166 个子类,其中新增子类别达到 135 个。

表 4-1　　全国新材料产业相关政策

文件名称	时间	发文机关
关键材料升级换代工程实施方案	2014 年 1 月	发改委、财政部、工信部
中国制造 2025	2015 年 5 月	国务院
中国制造 2025 重点领域技术路线图	2015 年 9 月	国家制造强国建设战略咨询委员会
中华人民共和国国民经济和社会发展第十三个五年规划纲要	2016 年 3 月	十二届全国人大四次会议
稀土行业发展规划(2016—2020 年)	2016 年 1 月	工信部
有色金属工业发展规划(2016—2020 年)	2016 年 1 月	工信部
"十三五"国家战略性新兴产业发展规划	2016 年 12 月	国务院
《关于成立国家新材料产业发展领导小组的通知》	2016 年 12 月	国务院办公厅
《新材料产业发展指南》	2017 年 1 月	工信部、发改委、科技部、财政部

(二) 无锡层面的产业政策

为推进产业的快速发展,无锡也出台了各类推进扶持政策。

2009 年,根据国家产业振兴计划和江苏省《前沿领域新材料产业规划纲要》,无锡制定出台了《新材料产业调整和提升行动计划(2009—2011 年)》,坚持着眼长远发展,坚持科技创新战略,坚持构筑区域产业优势,坚持又好又快科学发展,确保无锡市在全国新材料产业的优势地位。2010 年,为贯彻落实《关于以温家宝总理连续三次视察无锡为动力加快建设创新型经济领军城市的决定》,市委下发《关于开展"新兴产业培育年"活动的实施方案》,并配套出台《关于更大力度培育发展战略性新兴产业六年行动计划(双倍增计划)的通知》,新材料产业作为重点推进产业名列其中,从产业规模、创新能力、高端人才、龙头企业、园区布局和科技金融六个方面提出了全方位的要求,并于 2014 年印发了《关于进一步推进战略新兴产业发展的实施意见的通知》,进一步做好双倍增计划的贯彻落实。

表 4-2　　无锡新材料产业相关政策

文件名称	时间	内容
新材料产业调整和提升行动计划(2009—2011 年)	2009 年 7 月	电子信息新材料、高性能金属材料、无机非金属材料、功能性高分子复合材料、化工新材料、生物医药新材料
关于开展“新兴产业培育年”活动的实施方案	2010 年 1 月	以微电子、光电子材料和器件、新型功能材料、高性能结构材料、纳米材料和器件为重点,大力发展节能环保、循环高效、资源可再生利用的新型材料,着力推广纳米技术在前沿新材料的应用,推进新材料的轻量化、功能化、复合化和产业化
关于更大力度培育发展战略性新兴产业六年行动计划(双倍增计划)的通知	2010 年 7 月	重点发展新型平板显示关键配套材料、TFT-LCD 和 OLED 新型显示器件、微电子材料、光电子材料、纳米材料、新型金属材料等产业领域
关于进一步推进战略新兴产业发展的实施意见的通知	2014 年 3 月	重点发展新型功能材料、先进结构材料和共性基础材料等。新型功能材料领域,大力发展稀土功能材料、新型显示材料、功能陶瓷材料、高性能膜材料等;先进结构材料领域,积极发展金属基复合材料、高温合金、高温耐蚀材料、新型工程塑料、高性能纤维及其复合材料;共性基础材料领域,重点推动纳米材料、超导材料、石墨烯材料、生物质材料、智能材料等前沿新材料的培育、研发和产业化。力争到 2015 年,新材料产业年均增速达到 6.5%以上

(三) 产业发展的最新举措

2018 年 12 月无锡市委、市政府办联合印发《无锡市先进制造业集群发展指导规划》《关于加快推进先进制造业重点产业集群发展的实施意见》,明确新材料产业发展方向为特钢集群,细化方向为特钢生产和应用;高分子材料集群,细化方向为聚合物单体、合成高分子材料和应用产品;电子新材料集群,细化方向为电子化学品和特种气体。目标到 2020 年,特钢产业集群规模力争突破 1 100 亿元,建成国内一流的千亿元级特钢新材料产业集群;高分子材料产业集群规模力争突破 950 亿元,打造成为长三角地区具有影响力的高分子产业集群,到 2025 年,自主创新能力国内一流;电子新材料产业集群规模力争突破 500 亿元,超高纯试剂和光刻胶等湿电子新材料和特种电子气体技术等级达到 8 寸以上晶圆加工要求,助力无锡集成电路产业加速发展。

表 4-3 无锡新材料产业集群政策最新目标

	集群名称	细分领域或环节	2010 年规模目标	2025 年发展目标	空间分布
新材料产业	特钢	特钢生产	1 100 亿元	国内领先的产业集群、自主创新能力国内一流、具有一批行业领军企业	以江阴市为重点区域,发展全产业链
		特钢应用			
	高分子材料	聚合物单体	950 亿元	国内领先的产业集群,自主创新能力国内一流,具有一批行业领军企业	以江阴市、宜兴市、锡山区为重点区域。江阴市:重点发展 PTA(精对苯二甲酸)、PET(差别纤维和聚酯材料)、氨纶、PS(聚苯乙烯)、尼龙等高分子材料;宜兴市:主攻生物高分子材料等环保新材料、环境友好资源节约型涂料和颜料、高效环保催化剂和助剂等;锡山区:主攻环保 EPS(可发性聚苯乙烯)材料、防伪涂料、特种功能高分子材料
		合成高分子材料			
		应用产品			
	电子新材料	电子化学品	500 亿元	国内领先的产业集群,自主创新能力国内一流,具有一批行业领军企业	以江阴市、新吴区、宜兴市为重点区域。江阴市:主攻半导体湿电子化学品;新吴区:主攻特种气体和动力电池材料;宜兴市:主攻半导体前驱体材料,液晶面板用光阻材料、光伏材料
		特种气体			

资料来源:《无锡市先进制造业集群发展指导规划》。

四、无锡新材料产业发展面临的主要挑战

新材料产业发展主要靠需求驱动,普遍存在研发周期长、资金需求大、

区域分散广等特点，虽然无锡新材料产业起步较早，尤其是在化工材料、特钢等方面具有较好的先发优势，但是产业发展上还存在一些不足。

（一）产业发展缺乏顶层设计

2018年，无锡出台了先进制造业集群发展指导规划和实施意见，对于新材料产业集聚进行了目标和方向的指引，但并没有完整的新材料产业整体规划方案，最新的新材料产业整体规划来自于2014年的战略性新兴产业方案，无锡缺乏市级层面的专项规划和统筹安排。综观全国不少省市在新材料产业发展中规划先行。以重庆为例，早在2017年就出台了重庆市新材料产业发展实施方案，在重点产品、主要园区、支撑企业、招商方向、产值目标等方面做好规划，目标到2020年，新材料产业集群力争实现销售收入1 500亿元，重点整机产品关键材料本地满足率提高至70%以上，其中先进基础材料1 125亿元、关键战略材料325亿元、前沿新材料50亿元，形成高端轻合金材料制造基地、玻纤及复合材料制造基地、化工新材料制造基地，打造完整的石墨烯产业链，将重庆建设成为国家重要现代制造业基地奠定坚实基础。

（二）创新能力有待提升

创新是引领发展的第一动力，更是推动战略性新兴产业发展的第一动力。尽管无锡市创新能力稳步提升，但与国内外先进国家和地区相比，在研发强度、高新技术企业、独角兽企业等方面仍有一定差距。2018年，新材料重点企业投入研发经费占销售收入的比重共计为2.4%，与杭州、上海3%以上的比重有差距，与发达国家（如德国、韩国均为5%以上）相比，差距较大。企业自主创新能力不强，使得无锡很多新材料技术、产品仿制多，缺乏自主知识产权的新材料产品及技术，面向高端市场的新材料产品较少，缺乏国际竞争力。与此同时，高附加值新材料依赖进口，部分产品或某些产品的核心技术受制于国外先进企业，创造性技术研发能力较差。高性能、高附加值、高技术的产品相对较少，造成过多依赖成套设备技术引进，又不能及时创新改造的不利局面,成为无锡新材料产业发展的瓶颈。

(三) 龙头企业引领效应不足

对标国际知名产业集群发现,龙头企业的带动作用是产业集群发展壮大的关键性因素。例如,美国西雅图埃弗里特航空产业集群,作为国际知名的航空产业集群,集聚了 1 000 多家企业,形成了以波音飞机制造装配基地为龙头的航空制造产业生态;韩国蔚山船舶产业集群,作为国际知名的船舶产业集群,以现代重工为核心,集聚了大多数韩国船舶配套企业,大大提高了造船与配套企业之间的专业化分工和合作水平。相较而言,无锡市新材料产业集群中,规模企业不足 250 家,超亿元企业刚过 100 家,集群的本地化带动效应相对偏弱,在一定程度上制约了集群发展。

(四) 产业发展环境不够优化

新材料产业的发展要有与之匹配的环境条件。在产业发展上,还存在认识不足,仍然有许多人士认为对传统材料产业升级将耗费巨大精力却没有有效产出,部分新材料产业政策与市场应用存在时差,加大了企业生产经营成本与风险。新材料宣传力度不够,市场对新材料的重要性尚缺乏必要的认识,无论从企业、项目、产品等各方面,目前还没有挖掘出具有较强示范作用的产品和项目,导致市场影响力不足。中小企业融资难度大。无锡市新材料企业多为中小企业,总体上正处于成长期,需要投入大量资金进行培育和扶持,而且是长期、持续的投入。但从目前的融资状况来看,新材料企业的融资难度较大,尤其是关键、核心技术的研发,新产品的推广应用方面还存在较大资金供给缺口,且融资渠道不畅,制约了新材料产业的做大做强。

(五) 高端人才团队打造不够

人才是制约新材料产业与企业发展的重要因素。无锡科研教育资源相对缺乏,在招引高层次人才团队上比较优势不足。虽然全市利用产业先发优势,集聚了一部分人才团队,但总体来看,人才数量和质量还有待提高,特别是在高分子材料和石墨烯高水平制备、关键领域应用方面的领军人才仍然很缺乏。长期以传统产业为主,缺乏新材料的下游应用场景和相应的人才,如处于产业初创期的第三代半导体产业,缺乏有经验的高端领军人才,还没有形成大规模、高水平的创新团队,人才的匮乏导致新材料产业的创新能力不足。

五、新材料产业发展的主要趋势

当前正处在建设现代产业发展新高地的关键期。站在万亿元 GDP 的新起点上,无锡产业发展处在新的历史方位,面对各种要素制约,新材料产业发展趋势更具多元化。

(一) 高新技术发展促使材料不断更新换代

高新技术的快速发展对关键基础材料提出了新的挑战和需求,同时材料更新换代又促进了高技术成果的产业化。例如,微电子芯片集成度及信息处理速度大幅提高,成本不断降低,硅材料发挥了重要作用;氮化镓等化合物半导体材料的发展,催生了半导体照明技术;LED 灯的光效给照明工业带来革命性变化;太阳能电池转换效率不断提高,极大推动了新能源产业发展;镁钛合金等高性能结构材料的加工技术取得突破,成本不断降低,研究与应用重点由航空、航天以及军工扩展到高附加值民用领域。

(二) 绿色、低碳成为新材料发展的重要趋势

新能源产业的崛起,拉动上游产业如风机制造、光伏组件、多晶硅等制造业和资源加工业的发展,促进智能电网、电动汽车等输送与终端产品的开发和生产,带动了建筑节能、新材料开发、先进制造等技术绿色化变革。例如,欧美发达国家已经通过立法,促进节能建筑和光伏发电建筑的发展;功能材料向微型化、多功能化、模块集成化、智能化等方向发展以提升材料的

性能;纳米技术与先进制造技术的融合将产生体积更小、集成度更高、更加智能化、功能更优异的产品。绿色、低碳的新材料、新技术及产业化将成为未来发展的主要方向。

(三) 跨国集团在新材料产业中仍占据主导地位

目前,世界著名企业集团凭借其技术、资金和人才等优势,在高附加值新材料产品中占据主导地位。尤尼明垄断着国际市场高端石英砂产品;信越、SUMCO、Siltroni等企业占据国际半导体硅材料市场份额超过80%;日本日立、住友电工、三菱化学和德国FCM等占据半绝缘砷化镓市场90%以上;DuPont、Daikin、Hoechst、3M、Ausimont、ATO和ICI 7家公司拥有全球90%的有机氟材料生产能力;小丝束碳纤维的制造基本被日本的东丽纤维公司、东邦公司、三菱公司和美国的Hexel公司所垄断,而大丝束碳纤维市场则由美国的Fortafil、Zoltek、Aldila和德国SGL所占据。美铝、德铝、法铝等世界先进企业在高强高韧铝合金材料的研制生产领域居世界主导地位。美国Timet、RMI和Allegen Teledyne等是世界航空级钛材的主要供应商。

(四) 新材料研发模式变革成为关注的重点

21世纪以来,发达国家逐渐意识到依赖直觉与试错的传统材料研究方法已跟不上工业快速发展的步伐,甚至可能成为制约技术进步的瓶颈。为此,亟须革新材料研发方法,加速材料从研发到应用的进程。例如,2011年,美国政府就提出了“材料基因组计划”(MGI),旨在发展以先进材料为基础的高端制造业,并继续保持其在核心科技领域的优势,该计划通过大量的建模仿真工具和软件使新材料从发现到应用的速度至少提高一倍,成本至少降低一半;2016年,美国又开发出材料自主研发系统(ARES),使材料制备试验效率提高百倍,大幅提高材料研发速度。未来,随着人工智能与量子计算等先进信息技术的发展与成熟,新材料模拟和预测速度将大大加快,新材料的开发过程或将产生颠覆性的改变。

六、实现无锡新材料产业高质量发展的对策建议

以培育战略性新兴产业、调整产业结构为目标，推进新材料产业技术产业化和创新常态化，密切跟踪世界新材料发展趋势，结合无锡新材料发展实际和存在的不足，建议从顶层设计、政策、公共服务平台、人才培养、国际交流等方面系统部署。

（一）完善顶层设计，强化统筹协调

发挥好政府的引导和服务作用，坚持需求牵引、问题与目标导向，围绕“重点产品、重点企业、重点集聚区”，按照增品种、上批次、成产业的工作思路，充分发挥政府推动作用，统筹协调各方力量，形成合力，共同推进新材料产业的发展。组织专家咨询团为重大政策、重大工程等提供战略部署和咨询建议；编制发布重点产品、重点企业、重点集聚区目录指南，凝练提出产业年度重点支持品种；及时跟踪、掌握国外国内新材料研发和产业化发展动态，及时调整和聚焦新材料产业发展的重点；加强新材料产业发展重大战略研究和对地方新材料产业发展的宏观指导和信息指引；创建更多新材料领域创新中心建设。

（二）加强产业投入，提升创新能力

支持行业企业加强与国家级材料所、院校联系，瞄准国家规划、市场急需的材料领域或重大技术，实施新材料产业化重大专项计划；加强技术研究，培育自主知识产权，鼓励采取原始创新、集成创新和引进消化吸收再创新、提高自主创新能力。以重点企业技术中心为依托，加强新材料技术攻关，促进新材料产业在重点领域有重大突破。加强技术改造，鼓励新材料企业大力引进新设备、新技术，不断改善装备，提高技术和工艺水平。鼓励重点优势企业建立研发中心，支持规模以上企业建立健全产品和技术研发机构。引导企业改变研究力量分散的现状，避免重复投资、重复研究，共同推进新材料的研究。支持企业通过引进新技术和新工艺，购买专利、签订技术

开发合同、开展技术咨询等途径,加快科技成果利用。

(三) 建立产业联盟,优化链条结构

发挥各地新材料产业园的集聚效应和辐射能力,迅速壮大新材料终端产品生产规模。提升无锡新材料的产业规模影响力,促进掌握新材料产业关键技术、核心产品的企业集聚和创新平台建设。鼓励建立各种新材料技术创新平台和产业联盟,完善公共服务体系,提升公共服务能力。引导支持传统企业进行结构调整,加快转型升级步伐,引导有条件的传统企业主动对现有的产品结构进行调整,发挥自身资金、人才和资源等优势,瞄准国际先进水平,加大技术装备投入,加快企业自身转型升级步伐。积极协助企业申报国家新材料产业重点产品扶持资金,各地政府在资金、技术上给予必要支持,取得产业转型升级先发优势。

(四) 重视人才建设,建设创新体系

人才是新材料产业发展的基础,特别是高新技术领域,人才在区域经济社会发展中更具有基础性、战略性和决定性作用。必须坚定不移地实施人才战略,搞好人力资源开发,确保人才总量供给和素质与产业发展相适应。打破传统式的“识才”观念,拓展全方位的“选才”视野,建立市场化的“引才”机制,激励高效率的“用才”方式,培育和造就高素质、多样化的人才队伍。加大创新创业人才和团队的引进和培育,结合科技孵化基地、新材料产业园和各类创业园的建设,制定、完善并落实系统配套的创新创业人才和人才团队引进优惠政策。要把领军型创业人才的引进与项目相结合,注重项目引才。要立足产业发展、前沿技术以及重点项目建设,大力培育创新团队。依托重点企业、联盟、高等学校、职业院校、公共实训基地和公共服务平台,通过开展联合攻关和共同实施重大项目,培养一批工学、工程研究生,培育一批产业工人、技术骨干与创新团队。组织开展新材料产业创新团队、新材料专业技术人才培训,优化新材料人才团队成长环境。

(五) 优化金融环境,做强龙头企业

以政策为导向,建立多元投融资体系,吸引风险投资及民间资本,使其大规模地介入新材料产业,确保新材料产业的长期稳定增长。鼓励和支持新材料企业兼并重组,加速做强做大企业。鼓励科技型企业在资本市场上融资,快速壮大有潜力、高成长性的新材料企业。安排"新材料产业创业专项基金"等研究开发的长期专项计划,建立稳定的经费支持渠道,为新材料科技和产业的发展提供长期保证。利用政策降低企业投资风险,提升企业的创新能力,鼓励金融机构开展知识产权质押及股权质押融资,建立风险分担机制。支持新材料企业上市融资,积极发展私募基金、中小企业互助担保、中小企业集合债券,引导股权投资企业、战略投资者等投资机构投资新材料产业,扩大企业融资渠道。

(六) 加强对外开放,打造国际化新材料产业

借助国内和国外两种外力推动无锡新材料产业国际化。一方面,持续加大招商引资、招才引智力度,制定优惠政策,吸引国内外优秀企业和高层次人才来无锡投资创业。通过政府搭台、网络媒体、中介组织等多种方式开展产业招商,积极拓宽招商引资、招才引智渠道,特别是以世界500强企业为重点,以投资项目方式来延伸和深化全产业链。另一方面,利用对外投资培育和开拓无锡新材料产品的需求市场。例如,东南亚、中东、非洲等地区对钢铁、铜、钨产品需求量大,但金属材料工业水平比较落后,无锡金属材料相关企业可以通过参股、并购或建立新企业等形式在这些地区进行战略投资,培育市场需求,然后利用国家间的贸易优惠,将产品打入国际市场。同时,坚持开放促改革方针,推动企业进一步提升高精深加工水平,提高金属类新材料产品附加值,快速扩大金属新材料产业的出口额。

作者:杨晋超、朱玲燕

第五章　无锡节能环保产业发展现状及对策

节能环保产业是指为节约能源资源、发展循环经济、保护环境提供技术基础和装备保障的产业，主要包括节能产业、资源循环利用产业和环保装备产业，涉及节能环保技术与装备、节能环保产品和服务等。

一、无锡节能环保产业的发展历程

无锡市节能环保产业起步于20世纪70年代，经过40多年的发展，产业总体规模不断扩大，技术水平不断提升，运行质量和效益不断提高，已成为无锡市国民经济的重要组成部分，为防治环境污染、改善生态环境质量、提高发展质量提供了重要、有效的物质和技术支撑，形成了包括节能、环保、资源循环利用三大领域等十大子产业在内的节能环保产业体系。

（一）环保之乡名声大作

无锡节能环保产业在全国起步较早，特别是宜兴的环保产业，曾经是中国环保产业发祥地。20世纪70年代初，宜兴市的环保产业以原有的机械加工业为基础，逐步向生产污水处理设备转型，至80年代末，已成为全国环保装备制造业的佼佼者和领头羊，"环保之乡"由此得名，"环保产业"作为一个新的概念正式提出。20世纪90年代，无锡市环保产业已占全省1/3、全国1/9，其中宜兴占全市的90%。早期进入环保领域的一批企业，如江苏鹏鹞环保、江苏一环等，不仅为无锡市提供环保治理设备，还活跃在全国各地，有的产品还销往国外。全市环保产业产品涵盖水、气、噪声、固废、药剂、监测仪器等几十种门类，近200余个产品、2 000余种不同规格型号。一批企业得到发展提升，当时有18家企业跻身全国百强企业，35家企业列入全省百强企业。

（二）国家级环保科技园诞生

1990年，无锡市环境保护协会正式成立。1992年，党中央、国务院批准了“中国环境与发展十大对策”，将发展环保产业作为一项重要内容，召开了第一次全国环境保护产业工作会议，会议确定了发展环保产业的指导思想和基本方向。同年，经国务院批准设立，在宜兴市建立我国第一个国家级的环保科技工业园（简称环科园），成为我国唯一以发展环保产业为特色的国家级高新技术产业开发区。从此，无锡市环保产业开始从传统生产型企业向科研开发、设计制造、安装、销售、集群、集约的方向发展。近年来，环科园坚持现代服务业与先进制造业“双轮驱动”，创建了宜兴环保科技现代服务业集聚区、中国服务外包示范区—无锡太湖保护区宜兴环科集聚园、宜兴留学人员创业园、宜兴软件园等现代服务业特色园区，形成了总部经济、环保设计、服务外包、文化创意、研发平台五大现代服务业板块；集聚了一批国内外知名高科技企业，形成了环保、电子信息、新材料、生物医药四大高新技术产业集群；成立了中科院生态中心宜兴中心、国家环境保护湖泊工程技术中心、南大宜兴环保研究院、哈工大宜兴环保研究院、清华大学宜兴环保新技术应用联合研究院等环保产业公共服务平台；获批国家级科技企业孵化器、国家博士后科研工作站、院士工作站、省级科技企业加速器，实施“530计划”“千人计划”，引进了一批高层次领军型人才和创新创业人才。

（三）BOT加速节能环保产业市场化进程

1994年，国家计划委员会启动了BOT（建设—运营—移交）项目试点，涉及电力、自来水、污水、燃气等领域。1997年，无锡市鹏鹞环保尝试从卖产品向做工程转型，承接全国第一个市政污水BOT项目——公主岭污水处理项目。虽然，这一项目没有达到预期效果，却是一次大胆的尝试。2001年1月，国家经贸委印发《环保产业发展“十五”规划》，这是我国环保产业发展的第一个五年规划，提出“积极探索建立与市场经济制度相适应的多元化的环保产业投融资机制，实现投资主体多元化、融资方式多元化，尽快形成政府、企业、社会相结合的多元化投资格局。尽快建立城市环保基础实施建设和运行的社会化、市场化、专业化运行机制”。在此背景下，以特许经营为核心的环保产业市场化改革在基础设施领域率先实施。2002 年，以鹏鹞环保为代表的民营环保企业抓住市场化改革的机遇，又在宜兴本地和南通、上海等地投资城市污水处理厂项目，对 BOT 项目的运作模式有了更深的理解，在全国起到了示范引领作用。

（四）节能减排政策带动了节能环保装备产业快速发展

“十一五”规划明确提出，全国主要污染物（COD、SO_2）排放总量减少 10%，单位 GDP 能耗降低 20%的约束性指标。能耗及污染物约束性指标的确定，极大地释放了节能和环保产业的市场空间。无锡市高压变频改造、水泥厂余热发电、钢铁厂高炉煤气发电、污水治理、烟气脱硫、环境自动监测仪器设备等均迅猛发展。“十二五”以来，污染减排的要求不断升级，新增了氨氮、氮氧化物两个指标。到 2015 年，单位 GDP 能耗继续降低 20%的约束性指标，COD、SO_2 排放总量减少 8%，氨氮、氮氧化物排放总量分别下降 10%，带动了无锡市城市污水处理厂提标改造、脱氮除磷、污泥处置和电厂、水泥厂等企业脱硝的快速发展。无锡市一批具有技术创新能力和综合竞争力的节能环保企业随之快速成长，部分企业开始上市，如：泉溪环保有限公司创立于 1986 年，于 2004 年 12 月在新加坡成功上市；华光股份前身为无锡锅炉厂，2003 年在上交所上市；2018 年 1 月，鹏鹞环保股份有限公司在深圳证券交易所挂牌上市，成为宜兴首家环保主板上市企业。

（五）国家确立“战略性新兴产业”战略，环保产业再次进入快车道

2009 年，国务院首次提出发展“战略性新兴产业”，节能环保产业作为其中之一被提出。2010 年，经国家工信部批准，宜兴成为全国首家环保装备新型工业化示范基地；2012 年，国家《“十二五”节能环保产业发展规划》

和2016年《“十三五”节能环保产业发展规划》先后提出了环保产业发展的主要思想、目标和任务。无锡市节能环保的行动计划分别相继出台，一批重点项目开始实施，一批节能环保新技术、新产品得以运用和推广。全市节能环保产业集中度明显提高，涌现出45家年营业收入超过亿元的节能环保龙头和骨干企业，形成了以江阴市、宜兴市、新吴区为核心，覆盖惠山区、滨湖区的产业集聚发展格局，2019年全市节能环保规模以上企业已达500多家。节能环保服务业保持良好发展势头，合同能源管理、环境污染第三方治理等服务模式得到广泛应用，一批重点企业优势突出，节能环保服务规模以上企业达55家，涌现出以军创、富源智慧为代表的，在行业内处于领先地位的服务标杆企业。近些年，产业发展模式不断创新，电商企业风起云涌，“宜正环保电商”正式登陆阿里巴巴工业品牌商城。“宜正环保电商”作为全国第一个环保领域的综合类电子商务平台，在业界产生了较强的影响力。

开展国际合作交流既是无锡节能环保产业转型发展的主抓手，也是打造具有国际竞争力环保产业集群的主方向。目前，全市已有100多家节能环保企业与“一带一路”沿线国家开展了合作。2018世界物联网博览会智慧环保高峰论坛开幕式上，宜兴环保科技工业园依托中电智云“新华丝路全球路演云平台”，对园区4家境外项目、1家国内项目进行场景连线，展示了韩国温泉川示范工程现场、中加合资的达格环境在越南河内的项目等，让中外嘉宾感受到了“一带一路”上的无锡节能环保产业实力。

40多年来，无锡市节能环保产业规模年均增长率维持在10%—20%，产业总体呈现持续稳定的发展态势。据不完全统计，截至2018年，全市从事节能环保产业的企事业单位约2 000多家，营业收入首超千亿元，全市的节能环保产业发展步入一个新阶段。

二、无锡节能环保产业发展现状及水平

(一) 产业发展总体情况

目前全市拥有2 000多家节能环保企事业单位，4 000多家配套企业的产业集群(其中专业从事环保产业的企业约1 700家)，规模以上企业500多

家，超亿元企业45家，其中超100亿元企业1家(小天鹅)、超20亿元企业4家(威孚、华光锅炉、双良节能、阿特拉斯)、超10亿元企业9家，上市公司25家，近12万产业从业人员。2018年，全市节能环保产业(涵盖节能、环保、资源循环利用三大领域)完成产值1 040.65亿元，同比增长13.6%，占全省比重约13.97%，位居全省第三，仅次于苏州、南京。

(二) 各细分领域发展情况

2018年，全市节能领域完成产值773.88亿元，同比增长12.96%(装备制造199.86亿元，增长11.4%；产品制造571.07亿元，增长13.5%；节能服务2.95亿元，增长25.5%)。环保领域完成产值266.77亿元，同比增长15.54%(装备制造95.16亿元，增长6.5%；产品制造68.25亿元，增长15.2%；环保服务21.87亿元，增长29.6%)。资源循环利用领域完成产值59.26亿元，同比增长32.9%。全市节能产业主要以溴化锂吸式冷(热)水机组、节能型加热炉(焚烧炉、余(废)热锅炉)、无油螺杆压缩机、高效电机、LED照明等节能装备、产品为主导，主要集中在江阴临港产业园和新吴区。环保装备以水处理见长，设备和技术已达国内领先水平，主要集中在宜兴环科园，全市正构建大气污染治理、固体废弃物处理处置、减振降噪、专用药剂、环保检测仪器仪表、配套类六大类200多个系列2 000多种产品的环保工业体系。

(三) 产业市场地位

在细分领域中，无锡市节能锅炉领域处于全省前列。无锡华光锅炉股份有限公司是中国工业行业排头兵企业，锅炉行业前五强。其中，公司热电联产燃煤锅炉(CFB、PC)国内市场占有率第一，高效节能的燃气-蒸汽联合循环余热发电锅炉和国产化生物质发电锅炉等产品国内市场综合占有率均在30%以上。在环保领域，水污染治理领域占全国的40%份额；大气污染治理领域全省第一，全省8家大气污染治理骨干企业无锡市占5家(龙源催化剂、威孚、凯龙、化工成套、雪浪环境)；大气污染防治装备发展最为迅速，柴油机 SCR 后处理、催化净化器、尾气催化剂、PM2.5 雾霾环保装置等装备产品销量在全国处于领先地位。无锡威孚力达催化净化器有限责任公司的 SCR 系统、DPF 系统国内占有率达 45%左右，汽车排气系统在国内占有率达 35%左右。无锡市凯龙汽车设备有限公司的 S 柴油机 SCR 尾气后处理系统、柴油机颗粒捕集系统（DPF）、CNG/LNG/LPG 后处理器国内占有率达 30%左右。双良集团有限公司居行业龙头地位，公司入选央视纪录片《大国重器》，获得国家“首批服务型制造示范企业”，以及制造业最高奖“中国工业大奖”。双良溴冷机产品荣获“中国制造业单项冠军”，公司入列 2017 中国企业 500 强。

（四）产业技术水平

节能环保产业对技术有极强的依赖性。先进技术极大地影响着节能环保产品与服务质量及市场竞争力。无锡市紧紧抓住这条生命线，建成江苏省（宜兴）节能环保产业技术研究院、清华大学一环新技术应用研究中心等 15 家产学研合作研发平台。国内外节能环保领域的上百名知名专家参与无锡市节能环保产业技术创新。先后与德国、丹麦、芬兰、美国、新加坡、韩国等 9 个国家建立了技术对接中心，实施国际技术合作项目 34 个。吸引德国威泰克、芬兰 EFCC 等国外环保机构和企业入驻，加强国内国际优质清洁技术的转移和转化，建立了 10 个清洁技术对接中心，引进韩国精确曝气系统等一批先进清洁环保技术、产品和项目。凌志环保、江华集团、菲力环保等企业分别与美国、以色列、日本等国的顶级研究机构建立了合作关系，组建了相关的技术公司。

无锡市已掌握的关键核心技术有水处理技术、机动车尾气后处理技术、溴化锂吸收式热泵机组烟气余热深度利用系统技术、太阳能锅炉技术、预热锅炉技术、大型节能型多晶硅还原炉、节能锅炉产品技术等。其中，双良集团有限公司建成全球首创“烟塔合一”全钢结构空冷系统，国内首次将光纤光栅传感技术应用于电力运行调控，“可见光响应的异质间高效量子转移技术”是目前国际唯一可用于大规模水质处理的石墨烯光催化技术，自主研发拥有的“BGF”技术在世界上首次进行了煤基生物天然气联产有机肥的产业化生产。无锡华光锅炉股份有限公司的低氮环保高效节能CFB锅炉技术经鉴定为国际领先水平。无锡威孚高科技集团股份有限公司总体技术目前在国内处于第一,所有技术均具有自主知识产权。江苏远兴环保集团有限公司的减振降噪综合治理技术、预埋槽道技术,无锡威孚力达催化净化器有限责任公司的尾气净化及后处理系统集成技术,凯龙高科技股份有限公司的SCR尾气净化技术、DPF颗粒捕集技术、尿素喷射控制技术在同行业中均处于领先地位,部分技术填补了国内空白。

(五)研发创新情况

全市节能环保领域共聚集各类高层次人才700多人,高校研究团队100多个,国内外节能环保领域上百名知名专家参与节能环保产业技术创新,目前有100多家国家高新企业、4个国家级技术研究中心、24个省级技术研究中心、63家省级产业科研院所,近10 000人的节能环保科研队伍,拥有哈工大研究院、南工大研究院、武汉大学环境学院(宜兴)、江苏省(宜兴)环保产业技术研究院等行业性创新研发或检验检测机构。近几年,130多家企业承担并实施了各级科技计划项目,其中5家企业承担了国家水专项、13家企业承担国家863项目、5家企业承担了国家环境类支撑计划项目。“十二五”以来,申请有效专利400多项,在全国地级市中处于领先水平。强大的科研力量为无锡市产业的快速发展提供了智力支撑。

(六)产业重点集聚区

全市规划建设了以机械类节能装备、现代节能家电及办公设施为主导的无锡高新技术开发区节能产品集聚区;节能建材产品为主导的宜兴节能产品产业集聚区;以溴化锂制冷机组、节能风能电机和高效滤波智能控制技术及产品为主导的江阴节能产品产业集聚区;以气源、水源、地源热泵机组、LED新光源为主导的锡山经济开发区节能产品产业集聚区,以及以环科园为主体的环保产业研发核心区;以高塍环保产业园为主体的环保装备制造区；以中国宜兴国际环保城为主体的交易物流区。其中，中国宜兴环保科技产业园是全国最早的以产业特色命名的国家级高新区，是全市节能环保产业发展的主要阵地。以节能装备制造为主体的江阴临港新城为国家新型工业化示范基地。

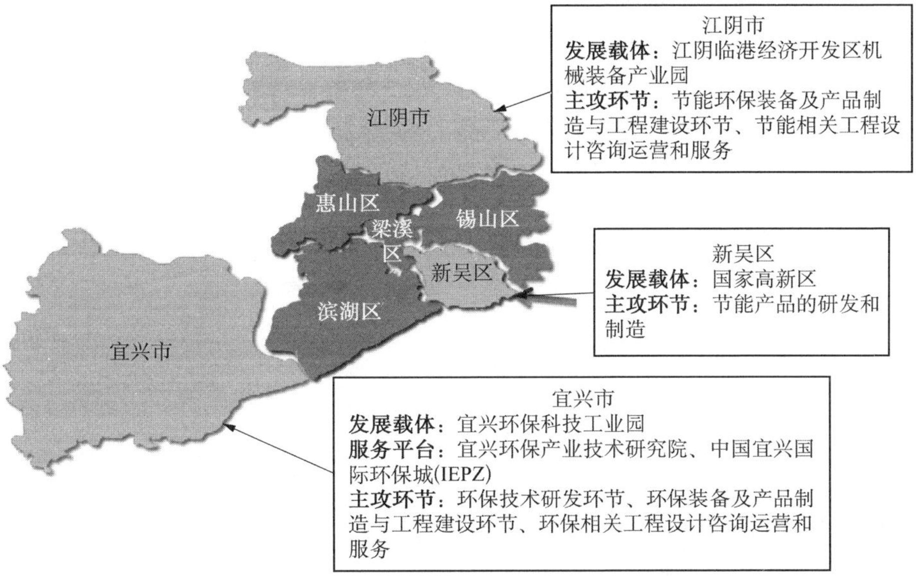

图 5-1　节能环保产业集群发展布局

（七）重点企业概况

全市节能环保产业在节能环保装备及产品制造、节能环保工程承包等产业链环节取得了突出优势。其中，节能领域拥有无锡小天鹅、华光股份、双良集团、炎鑫科技、中正锅炉、江苏太湖锅炉、锡能锅炉等龙头骨干企业；环保领域拥有威孚环保、雪浪环境、江苏一环、宜兴鹏鹞、双盾环境、金山环保、国电精辉等龙头骨干企业。机动车汽车尾气处理系统及催化剂、溴化锂吸收式冷（热）水机组、热电联产燃煤高效锅炉（CFB、PC）等产品国内市场占有率排名第一，水处理工程全国市场份额第一，节能型洗衣机销售全国名列前茅。拥有“专精特新”产品企业 15 家，单项制造冠军 2 家；拥有中国驰名商标 6 个，江苏省著名商标 23 个，江苏省品牌产品 5 个，形成了一批在全省、全国较高知名度的本土自主品牌。

表 5-1　　　　节能环保重点企业情况表

产业链环节	龙头企业	主要产品	发展载体	科研机构、高校等	公共服务平台	所在区域
节能装备、产品制造及相关工程建设	双良集团	溴化锂吸收式中央空调系统、工业余热利用系统、吸收式热泵余热回收制热系统、烟气冷凝热回收节能系统、城镇污水处理系统、冷凝真空热水机组、燃油(气)锅炉	(1)江阴临港经济开发区机械装备产业园;(2)宜兴环保科技工业园;(3)新吴区国家高新区	(1)清华大学宜兴环保新技术应用联合研究中心;(2)江苏省(宜兴)环保产业技术研究院	中国宜兴国际环保城(IEPZ)	江阴市
	炎鑫科技	石油化工(煤化工)管式加热炉、焚烧炉及配件				江阴市
	中正锅炉	锅炉设备、压力容器				宜兴市
	远东电缆	节能导线、风电用铝合金高阻燃耐寒电缆				宜兴市
	江苏太湖锅炉	锅炉设备、供热工程				惠山区
	锡能锅炉	蒸汽热水锅炉、有机热载体锅炉、余热炉				惠山区
	华光锅炉	中小电站锅炉、大型热水锅炉等及锅炉烟气废水处理设备				滨湖区
	阿特拉斯	节能空压机、压缩机、干燥机				滨湖区
	东元电机	电机、变频器				新吴区
	小天鹅	节能家用电器				新吴区

续　表

产业链环节	龙头企业	主要产品	发展载体	科研机构、高校等	公共服务平台	所在区域
环保装备、产品制造及相关工程建设	科特拉	汽车尾气净化器及催化剂				新吴区
	江苏一环	环境污染防治设备、环保工程建设				宜兴市
	金山环保	成套环保设备及各类水处理配套产品				宜兴市
	宜兴鹏鹞	水处理设备与相关工程建设				宜兴市
	双盾环境	化工废弃物处理设备				宜兴市
	国电精辉	烟气脱硝净化设备				宜兴市
	兆盛环保	格栅清污机械、刮泥吸泥成套设备、污水（泥）废弃垃圾压缩处理设备、净水处理设备等				宜兴市
	远兴环保	声屏障，隔声屏障，高速铁路声屏障等各类声屏障产品				宜兴市
	百事德机械	各类鼓风机、空气压缩机的生产和销售				宜兴市
	凌志环保	污水处理的工艺设计和环保设备的研发、制造				宜兴市
	环球环境	气浮净水器等水污染处理设备制造及相关工程建设				宜兴市
	凯龙高科	机动车尾气后处理系统及催化剂				惠山区

续　表

产业链环节	龙头企业	主要产品	发展载体	科研机构、高校等	公共服务平台	所在区域
	必达福环境技术	除尘器过滤介质及配件				惠山区
	雪浪环境	危险废弃物处理系统、烟气净化处理系统、灰渣输送系统				滨湖区
	威孚环保	机动车尾气后处理系统及催化剂				新吴区
节能环保相关工程设计、咨询、运营和服务	宜兴鹏鹞	环保工程设计、环保项目咨询和运营服务				宜兴市
	双良集团	节能、节水、环保系统总集成设计				江阴市
	东方环境	烟气处理、VOC 治理及二次能源的相关咨询、规划、技术开发和服务				滨湖区

(八) 重点投资项目

2018 年全市节能环保产业重点投资项目 50 个，总投资 258.2 亿元(2018 年当年投资 85.6 亿元)，项目完成后预计实现销售收入 258.1 亿元。全年项目推进情况良好。

双盾环境科技有限公司脱除 PM2.5 雾霾环保装置项目，一期基本建设完成。中节能(宜兴)环保科技发展有限公司中节能宜兴节能环保产业园项目，一期项目已全部建成。目前已有 16 家节能环保企业入驻该园，入驻率超过 90%。中国宜兴环保科技工业园、国合千庭控股有限公司等国合环境高端装备制造基地项目，其项目主体建设和改造已经完成，成功引进 7 个国际合作技术落地并进入产业化，其中国合宜都固废处置、国合绿材海绵城市材料制造、国合生物生态絮凝剂制造、国合项目一期已建成。江苏中电创新环境科技有限公司中电工业环境科技园项目,已办理竣工备案。

特别是双良集团,经过30余年的专注与创新,形成了以节能环保装备制造产业为核心,集清洁能源集中供热产业、水环境治理产业、碳基生物有机肥产业、化工新材料产业于一体的综合性企业集团,拥有22家全资和控股企业,其中双良节能(600481)为上市公司。双良集团大力发展四大创新产业:智慧能源管理产业、清洁能源集中供热产业、光催化水环境治理产业、碳基生物有机肥产业。"智慧能源管理产业"通过从设备制造商向系统集成商、投资运营商和能源环境服务商转型,构建"产品智能""系统智能"和"运营智能"三维一体的智能化发展格局。"清洁能源集中供热产业"通过回收北方电厂向空气中排放的冷凝热,作为城市集中供热的热源,实现节能减排、余热供暖,已获得规划面积约5亿平方米的供热特许经营权。"光催化水环境治理产业"依托"可见光响应的异质间高效量子转移技术",在湖泊生态修复和河道水质提升方面,已完成项目200余个,分布在全国23个省份。"碳基生物有机肥产业"引进国际领先生物技术,将煤泥、褐煤等转化为生物有机肥,国内首套60万吨工业化生产线已落户内蒙古,未来规划为500万吨。

三、无锡推进节能环保产业发展政策举措

无锡围绕产业强链补链的目标,节能环保产业入围无锡市16个先进制造业重点产业集群。根据市政府《关于加快推进先进制造业重点产业集群发展的实施意见》,未来几年,包括节能环保产业在内的各集群将构建起立体的产业生态系统,提升在全球产业分工和价值链中的地位。

(一) 强化政策引导,加大资金支持

近年来,结合无锡市节能环保产业工作重点,定期编制重点节能环保技术、设备指南,鼓励政策性银行、商业银行、融资担保机构开展绿色金融产品和服务方式创新。支持符合条件的节能环保技术装备制造业企业上市融资、发行企业债券;通过完善和落实相关金融政策,建立促进重大节能环保技术与装备产业化的绿色融资机制。利用省、市级节能降耗、产业发展等专

项资金，支持一批节能环保产业项目。对技术或装备具有重要战略和现实意义，技术装备水平国内领先、能够打破国外技术封锁和市场垄断，实现进口替代、自主可控的项目优先支持。2019年，无锡市委、市政府发布《关于进一步深化现代产业发展政策的意见》，大力支持节能降耗改造。对无锡市获得工信部授予的绿色园区、绿色工厂、绿色设计产品的企业、绿色供应链管理示范企业称号的企业，给予一次性奖励。对节能改造项目、合同能源管理项目，按照节能量给予奖励。对成效显著的节能环保技术和产品推广项目，智慧化能源监测管理项目，节水、节材、废弃物资源化和再制造等资源综合利用项目，清洁生产、循环经济等低碳经济项目，新型墙体材料的生产、科研、应用项目，按投资额比例给予奖励。对淘汰落后用能设备、节能信息服务、节能基础管理等节能支撑能力建设项目，按照具体成效给予一定补助。

（二）加快技术开发和产业化示范

以支撑节能减排重点工程和提高产业核心竞争力为目标，着力推进原始创新，大力增强集成创新和联合攻关，加强引进消化吸收再创新，获取一批引领产业发展的原创性成果，掌握相关知识产权，推动先进技术产业化、规模化，加快关键装备国产化，形成产业发展新优势。重点攻克一批关键共性技术及装备。瞄准节能减排重点领域，以稀土永磁无铁芯电机、半导体照明、低品位余热利用、地热和浅层地温能应用、电力等行业脱硫脱硝、生物脱氮除磷、高浓度有机废水处理、农村污水处理、污泥和垃圾渗滤液处理处置、废弃电器电子产品资源化为重点，支持一批关键技术与设备产业化，加快产业化基地建设，实施一批产业化、规模化重大项目。加快节能环保关键技术推广应用。以能量梯级利用、低温余热利用、高压变频调速、冰蓄冷、脱硫脱硝成套技术、氮氧化物控制技术等技术应用为重点，组织实施节能环保产业新技术、新产品应用示范工程。

（三）进一步推动重点特色产业集聚区发展

依托现有优势产业集聚区，充分利用现有资源，促进技术、人才、资金等各种要素向优势地区的特色产业集聚，推进江阴、宜兴、新吴3个集聚区，形成创业环境优良、体制机制健全、产业链完善、辐射带动强、特色鲜明、具有国际竞争力的战略性新兴产业增长极。建设以机械类节能装备、现代节能家电及办公设施为主导的新吴区节能产品集聚区；建设以节能建材产品为主导的宜兴节能产品产业集聚区；建设以溴化锂制冷机组、节能风能电机和高效滤波智能控制技术及产品为主导的江阴节能产品产业集聚区；整合宜兴环保科技园和高塍镇装备制造基地，重点发展水污染防治、烟气脱硫脱硝、污泥处理装备和环境服务业。

（四）优化发展环境

严格实施国家、省要求的主要耗能产品能耗限额和用能设备能效标准，强化总量控制和有毒有害污染物排放控制要求，完善污染物排放标准体系；加强建设项目环境影响评价和节能评估审查，倒逼企业加大节能减排力度；严格节能环保执法监督检查，严肃查处各类违法违规行为，加大惩处力度。加快实施工业锅炉（窑炉）节能改造、余热余压利用、电机系统节能、节约替代石油、能量系统优化、建筑节能和绿色照明等节能重点工程，培育市场，拉动产业发展；加快重点治污工程和城镇污水处理设施建设，大力推进中水回用、重点污染源治污改造和提标深度治理，深入推进火电脱硫脱硝，有效拉动节能环保产业市场需求。积极采用国际标准或国外先进标准，创新一批具有知识产权、核心技术的国家标准或行业标准，推进环保装备的标准化、系列化、通用化、成套化发展。规范产品采购、工程招投标行为，严格产品质量监管，强化标准标识和自愿性认证监督管理。建立全省环境工程质量监督管理制度，完善环保装备和产品生产、环保服务业等领域市场准入制度。

（五）推进机制创新

建立并实施能效、水效和环保“领跑者”制度，通过评选、宣传，开展对标，促进先进节能环保技术装备应用；引导企业突破传统思维和经营模式的限制,采用与合同能源管理、特许经营、服务外包、电子商务等相结合的新模式,推动组建跨领域、跨行业、跨企业的联合体,不断拓展产业发展模式。支持企业围绕产业链延伸和上下游一体化经营,构建更为完整的产业链,培育一批环保工程技术方案设计、设备成套、施工建设、运营服务的大型工程总承包或项目总承包企业集团,实现资源共享、优势互补。加强政产学研商用的结合,推动节能环保产业链各环节在自愿的基础上加强集聚,组建节能环保产业联盟,使分散的各类资源和能力形成合力参与市场竞争,提高产业集中度,增强综合实力。

四、无锡节能环保产业发展面临的主要瓶颈及挑战

无锡市节能环保相关产业通过 40 多年的发展,取得了长足的进步,建成了有一定规模、颇具特色、有较大发展潜力的传统型新兴产业,但是这几年与周边环保相关产业发展发达的城市相比,优势在慢慢收窄。目前无锡市的节能环保相关产业主要存在以下问题。

(一) 产业总体规模偏小,整体竞争力不足

节能环保相关产业中大部分生产企业都是自发发展起来的乡镇和区属企业,点多分散,靠自身原始的积累发展缓慢。部分进入节能环保相关产业的一些国有企业,由于缺少对节能环保市场、节能环保技术、节能环保政策的正确认识和充分评估,没有利用自身已有的产业特点,盲目投资造成失误,从而未能立足环保市场;一些有实力的国有企业既受到传统管理体制的影响,又缺少与节能环保相关产业市场的信息沟通,很难结合自己的管理优势、技术优势、人才优势介入环保相关产业;部分企业受资质、资金、人才、管理等限制,难以和央企、市外大型企业较量,难以承接有影响力的政府大单、海外订单等,只能作为工程配套企业参与工程建设,盈利水平不高,限制了企业迅速做大做强。因此,无锡市节能环保相关产业总体规模偏小,受基础、人员、市场等多方面因素的限制,技术装备、资金实力、管理力量较为薄弱,产业规模小、整体缺乏竞争力,有一定市场知名度的、拥有独立知识产权

核心技术、能够完成从系统设计、设备加工、工程施工、调试运行和管理环保的成套工程公司很少。

（二）部分企业缺少创新能力，产品技术含量低

无锡市节能环保从业人员的整体素质近几年来有了较大的提高，其中高中级职称的技术人员占从业人员的总数的12%左右，远高于全市各行业9%的平均水平。但是，节能环保相关产业是一个专业技术要求高、综合了各类不同学科知识与技术的高科技产业，因此无锡市节能环保从业人员的整体素质远未达到产业发展的需要。另外，许多科技人员主要集中在事业单位，而大量企业人才匮乏，造成研究开发力量较弱，对新技术吸收能力较差，科研技术成果不能及时转化为节能环保生产力。半数以上企业无新产品开发研制计划，仅停留在一些末端治理的老产品生产上，加上工艺装备落后，没有按标准化、专业化要求组织生产，产品成套化、系列化程度低。

（三）传统市场逐渐萎缩，融资难

无锡市部分节能环保传统设备制造市场呈萎缩趋势。全市节能环保的龙头企业主要在电站锅炉、余热锅炉、溴化锂制冷机、烟气治理、污水处理等传统设备的制造上，目前传统制造国内市场逐渐饱和，竞争激烈，兼并重组加速，加快开拓海外市场成为必然。节能环保产业将由政策驱动逐渐转为“政策＋市场”双驱动。产业融资难问题也比较突出，在现行融资机制下，节能环保企业融资渠道不够完善，金融机构贷款利率高、周期短，难以适应节能环保行业收益低、周期长的特点。

（四）原材料价格高，用工难、用工贵

部分企业目前的困难在于原材料价格持续处于高位，产品成本居高不下，加大了企业经营压力，给企业经营带来了不确定性。部分企业面临订单

大幅增加,但用工紧张和生产成本上升,一线熟练技术工人较难招聘。

五、2019年无锡节能环保产业发展预测

(一) 产业仍将呈高增长态势

到"十三五"末期,节能环保产业将培育为国民经济的支柱产业,全国节能环保产业将保持高增长态势。随着国家强化产业扶持,宏观战略导向和环境保护力度的不断加大,节能环保产业具有广阔的发展空间和巨大的市场增量,将重点围绕水、气、土细分领域展开。用能权、用水权、排污权、碳排放权初始分配制度不断明确,节能量交易正在试点,碳市场全面启动,碳减排产业潜力巨大。

(二) 产业结构将向装备制造和服务业并重升级

2018年,无锡市节能环保产业中高效低耗的先进环保技术装备与产品的占有率约为20%,主要以传统装备制造业为主。2019年,随着产业规模进一步扩张,节能环保装备制造业仍会占有很大比重,节能环保服务业所占比重将进一步增加。2019年,节能服务业和环保服务业发展速度高于节能环保产业的其他领域。在新的需求下,传统制造业产品向标准化、成套化、智能化方向发展,节能环保服务业将从单一环节服务逐步发展为一体化的综合节能环保服务业,有效提高行业集中度。

(三) 业内整合并购和跨界整合引发产业格局变迁

目前,节能环保行业的整合并购趋势明显,资金规模急增,集中在较成熟的水务和固体废弃物行业。非节能环保企业的跨界收购也大量涌现。大型国企通过资本、技术、工程和设备等途径纷纷进军节能环保产业,随着行业并购规模进一步扩大,业内兼并重组将形成行业龙头的相对垄断竞争格局,而跨行业重组则会带来产业链条的延伸。

(四) 节能环保产业国际化进程逐步推进

党的十九大报告指出,要以“一带一路”建设为重点,坚持“引进来”和“走出去”并重,遵循共商共建共享原则,加强创新能力开放合作,形成陆海内外联动、东西双向互济的开放格局。面对节能环保市场的全球化发展,2017 年环保部等四部委联合发布《关于推进绿色“一带一路”建设的指导意见》,为我国节能环保产业“走出去”提供了政策支撑。可以预测,越来越多的节能环保企业调整发展战略,2019 年无锡市越来越多的节能环保企业将目光投向国际市场。

六、实现无锡节能环保产业高质量发展的对策建议

(一) 厘清发展思路

深入贯彻落实新发展理念,以市场为导向、企业为主体、创新为核心,适应循环经济和低碳技术发展新需求,依托节能环保重点工程,突破一批关键技术,发展一批自主品牌,培育壮大一批创新能力强、系统集成和总承包实力雄厚的骨干企业,创新产业经营模式,大力发展节能和环保服务业,积极推进资源循环利用产业发展,努力实现产品由低端为主向更加注重高端发展转变、企业由以产品经营为主向总承包一体化经营转变、园区由企业集中向创新集群转变、产业由以传统制造业为主向先进制造业与节能和环保服务业互动并进转变,将节能环保产业加快培育和发展成为支柱产业,将无锡打造成为领先全国并在国际有较大影响的节能环保产业强市。

(二) 确定发展目标

根据无锡市《关于加快推进先进制造业重点产业集群发展的实施意见》,确定节能环保产业发展目标:

(1) 产业规模。到 2020 年,实现营运收入达到 1 200 亿元,年均增长 8%—10%,产业规模继续保持省内领先地位。

(2) 集聚发展。到 2020 年,建成主营业务收入超 300 亿元的基地 3 个,

形成全国知名的节能环保产业高地。

(3) 重点企业。培育40家拥有自主技术和自主品牌的骨干企业,形成主营业务收入超50亿元企业2家、超20亿元和超10亿元企业各10家。新增2—3家上市企业。

(三) 紧抓发展重点

1. 抓重点领域

节能装备产品重点发展节能锅炉及窑炉、节能电机及拖动设备、余热余压利用装备、家用和商用节能产品、高效照明产品、节能材料6个方面。环保装备产品重点发展水污染防治装备、大气污染防治装备、固体废弃物处理和资源化装备、环境监测仪器、环保材料和药剂5个方面。资源循环利用重点发展城市矿产资源化、机电产品再制造、废弃物资源化3个方面。节能服务业重点打造节能服务平台,鼓励节能服务公司做大做强,培育一批有特色、高水平的专业服务机构。环保服务业促进运营企业向规模化、专业化方向发展,形成一批具有专业运营资质、规范化运作的优质企业,加快培育一批技术精湛、服务一流的环境监理企业。

2. 抓重点企业

加强政策扶持和引导,加快培育一批拥有自主品牌、掌握核心技术、市场占有率高、引领作用强的骨干企业。一是提升重点骨干企业科技创新能力。加强企业各类研发机构建设,形成市场导向、企业主体、政府推动、产学研联合、服务平台支撑的技术创新体系。通过联合、兼并、股份制改造以及上市融资等途径,推动节能环保企业进行资产重组和结构优化,扩大企业规模,增强企业实力。支持行业龙头企业围绕产业链延伸配套、强强联合和上下游一体化经营,开展跨国、跨地区、跨行业、跨所有制的兼并重组。二是创新企业发展模式。引导企业突破传统思维和经营模式的限制,采用与合同能源管理、特许经营、服务外包、电子商务等相结合的新模式,推动组建跨领域、跨行业、跨企业的联合体,不断拓展产业发展模式。支持企业围绕产业链延伸和上下游一体化经营,构建更为完整的产业链,培育一批环保工程技术方案设计、设备成套、施工建设、运营服务的大型工程总承包或项目总承包企业集团，实现资源共享、优势互补。加强政产学研商用的结合，推动节能环保产业链各环节在自愿的基础上加强集聚，组建节能环保产业联盟，使分散的各类资源和能力形成合力参与市场竞争，提高产业集中度，增强综合实力。

（四）产业发展建议

1. 以顶层设计为产业发展提供新动力

一是推动节能减排政策落实。认真贯彻落实《关于以智能化绿色化服务化高端化为引领，全力打造无锡现代产业发展新高地的意见》《关于推进现代产业发展的政策意见》《无锡市现代服务业三年行动计划》《2019 年无锡市节能降耗工作意见》等文件精神，会同有关部门推动有关政策措施落实，加快建设节能减排工程，狠抓燃煤工业窑炉整治，全面推进重点领域节能减碳，积极推动节能环保装备、产品的产业化，进一步创新体制机制，加强监测预警和监督检查，有效拉动节能环保产业市场需求，促进节能环保服务业快速发展。二是推动新技术、新产品应用。积极争取省内更多节能减排技术和产品列入国家、省推广目录，更多项目列入国家、省支持重点。有重点地推动一批市内先进技术装备在本市推广应用。实施电机等重点用能设备能效提升行动计划，采取政策激励、节能执法、差别电价等综合措施，推进在用低效用能设备淘汰和高效节能产品推广。

2. 以结构调整不断提升产业层次

围绕市场应用广、节能减排潜力大、需求拉动效应明显的重点领域不断调整结构。一是优化现有节能环保产业结构。无锡市环保产品以水处理见长，在继续巩固这一优势的同时，将在大气污染防治、噪声治理、固体废弃物处置、环境监测仪器、节能环保材料和药剂产业等方面，发展和提高具有一定比较优势、国内市场需求量大的产品。二是加速传统产业向节能环保产业切换。充分发挥无锡市机械装备制造业发达的优势，引导现有的传统机械企业转向节能环保技术设备的开发研制和生产，不仅延伸机械企业的产业链，同时形成新的经济增长点。充分利用无锡市化工行业的基础，鼓励化工企业大力发展节能环保专用药剂，推动相关化工行业转型升级。三是提高节能环保服务业份额比重。发展节能环保产业不能仅局限于装备制造，更要大力发展节能环保产业服务体系。重点支持发展环境污染治理服务和专业化节能环保设施运营服务，鼓励发展环境工程总承包服务，推动建立以资金融通、工程建设、设施运营和技术咨询、信息服务、人才培训等为主要内容的节能环保产业服务体系。

3. 以“互联网＋”推动创建新业态新模式

实施节能环保产业“互联网＋”行动，鼓励环保企业创建互联网线上业务平台。组建环保设备网、环保设计网等，探索采用众包、O2O 等新型的生产模式和商业模式，实现环保设备、设计、咨询的网上交易和服务，充分挖掘互联网潜在需求。支持环保企业与互联网企业开展跨界合作，发挥互联网的平台优势和环保企业的内容(产品及服务)优势，积极开展跨产业的合作和并购，探索环保领域的组织结构创新、工艺流程创新、产业链创新，促进技术、管理模式等的扩散和转型。发挥好苏南自主创新示范区国家战略和部省会商的机制优势，推动中新水处理国际创新园、中国东盟环保产业与技术合作示范基地的设计、建设，完善北大科技城的方案设计，加快规划建设环保标准化工场、未来概念水厂等一批新平台。以南宜公司、长天公司为核心，构筑远程监测、总量控制等环保“互联网＋”大数据云中心，进一步提升宜兴国际环保城和“宜正电商”等平台内涵。

4. 以协同创新网络推动技术和服务创新

整合现有创新资源，建立完善由产业创新中心、企业技术中心、公共服务平台构成的节能环保产业创新网络。瞄准节能环保领域关键共性重大技术研究和产业化示范，促进企业与哈工大、中节能、南大、清华、同济等节能环保领域科研机构的合作，加强产学研用协同创新，组建若干有较大影响力的区域性节能环保创新中心。支持企业和研究机构建设一批国家级和省级企业技术中心。整合节能环保各类服务载体和功能，支持建设一批国家级产业创新公共服务平台。积极探索产业协同创新在创新项目选择、风险分担、利益分配等方面的市场化机制。

5. 以集团化作为组织结构创新优化的主导向

促进社会资本进入节能环保市场，加强节能环保产业资本运作，以环保资本促进企业整合并购。充分发挥《关于推进现代产业发展的政策意见》等政策激励作用，鼓励节能环保企业对接多层次的资本市场；优化财政扶持政策，探索发展引导资金、产业基金、风险投资等直接融资支撑体系，破解金融制约难题，支持企业加快发展壮大。创新方式方法，加大节能环保企业的培训、考察和交流力度，改进公司治理结构，提升眼光和素质，鼓励接班人创新创业。加快环保产业集团化改造，加快宜兴节能环保产业兼并重组步伐，优化整合资源，提升产业集中度和市场竞争力。加快培育一批集节能环境工程技术方案设计、设备成套、施工建设、运营服务等功能于一体，技术能力强、运营管理水平高、综合信用好、具有国际竞争力的环境服务集团。

6. 以国际化为目标拓展产业发展的新空间

加强与全球知名节能环保企业开展技术研发交流，扩大与国外共建环保产业技术转移中心、创新研究院、外籍院士工作站等多种合作形式。大力拓展国际市场，扩大向东南亚、南美等地区出口大气污染防治和水处理装备，积极承揽海外节能环保重大工程，推动企业到境外设立生产基地和代表处，促进技术、产品、方案推向东南亚市场乃至非洲市场。探索建立海外节能环保产业园区，全力推进中新水处理国际创新园建设。探索建设好环境医院总部，加快中冶、瑞林、环科所等“中字头”特色专科的实体化建设，联合对外输出综合环境服务模式。继续做好智慧环保高峰论坛、中国环保技术和产业发展推进会、环保设备（技术）交易会、环保产业协作配套活动等系列活动的承办工作，加快中韩大邱环保产业基地和“韩国环境分院”建设，努力在国际技术并购、国际产业基金合作、“一带一路”节能环保市场开拓等方面取得更大突破。

7. 以引进和培养人才为产业提供智力支持

以无锡市实施太湖人才计划 2.0 为契机，加快环保产业人才引进和培育。支持园区与环保部门、国内知名院校合作建立环保学院分院，建设环保科技虚拟大学。鼓励企业与高校联合定向培养环保产业方面的硕士、博士研究生。支持高等院校、科研机构和企业联合建立博士后流动站和工作站。

8. 以绿色金融促进产业升级发展

建立健全绿色金融体系,推动节能环保产业与绿色金融的深度融合。发展绿色信贷,鼓励银行设立绿色信贷专项额度。鼓励银行及金融机构将碳排放权、排污权、合同能源管理未来收益等纳入贷款质押担保物范围。大力推广省级环保贷。设立市级环保贷,在无锡市产业融资增信基金中划分专门额度用于建立市级环保贷担保基金,设立绿色发展基金,引进国家长江绿色产业基金和国开行开发性金融产品,解决环保项目、环保产业融资难、融资贵问题。

9. 以协会为纽带推动产业高质量发展

培育和完善环保相关产业市场。首先,节能环保相关产业协会要当好政府参谋,积极贯彻有关方针政策,推动节能环保相关产业的发展;其次,认真开展产业调研工作,分析情况及问题,提出建设性意见;再次,积极推广先进、成熟的技术,协助企业提高技术、管理水平及产品质量,参与制定产品标准;最后,加强与企业间联系,充分发挥桥梁纽带作用,成为产业信息交流的中心。

作者:肖俊英、孙恒友

专项报告 A：宜兴环保科技工业园发展历程、创新成效及提升对策

中国宜兴环保科技工业园（简称宜兴环科园）是 1992 年经国务院批准设立的首批国家级高新技术开发区，也是当时唯一以环保产业为特色的专业高新区。园区立足打造“千亿级环保产业”和“中国环保第一园”目标定位，依托宜兴 40 多年的环保产业积淀和 20 多年的专业化发展，积累了良好的发展基础，形成了独特的发展优势，先后被列为国家科技部和环保部“共同管理和支持”单位、《中国二十一世纪议程》第一批优先项目计划、国家首批低碳示范园区、第一批国家环境保护培训基地、中国东盟环保技术和产业合作示范基地、环保技术国际智汇合作基地、中国环保装备新型化工业化示范基地、国家级环保服务业示范园、国家创新型特色园区、苏南国家自主创新示范区核心区等。

一、宜兴环科园发展历程

（一）创园初建阶段（1992—1999 年）

宜兴环保产业始于 20 世纪 70 年代，当时环保设备销售额占全国的近 20%，是全国闻名的“环保产业之乡”。1992 年 11 月 18 日，国务院批准成立“中国宜兴环保科技工业园”（国科发火字〔1992〕782 号），为无锡高新技术产业开发区“一区两园”中的一园，这是当时唯一设在县级市的高新区，也是唯一以产业特色命名的高新区，规划面积 4 平方千米，高起点推动基础设施建设和招商引资等，完成了“五通一平”。

（二）加速发展阶段（2000—2005 年）

宜兴环科园围绕“创一流园区、建一流城区”的目标，结合城市化进程，打

破区划,重构布局,开发建设和经济社会发展取得较好成绩,园区面貌发生深刻变化。累计投入基础设施建设资金超16亿元,高标准地实施了“七通一平”,极大地改善了园区的投资创业环境,促进快速协调发展,初步形成了以环保产业为主体,新材料、新能源、生物医药、电子信息共同发展的产业格局。

(三) 二次创业阶段(2006—2010年)

在原4平方千米基础上,新增规划面积11平方千米,形成15平方千米的“二次创业区”,以建设“环保产业园、科技创新园、生态工业园”为总体目标,突出提升企业创新能力、改善创新创业环境和增强主导产业竞争力三大重点,促进园区实现新跨越,加快打造国家级科技创新基地、环保产业示范基地和国内一流、国际知名的“环科新城”。“环科新城”被列入无锡市委重点打造“三大新城”战略布局之一。

(四) 转型发展阶段(2011年至今)

2011年,宜兴环科园与西部相连的新街街道实施“园街一体”整合,扩展到103平方千米;2012年,经无锡市委同意,将北部紧邻的高塍镇由宜兴环科园托管,实施统筹发展,区域面积达212平方千米,形成包括核心区、高塍镇、新街街道“一园三区”的发展新格局。园区大力实施“高举高打、重构发展”战略,积极探索适合环保产业转型发展的新路径新模式、新业态新形态、新机制新体制,走出了一条“构建人才高地、引领技术高地、汇聚资本高地、打造产业高地”的创新发展之路,牢固确立了国内环保领域的龙头地位。江苏省政府在《苏南国家自主创新示范区发展规划纲要》中明确把宜兴环科园列为“以节能环保战略性新兴产业为主要特色”的创新核心区。2013年和2016年,科技部、江苏省政府先后签署两轮《部省合作计划》,合力推动宜兴环科园打造成为环保产业创新发展示范基地。

二、宜兴环科园发展的现状和水平

宜兴环科园始终坚持特色化、高端化、国际化发展理念,目前已经形成了环保设计、研发、孵化、检测、培训、展示、交易和科技金融等融为一体的完善产业链,成为全国最大的环保产业集群、环保技术创新高地。

(一) 坚持特色发展,打造全国一流环保产业高地

(1) 形成了完善的产城一体发展规划。引进国内外一流的专家和规划团队,对园区进行全面调研和规划编制,确立了"环保智造城、现代服务城、低碳宜居城"的新城定位,完成了环科新城空间战略规划、区域总体设计规划以及新城中心区、新城水系、供电配网、景观生态、低碳经营 6 个专项规划,形成了"一园三区"各有侧重、互为融合的发展新格局:核心 A 区突出"优",重点是提升内质,优化形态,做强高端承载,增强城市功能;新街 B 区突出"控",重在涵养和保护自然生态环境,控制项目开发,作为未来发展的预留区;高塍 C 区突出"拓",拓展有形空间,变为有用空间,重点布局大环保、大节能主题的高端制造业、园中园项目,形成大产业集群,打造成一个产城一体的节能环保产业公园。

(2) 建成了国内最大的环保产业集群。立足大节能、大环保,培育了 5 000 余家环保企业,造就了 10 万环保产业从业人员,其中环保专业研发人员上万名、专业技术人员 2 万多名、专业市场营销人员 1 万名。其业务涉及水、气、固、土、声等多个领域,产品包括七大类、200 多个系列、3 000 多个品种,年销售规模超过 500 亿元,是中国环保企业最集中、产品最齐全、技术最密集的产业集聚区。水处理设备自我配套率高达 98%,国内市场占有率达 40%。北控水务、中信环境、中持水务、中国节能、中建材等行业龙头、央企国企、上市公司相继加盟落户,和园区企业开展合资合作,通过优势互补实现合作双赢。

(3) 培育了一批环保细分领域的"单打冠军"。涌现了许多新领域、新技术的创新型公司,成为细分领域具有技术领先优势的"单打冠军"。鹏鹞生物高温菌种、凌泰的电催化技术行业领先,新奇成为垃圾渗滤液处理专业服务商,博大成为生物技术工业废水治理专家,菲力成为曝气器专业供应商,双盾环境成为有色冶金和化工行业的环境综合服务商,远兴环保成为全国最大的声屏障生产基地。安琪儿、西氿环保在废气治理、土壤修复上独树一帜,三强、碧诺、新纪元分别在医疗废水、污泥碳化、城市净水上拥有领先技术。新长天、中宜生态土成为环保物联网和污染泥土(渣)全国领军型企业,南农生物有机肥技术国内首屈一指。中宜金大检测中心成为国内最大的污染检测机构、江苏省唯一权威环保司法鉴定机构。园区环保产业逐步实现从“低小散”迈向高端化、系统化、装备化;由单一的装备制造向系统集成和成套化设备提升;由环保制造业为主,向环保制造和环保服务业并举转变;由单一水处理,向水、气、声、固、土、仪和资源利用等全方位拓展。

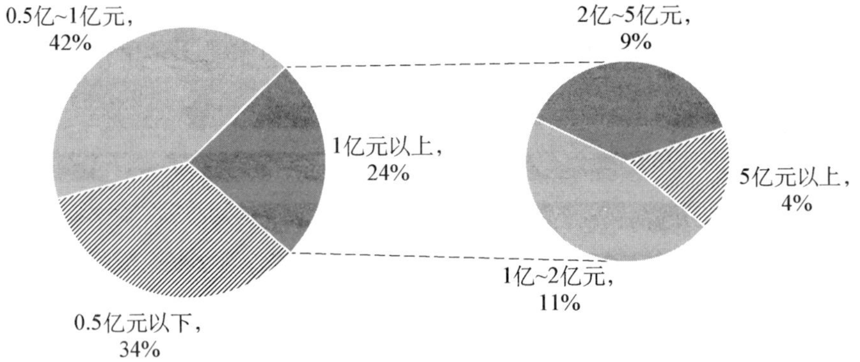

图 A-1　宜兴规模以上环保企业销售收入分布情况

(二) 坚持创新驱动,打造一流环保创新示范基地

(1) 构建了完善的创新载体平台。按照“一流园区一流承载”要求,采取规划先行、园区引导、多元投入模式,规划建设 200 多万平方米各类功能性载体。环保科技大厦、科技孵化园、国际环保展示中心、人才培训基地、人才公寓、大学科技园 6 个功能性载体已建成投用,初步满足了创新企业、创业团队、高端人才生产生活、创新创业的功能配套需求。中节能产业园一期、北投环保装备产业园、国家环保设备检验检测中心相继完工。乐希国际、卓易软件园、国际环保城、鹏鹞创新园等一批企业自建载体投用,为园区特色楼宇建设形成有效补充。环保科技大厦和卓易软件园先后成为国家级科技孵化器、省级特色产业园。

(2) 建立了领先的产学研合作体系。与国内外 300 多家高校、科研院所建立了长期紧密合作关系,合作共建了国家环境保护湖泊工程技术中心、环境控制与污染治理工程中心等一批创新平台,实施产学研合作项目 460

项。和哈工大、南大、中科院岩土所等15家专业院所共建研究院。国家水处理创新联盟、千人计划环保研究院等11个“国家级”平台落户。集聚各类创新创业高层次人才1 000多名，其中外籍院士4名、“两院”院士18名、千人计划专家29名、海归高层次人才58名。汇集了清华钱易、哈工大任南琪、南大张全兴等一批院士级专家，以及城市水资源研究国家重点实验室教授马放、南大环境学院任洪强教授、西安交大林宣雄教授、中科院武汉土壤所薛强研究员等一批领军型人物。

(3) 创新了环保产业发展模式。依托园区环保产业集群化优势，整合与集成人才、技术、资本、市场等要素资源，构建了“环境医院”一站式环境治理综合服务商，推动宜兴环保企业从原来的各自为战、恶性竞争，向联合抱团、集群发展。宜兴环科园积极推动和引导智能制造、标准化工场等创新业态。根据工业制造4.0＋环保产业的系统研究，推动国合环境高端装备制造基地、鹏鹞环保智能制造园、新长天环保物联网产业园、国合云鲸生态工厂、中电智云环保大数据中心等一批项目，推动宜兴环保装备升级，为数据时代的环保产业发展探索新的路径和模式。先后举办了中国环保技术与产业发展推进会、环保创新创业大赛、世界物联网博览大会智慧环保论坛等一系列重大品牌活动，集聚各方优质资源。

(4) 构建了科技金融支撑体系。针对园区环保企业融资能力差的问题，以信贷、政府引导资金为主要模式，扶持企业发展，加大对科技创新环保企业的投资。与鹏鹞环保组建首期6亿元的宜兴生态环保产业投资基金，致力培育宜兴本地环保领域技术细分优势企业；联合中国进出口银行设立50亿元“中小企业提升计划”专项信贷基金；成立2.5亿元环保产业专项投资基金，形成了覆盖孵化期、初创期、成长期、成熟期科技型企业不同发展阶段的科技金融支撑体系；结合国家绿色金融改革创新试点示范区建设，推动中宜丹鹏、江苏疌泉等基金相继落户，积极对接中民投产业基金、中信产业基金、丹林资本团队，组建更大资金池，为“走出去”承包流域治理和区域总包提供资金支撑，通过产融结合，支撑特色产业做强。

表 A-1　　宜兴环保企业上市及挂牌新三板情况

序号	企业名称	上市/挂牌时间	主营业务方向	2017年营业收入(万元)	备注
1	鹏鹞环保	2018年	水污染治理	80 768	
2	金山环保	2015年	水污染治理	80 678	中金环境并购
3	兆盛环保	2018年	环保设备制造	37 440	已退市,被中环装备并购
4	康宇环保	2016年	供水装备	—	新界泵业并购
5	凌志环保	2014年	水污染治理	40 029	
6	中超环保	2015年	水污染治理	7 170	
7	燎原环保	2015年	资源回收及化学试剂	20 843	
8	八达科技	2015年	水污染治理	7 781	
9	泰源环保	2016年	水污染治理	4 056	
10	宝宸股份	2016年	军工废物处理	2 403	已退市
11	沛尔膜业	2016年	平板膜制造	2 640	
12	蓝必盛	2016年	化工废水处理	4 844	
13	宜净环保	2016年	药剂	30 198	以海南公司挂牌
14	艾特克	2016年	水污染治理	11 438	
15	瑞盛环境	2017年	水污染治理	8 985	
16	启创环境	2017年	环保设备	4 713	

(5) 启动建设了一批生态示范工程。坚持创新引领,推动建设了中新水科技城、未来概念水厂、环保标准化工场、环境医院等一批面向未来、具有示范引领意义的生态产品,打造一批与国家级园区相匹配的行业标志性龙头品牌。借助这些生态产品的建设,引领产业生态的变革。其中,宜兴城市污水资源概念厂集成了国内外最先进的水处理技术,打造中国乃至世界水处理领域的典范。与中信环境合作在宜兴陆平村创建了国内首个“乡村环境管家”治理模式,按照“诊—治—疗”的理念,形成了一整套科学有效的系统化治理方案,逐步推广服务全国乡村振兴战略。环保标准化工场瞄准环保装备、产品的标准化、高端化、成套化,打造示范基地,构建一个全流程、系列化的产业标准体系。围绕“厕所革命”,由艾科森科技联合美国加州理工霍夫曼教授团队,研发制造的生态厕所系列产品,已出口南非等国家,被中国工程院列为重点支持项目。

（三）坚持开放合作，打造了环保国际交流合作“桥头堡”

（1）以政府为主导，搭建合作大平台。园区坚持开放、合作、互利的原则，积极实施“引进来”和“走出去”，大力推动国际交流合作，加快实现“环保之乡”向“环保之都”的全新升级。从战略上强化顶层设计，先后联合环保部编写了10个东盟国家的环保产业调查报告，汇编了《中国东盟环保产业合作——政策与实践》，并完成了包括柬埔寨在内的5个国家的国别报告。联合出刊了《“一带一路”生态环境蓝皮书》，编制了《环科园国际化发展战略规划》等，为企业“走出去”提供绿色指引。联合参加了中国-东盟环境合作论坛下中国-东盟环保产业合作与发展交流圆桌会、中国-阿拉伯国家环境保护合作论坛、2015年欧亚经济论坛、生态与环保合作分会以及中国-俄罗斯绿色发展与合作研讨会等，承办了2016年“中国-东盟”可持续发展与实践高层研讨班、“一带一路”绿色金融与环保产业国际合作研讨会，为宜兴环保企业参与国际交流合作提供支撑。

（2）以项目为先导，扩大合作新成效。和芬兰拉赫蒂商务科学园、韩国仁川科技园、丹麦卡伦堡生态工业园结为友好园区，与国际水协、韩国环境保全协会等一批国际环保机构建立合作关系，和德国、丹麦、芬兰、荷兰等13个国家合作建成了清洁技术对接中心，承担了中新、中韩等5个国与国合作项目，每年组织开展中美、中韩、中芬等技术对接活动数十场次，先后引进200多项国际先进技术和项目，培育50多家环保细分领域的“单打冠军”。凌志环保、江华集团分别与美国PARC研究中心、以色列魏兹曼研究院联合成立了创新研究院。新加坡南洋理工大学、俄罗斯科学院等相继在园内设立研发中心。博大环保、新纪元环保分别获得了科技部中小企业发展中欧国际合作专项资金扶持。哈宜研究院申报的“双城可持续污水处理示范项目”获得国际水协会项目创新奖。

（3）以“一带一路”为依托，推动环保“走出去”。依托中国东盟环保示范基地、3iPET国际智汇平台建设，组建了“一带一路”环保联盟，依托“环境医院”模式，联合“走出去”承接海外区域治理项目，打响宜兴环保国际化品牌。目前已有25家企业在泰国、孟加拉国实施了40多项环保工程，承接海外各类业务量近100亿元。碧诺环保引进日本的污泥整体解决方案,在日本全资设立碧诺株式会社,同时服务东盟市场,在菲律宾全资设立海外销售处,在马来西亚、印度尼西亚、中东等地都设有环保产品和技术输出的独家代理商。江华集团与以色列顶级研究机构魏兹曼研究院合作开发引进新技术,服务于与泰国合作工业园PPP项目,并被新加坡政府邀请参与海水淡化的招投标建设;凌志环保与美国帕克实验中心联合研究健康水技术,股权收购引进一批新技术,承接了孟加拉皮革污水处理厂、污泥发电厂等一系列大项目,参与尼泊尔、柬埔寨、巴基斯坦的污水处理项目合作;博大环保在泰国注册设立了专门的环保公司;一环集团参与承建了印度拉布湾燃煤电站、越南锦普燃煤火力发电厂、印度尼西亚龙目岛电站等多个项目,环保产品常年出口印度尼西亚、孟加拉国、缅甸、老挝等东南亚国家,实施泰国PPI公司日处理5万吨污水处理项目和生活污泥焚烧项目。

三、宜兴环科园重点打造的创新平台和示范工程

(一) 创新载体

(1) 宜兴国际环保展示中心。这是一个集园区发展规划、工厂工程电子参观、产品技术展示交易的大平台,建筑面积1.6万平方米,采用地源热泵、自然光带等多种环保技术,致力于打造成我国环保产业对外发布及触摸国际环保潮流的"主秀场",先后有节能降耗水处理装备产业技术创新战略联盟、水污染控制先进技术与装备2011协同创新中心、环保产业新上市公司和韩国、芬兰国际展团的600多家产学研单位的近3 000项技术成果、产品模型与示范工程等通过各种形式在展馆动态线下展出。科技部、生态环境部、住建部的"国家环保科技成果网""3iPet百强环保技术智汇平台""水专项产业化平台"等技术库在展馆同步多媒体线上展示。是中国环保技术与产业发展推进会的永久举办地,常态化举办江苏省科技创业大赛、全国环保黑马创业大赛,全年入馆参观参会人员已达数百批上万人次。

(2) 中国宜兴国际环保城。建于2007年,是全国环保设备交易中心、全球环保设备采购基地,地处宜兴环科新城核心区域,总建筑面积约40万

平方米，总投资约 13 亿元，是集“产品交易、会议展览、仓储物流、商务配套、生活配套”等众多功能于一体的以环保设备为主，商业配套、生活配套等为辅的大型专业市场。先后获国家级中小企业公共（技术）服务示范平台、江苏省正版正货示范街区、环保产业园区示范项目、宜兴市服务业重点项目等 60 多项荣誉称号。2017 年，环保城整合 10 年运营资源，倾力打造环保行业产业链实体展示销售中心——“环保超市”，规划包括工程技术、设备及配件三大主题场馆，经营业态涵盖环保水处理中的泵、管、阀、膜、配件等百余种产品。

（3）江苏省（宜兴）环保产业技术研究院。这是由江苏省科技厅规划批准、宜兴环保科技工业园建设并管理的环保产业促进机构。秉承开放、包容的服务理念，依托园区内外部资源禀赋和多年积累的行业服务经验，研究院致力于推动我国环保产业创新发展，同时在北京设立办公室，搭建面向全国的服务沟通平台，促进政策、资本、技术、人才及市场等资源的有效对接。由研究院团队管理的宜兴环保黑马营成立于 2014 年 6 月，是江苏省唯一环保领域国家级众创空间。黑马营通过开展多项环保产业促进工作与国家部委、环保院校、环保企业形成紧密联系，在战略前瞻、未来技术、工程示范、企业孵化、信息交流、投资对接、培训辅导等方面为环保创业者提供着眼于未来发展的综合服务和支撑。已拥有涵盖企业家、专家、投资人等 100 多名精英组成的导师团队，组织了包括环保创新创业大赛、环保中小企业投融资论坛在内的 20 多场专业活动。

（4）宜正环保电商。由南京大学和宜兴环科园注资 1 亿元成立的江苏中宜金大环保产业技术研究院有限公司倾力打造，也是中国最全面、最可靠的环保电商平台，是国内（也是世界范围内）第一家环保电子商务平台。自 2014 年开业以来，已有合作品牌 120 多个，上线近 2 000 多种产品品类，涵盖水处理领域 80%产品。已为 2 500 多家单位提供服务，客户遍布全国 23 个省份。拥有法人会员近 1 700 家，且每年以 200%以上的速度增长。致力于打造具有国际影响力的环保装备采购目的地和全国最大的环保产品交易中心。

(5) 中国-东盟环保技术和产业合作示范基地(宜兴)。基地是为了落实2013年10月李克强总理在第16届中国—东盟领导会上提出建立"中国—东盟环境保护与产业合作交流示范基地"的设想,由"中国—东盟环境保护合作中"与宜兴环科园共同发起设立。基地是中国与东盟开展环境合作的重要内容之一,汇聚了东盟中心的平台优势、政策优势,发挥了宜兴环科园的产业优势、创新优势,更好地支撑了我国环保产业特别是环科园环保产业的国际化发展,为中国环保产业"走出去"提供了示范。为支持基地建设,宜兴环科园还与东盟中心建立了一年两度联席会议制度。基地每年都以"中国—东盟可持续发展和高级研讨班"等方式,培训东盟官员,促进了东盟国家对宜兴环科园环保的产业了解,为宜兴环保产业加快"走出去"提供有力支撑,为东盟中心的发展注入新的活力。

(6) 国家环保设备质量监督检验中心(江苏)。由国家质检总局批复筹建,于2018年3月正式成立,作为国家高新区宜兴环科园的检验检测服务运行主体,被列入宜兴市"十大重大载体平台"之一,拥有机械、电气、材料、化学分析、微生物、噪声及振动等多个专业检测实验室和特色检测平台,将在全国范围内开展水、气、固、声四大类污染治理设备以及相应的环保药剂和材料、相关环境指标的检验检测、技术研发、环保标准制修订、企业人员培训等技术服务。

(7) 南京大学(宜兴)环保研究院。承担了一大批国家863、973、重大支撑及省部重大科研项目,共获国家及省部科技奖13项,其中国家技术发明二等奖2项、国家自然科学二等奖1项、何梁何利科学与技术创新奖1项、省部级一等奖5项。已建成教育部水处理与水环境修复工程中心、江苏省产业技术研究院水污染控制与资源化工程技术研究所、江苏省环保装备产业技术创新中心、国家博士后科研工作站,是国际标准化组织工业水回用分委员会(ISO/TC282/SC4)主席单位、中国质量检验协会水环境工程技术与装备委员会理事长单位、国家节能降耗水处理装备技术创新战略联盟副理事长单位、江苏省环保产业技术创新战略联盟理事长单位,先后被命名为江苏省环保技术公共服务平台、江苏省十佳中小企业公共服务平台、国家中小环保企业公共技术服务平台。

(8) 中节能(宜兴)环保产业园。由中节能(宜兴)环保科技发展有限公司投资建设,占地面积 378 亩,总投资 20 亿元,总建筑面积约 20 万平方米。按照绿色三星标准设计,集成太阳能集散热辐射板空调系统、索乐图日光照明系统、集成房屋等 8 大绿建技术,是集节能环保产品生产、研发、孵化于一体的绿色产业园。产业园分为以高端环保设备制造为主的产品加工区、以研发创新为主的科技创新区和以总部办公为主的科研孵化展示区三大区块,开启了宜兴环保产业与央企合作的先河,是中节能环保集团在"环保之乡"树立的一个绿色低碳建筑样板产业园。目前,一期、二期已全部建成投用,三期启动建设。

(二) 示范工程

(1) 国合环境高端装备制造基地。这是宜兴环科园推动环保产业转型升级提升国际化合作水平的主要载体平台。主要结合供给侧改革的思路,着力改善宜兴环保产业的产业生态,提升制造企业的核心竞争力。在 2015 年揭牌成立"中韩环保高端装备制造基地"基础上,扩大合作半径,与国合环境研究院、菲力股份等企业和专业机构组建实体化的营运机构。国合基地规划占地 180 亩,建筑面积 6 万平方米。重点聚集国际上一批有世界领先技术与装备制造能力的优质中小环保企业,合力服务中国市场,也为嫁接环保央企、国企、上市公司提供优秀的装备公司和并购标的。目前已有韩国国合凯希水体修复(水生态修复领域)、韩国国合动力科技(空浮鼓风机制造)、韩国国合宜都智能环保(固废处置领域)、日本国合生物科技(生态净化材料制造)、德国菲诺智能搅拌科技(智能搅拌制造),以及国合精工智能科(机械精加工、智能工业机器人、工业自动化)、国合绿材科技(海绵城市雨水收集模块及系统)等 10 多家企业签约入驻。

(2) 中国宜兴城市污水资源概念厂。由曲久辉院士等 6 位专家发起,设计规模 2 万吨/天,主要服务于宜兴环科园 C 区(高塍片区),2018 年 4 月举行了奠基仪式。集成国内外最先进的水处理技术,充分展示污水处理厂是资源工厂的理念。同时,结合现代农业和生态景观,构建水循环圈、农业循环圈、能量循环圈和休闲循环圈,形成三位一体、可复制的“城市生态综合体”,总规划面积1 927 亩。宜兴环科园将抓住概念厂建设的机遇,使其成为宜兴环保产业升级转型的窗口,带动宜兴在环保技术和装备上的进步,着力打造宜兴这座城市的环保名片,使宜兴成为“环保界的硅谷”、专业人士的精神家园。

(3) 江苏省环保装备产业技术创新中心。这是全省“十三五”规划的 6 个重大创新平台之一,也是江苏省节能环保领域唯一的创新中心和核心载体。2016 年 8 月正式启动建设,在宜兴环保工业园布局 7 万平方米物理空间。总体建设目标是:培育一批具有国际竞争力的企业群体,制定一批核心环保装备产业技术的国家和国际标准,大幅提升自主品牌环保装备市场占有率,推动江苏环保装备产业成为“世界一流、国内领先”的战略性新兴产业,集聚上市企业、“新三板”挂牌企业等科技创新型环保装备企业超过 50 家,环保装备产业年度产值达到 1 200 亿元。目前,已完成创新中心行政楼、综合服务楼等硬件建设,形成了创新中心建设实施方案和运行机制。中国瑞林、新南威尔士大学等 7 家单位入驻,发布了 10 项产业前沿关键共性技术项目、5 项核心技术集成创新项目、2 项产业化示范项目、20 项环保技术装备标准项目,制订了 10 项环保技术与装备标准。

(4) 环保标准化工场。其主要瞄准环保装备、产品的标准化、高端化、成套化,汇聚整合一批国内外优秀环保企业、环保技术、专家团队和金融资本,转化一批科技产业化成果,联合构建一个全流程、系列化的产业标准体系,培育一批面向未来的新技术、新装备、新产品群,类似于工业 4.0。采用园区支持、企业为主的方式,在国合基地、鹏鹞创新园等规划设计方案,同时建设相关载体,打造一个环保装备领域的“富士康”,从而解决宜兴环保产业低水平重复、低小散的问题。

(5) 水科技生态城。在中新两国合作大框架下,联合中信环境等专业团队,推动环科新城核心区 5 平方千米规划建设,借鉴新加坡 30 年的水生态恢复和科技产业发展经验,以期打造一个以先进水生态科技为引擎驱动经济发展的“城市—乡村—自然一体化发展”的区域治理标杆工程,成为太湖生态保护和全国水体生态环境治理的标杆和样本。合作内容包括建设中信环保产业园等五大方面，已在宜兴环科园启动了水生态示范项目。

(6) 环境医院。依托宜兴环保的产业集群优势和配套资源，宜兴环科园打造了集设计、研发、检测、培训、展示、交易和环境治理“诊、治、疗”于一体的环境治理综合服务平台——环境医院。围绕环境医院的要素配置和功能定位，采用协同合作机制，构建了“一平台、一联盟、二池、三库、四机制、八大专科”的运行支撑体系。目前已经在四川武胜、江苏沛县等地实施了一批区域治理项目，推进落实环境医院分院的合作落地。

(三) 品牌活动

(1) 中国环保技术与产业发展推进会。由科技部、江苏省政府主办，宜兴市政府、宜兴环科园承办。已经连续举办 6 届，依托“部省合作计划”的实施，已经成为具有国际影响力的政府官员、专家学者、业界精英共商环保产业创新发展的合作交流平台，赢得了业界的广泛参与和强烈反响，未来将借力部省共建，打造成为环保业界的“达沃斯”。

(2) 世界物联网博览会智慧环保高峰论坛。由无锡市人民政府主办，宜兴市人民政府、中国宜兴环保科技工业园承办，得到了中国-东盟(上海合作组织)环境保护合作中心、生态环境部对外合作中心、生态环境部信息中心、IWA 国际水协会等单位和团体的支持。其主要探索用“物联网＋”思维发展环保产业，打造智慧环保产业生态圈，引领环保技术革新和装备升级，为中国环保产业转型升级和生态文明建设探索一条“宜兴路径”。

(3) 环保创新创业大赛。2015 年启动以来，已连续举办 4 届。通过大赛，整合各类产业优质资源，激发环保创业激情，发现一批新人才、发掘一批新项目，打造健康的环保创业生态，营造政府、企业、高校、科研院所合力参与环保创新创业的新格局。累计推广环保创新创业项目 500 余项，并筛选出 80 个优秀的技术创新项目，获得融资超 4 亿元，已经成为全国最具影响力的环保创新创业赛事。

四、当前环保产业面临的新形势及新机遇

当前，随着党中央的高度重视、市场环境的不断完善，中国环保产业正

在进入拉动经济增长、促进经济结构转型升级的主战场和大舞台。从节能环保大产业来看,2010—2015 年,产值由 2 万亿元增长到 4.5 万亿元,年均增速超 15%。从环保产业来看,中国环保产业摆脱全球经济下行的宏观影响,保持高速发展。2016 年、2017 年,环保产业发展指数均高于中国宏观经济景气指数与总体经济增长指数。2016 年,中国环保产业产值约为 11 500 亿元,较 2015 年增长约 20%,其中环境服务业营收约 6 100 亿元,占比达 53%。2020 年,先进环保产业产值规模将力争超过 2 万亿元。

同时,新时代中国的环保事业正在发生决定性的变化,环境治理已由成本、验收导向转变为效果、服务导向新格局;环保产业也逐渐由政策推动和资本推动向科技推动转变。创业进入第三次高潮,创新将成为下一阶段环保产业最有力的增长驱动。习近平总书记在党的十九大报告中提到,社会需要更多更好的"生态产品"。所以说,当前谁能够基于中国未来发展需求,整合政策、市场、科技、产业和资本资源,提出更有效率的治理模式,谁就能够抓住下一轮转型升级的主动权。环保行业的本质,即为客户创造环境价值、系统的解决方案和有竞争力的技术产品才是环保产业的成长之道。这些转变均为宜兴环保产业和宜兴环科园的再次起飞提供了难得的历史机遇。

五、宜兴环科园新时期高质量发展的主要途径

新阶段,围绕环保产业的高质量发展,宜兴环科园将以创新思维从供给侧改革出发,推动互联网+、金融助推、科技支撑和模式创新,在环保业态中导入"小米供应链模式",把宜兴环保产业多年积聚的优质资源和能量加以连接、聚力,打造具有区域特色的五大配套支撑体系,形成一个适合宜兴环保突破发展的良好产业生态,为中国环保产业高质量发展探索一条新路径。

(一) 打造"互联网集采平台+供应链公司"的供应链服务体系

重点推动与云鲸网合作共建"宜兴环保产业带"。作为国内唯一的环保互联网平台,云鲸网线上集采平台在北京整合了首创股份、中国水务等大企业的电子招采平台,建成云鲸商城交易中心、供应商评价等线上平台,入驻

供应商 3 200 家、产品 1 900 多种。目前,云鲸网供应链服务(江苏)有限公司已在宜兴成立,将打造一个环保集采平台:一端是链接需方——北控、首创等环保大公司、大集团的采购需求,打破原有的采购壁垒,选择一个公信力的采购云平台,让需方在降低采购成本的同时,能获得更优质、更有服务保障的装备,获得有完善供应链服务的一个支撑体系,类似于环保业界的"阿里巴巴";另一端牵着供方——宜兴的装备制造公司,和宜兴环保标准化工场联动,形成一个互动的供应链,彻底改变传统的采购模式和装备招投标体系,打造国内首个环保产业互联网生态平台,成为推动环保产业供给侧改革的新标杆。

(二)打造"标准化工场+N个智造公司"的装备集成体系

发挥和强化宜兴的制造优势,重点建好国合基地二期、德国弗劳恩霍夫智造中心,侧重于国际技术的引进、转化和装备制造集成;加快鹏鹞智能制造园、三强环保智能化生产线建设,侧重于国内装备的信息化集成和智能化升级。加快遴选一批优质环保装备和产品制造企业,通过股权合作等方式凝聚云鲸供应链服务公司,形成一个个细分领域各有特色的、定制式的标准化工场群,凝聚为环保采购联盟核心成员。这些标准化装备既可以是宜兴的也可以是非宜兴的,既可以是现有品牌也可以是委托定制的。这样,就可以把"需"端——线上平台的装备采购需求量,以订单式分包给N个核心制造工场单元,按需加工,再通过宜兴的集采平台,以线上智能匹配和规范交易+线下标准化制造相结合的方式,把制造和销售开票留在宜兴。下一步,加上资本助推和信誉积累,打通从研发、设计、制造、交易、物流等各个环节信息流、资金流、商流、物流、开票流,形成供需间的合作闭环,实现宜兴环保装备制造的"三化"(生产模块化、制造标准化、运维智能化)融合。

(三)打造"创新中心+标准化基地"的创新服务体系

做强"一中心一基地"(江苏省环保装备创新中心及创新基地),进一步对接省科技厅、省产业研究院,更多凝聚和汇聚国内外创新资源和优质要素,成为江苏省环保创新的大平台和发动机,逐步上升到国家级平台;全力推进中国生态环保装备标准化特色示范基地申报建设,这是国家落实标准化试点示范的重要平台载体;打造全球首个大数据生态环境诊析平台。依托南大宜兴研究院任洪强团队及凝聚的8位专家资源整合中宜金大检测平台,建设全球第一、国内唯一的集装备检验、环境诊断、司法鉴定于一身的生态环境科技资源库(清洁微生物资源库、专利资源库、装备标准化资源库)。着力构建科学研究基础实验室、创新研究所、成果验证研究所“三位一体”高端化诊析平台。通过“一中心二基地一平台”建设,引领产业标准化体系建设,为环保产业健康可持续发展提供科技支撑、创新动力,塑造宜兴“环境服务-科技-装备”互促共生的新业态链。

(四) 打造“绿色金融+担保公司”的金融支撑体系

借力绿色金融助力环保产业政策机遇,做强绿色产业投资基金。支持江苏疌泉绿色产业股权投资基金落户,加快首期20亿元股权和60亿元债权投资基金的设立,形成债股联动,并争取尽快启动二期100亿元的股权基金和300亿元的债股基金。加快中宜丹鹏生态环境产业股权投资基金首期6亿元规模投资到位,力争完成8家优质企业实施股权或项目合作。同时,在市金融办指导下,在环科园层面组建成立融资担保公司,在环保优势企业中遴选15—20家在细分领域具备系统集成能力和EPC+O业务能力的优质主体,每家出资500万元,再加上政府出资,组建一个资金盘,选定专业风控管理团队,成立封闭运作平台,为缺资金、有项目的成长型公司,采用项目融资、融资租赁、保理三种模式,提供政府背书和融资支撑,力争新培育年销售上亿元企业20家、超5亿元企业10家、超10亿元企业3家。

(五) 打造“示范工程+系统服务”的服务输出体系

主要围绕“环境医院”建设,探索实施生态文明建设中污染治理和环境修复的创新模式。首先,加强平台能力建设。完善以“环境医院”为核心的环境服务平台建设,一头连着国内唯一的专业化诊析平台,打造掌握整个行业生态环境安全健康数据库,对行业问题能够拿出一个系统的诊断报告;另一头不断完善“三库、两池、八大专科”,形成院士坐堂、专家在线、特色专科齐全的能力体系,进一步提升“一站式环境治理方案提供商”的实操能力和行业影响力。其次,加快示范工程建设。推动未来概念水厂、标准化工场等面向未来、具有示范引领意义的生态产品建设，打造一批行业标志性龙头品牌，加快中信林家河小流域治理、凌志乡村振兴生态示范以及静脉产业园等一批示范工程和项目的建设，为区域治理“走出去”服务提供可复制的示范引领。再次，加强接单实力建设。抓住国资改革的契机，进一步整合现有环科园国资公司、产业平台，集中优势资源，组建大国资平台；再引进实力央企或有资质的主体，联合组建具备环保一级、机电安装一级、工程施工总承包一级等各类资质，有资本支撑、有实操能力的混合所有制环保大集团，打造统一对外输出的产业航母。同时，稳步推进与四川武胜、辽宁盘锦、徐州沛县等地的分院建设和治理项目，加快打响环境医院品牌，为推动中国环保转型升级和生态文明建设作出应有贡献。

六、相关建议和意见

当前，宜兴环科园积累了良好的产业基础和丰富的创新资源，形成了独特的发展优势。新时代，如何推动园区在已有良好的发展基础上，抢占更多资源、打造更高平台、实现更大发展，真正成为引领环保产业发展的风向标，打造产业创新发展的示范基地，为推动中国环保产业转型升级和生态文明建设具有十分重要的意义。建议从以下几个方面支持宜兴环科园发展。

（一）支持园区建设一批重大环保示范工程

一是面向未来的概念水厂，引领中国水处理事业颠覆性技术革新；二是“乡村管家”模式，打造成为全国生态文明建设的标杆和示范，服务乡村振兴战略；三是环境医院——环境治理一站式综合运营商，集成所有高端资源，实施区域治理和流域治理，为环境治理提供一站式综合服务；四是环保产品标准化体系，包括国家环保设备检测中心、环保智能制造工场、环保电商平台等；五是省环保装备技术创新中心，是环保领域全省唯一的创新平台，荟萃业内各领域的特色技术、装备、方案等优质资源，打造中国环境领域最大的创新中心，并申报国家重点实验室。

（二）支持园区设立环保产业金融扶持平台

环保企业轻资产现象普遍，融资难、融资贵问题普遍，资本缺乏已经成为制约宜兴环保做大做强的突出瓶颈。当前，国内许多省份都把节能环保作为重点产业发展，并设立了相关扶持基金，不少技术和资本实力雄厚的外资公司纷纷抢滩争夺国内市场蛋糕，行业竞争将会十分激烈。目前，宜兴环科园正着手组建优质环保企业联盟、大型产业基金。建议相关部门设立环保产业扶持专项基金，扶持宜兴优质环保企业做强，加快形成产业整体实力。

(三) 支持环境市场本地优先策略

环境市场的招投标模式诟病较多，建设工程问题不少。宜兴环科园集聚的一批新技术、新工艺因为资质等门槛，无法直接进入市场。建议相关部门采用本地技术优先的策略，采用“环境医院”模式，由宜兴环保产业集团牵头组织实施，支持宜兴环保领先技术优先在无锡市域范围内建设一批示范工程，形成一批可参观、可复制、有说服力的先进技术样板和经典案例，抢占产业制高点。

(四) 支持推动园区环保企业“四新”方向转型

建议相关部门出台相应扶持政策，帮助宜兴环科园加快实施以新技术、新人才、新模式、新业态为核心的“四新”示范工程，打造一批具有技术特色的行业“单打冠军”，形成细分领域“强小企业”群，完善宜兴环保产业链，提升产业价值，加快推动宜兴环保产业的转型升级，逐步实现从“低小散”转向“高端化、系统化、装备化”，驶向更为广阔的蓝海。

(五) 支持园区建设“环保联合大学”

环保联合大学，真正为环保产业的持续健康发展提供基础支撑。目前，湖北理工宜兴工程学院运行的中宜环保学院已经开学，并取得了良好效果。建议相关部门全力支持宜兴环科园建设环保联合大学。利用协同创新机制，联合清华、浙大、南大、哈工大、同济等高校力量，联合对上申报。以大学的建设提升宜兴专业化、国际化水平，拉升产业高度，奠定宜兴在整个环保产业中不可撼动的龙头地位。

(六) 支持园区开展智能制造、标准化生产模式，引导环保装备制造水平的提升

重点支持园区一批骨干企业智能化、标准化生产平台建设，支持成熟装备的标准化、成套化制造，形成规范、快速、有效的装备生态体系，为技术产品提供供应链和制造服务，助推大规模推广和销售，并用高性价比的方式快速占领市场。同时，依托智能化及标准化生产平台，吸引并集聚装备制造企业，创造市场化的优胜劣汰环境，助推宜兴乃至江苏节能环保装备制造产业升级。

作者：闵德强

第六章　无锡高端装备产业现状与发展研析

装备制造业是机械工业的核心部分，承担着为国民经济各部门提供工作母机、带动相关产业发展的重任，可以说它是工业的心脏和国民经济的生命线，是支撑国家综合国力的重要基石。高端装备产业是指装备制造业的高端领域，“高端”主要表现在三个方面：第一，技术含量高，表现为知识、技术密集，体现多学科和多领域高精尖技术的继承；第二，处于价值链高端，具有高附加值的特征；第三，在产业链占据核心部位，其发展水平决定产业链的整体竞争力。国家统计局公布的《战略性新兴产业分类(2018)》明确指出，战略性新兴产业分类是在《国民经济行业分类》基础上，对其中符合“战略性新兴产业”特征的有关活动进行再分类，高端装备制造业包括智能制造装备产业、航空装备产业、卫星及应用产业、轨道交通装备产业、海洋工程装备产业。根据无锡市装备产业发展实际情况，无锡高端装备产业主要围绕航空发动机和燃气轮机(简称“两机”)、智能装备、高端船舶和海工装备进行重点培育。

一、无锡高端装备产业的发展历程

装备产业主要依托于机械行业，从 1909 年创办第一家机器厂——“协记机器厂”开始，无锡装备产业已经走过了百年。党的十一届三中全会以后，特别是乡镇工业的兴起，使无锡装备制造业得到飞速发展。经过技术改造、引进、消化、吸收和自主创新，无锡装备制造业已经形成了门类齐全、基础牢固、具有一定规模和水平的装备制造业体系，在无锡工业中处于重要地位，对推动工业结构的调整和优化升级做出了重要贡献。

在无锡市装备产业的发展历程中，机床产业和内燃机产业曾取得不俗成绩，在推动无锡装备产业发展过程中起到了重要作用。

（一）机床产业

机床，被称为“工作母机”，机床产业是实现装备工业现代化的基础装备产业。机床产业与上下游众多产业有着十分紧密的关联关系，是制造业与其他产业关联度最大的一个产业。

无锡是我国三大（上海、无锡、杭州）磨床生产基地之一，近40家机床企业中有近一半的企业生产磨床，其中尤以无锡开源机床集团为代表。无锡开源机床集团有限公司成立于1948年4月17日，是由我国著名工商实业家荣德生先生创建，以“开发我国工业之资源耳”，把工厂命名为“开源”。1952年10月，开源厂在无锡率先公私合营，改名为“公私合营无锡机床厂”。随后在第一个五年计划期间，经一机部批准，确定产品发展方向为内圆磨床和无心磨床，成为年轻共和国主导机床工业发展的“十八罗汉厂”之一。在这里诞生了中国第一台无心磨床和第一台内圆磨床，并且还生产出了中国第一台大型立式车床并在当时的联邦德国展出。无锡机床厂生产的各类无心磨床、内圆磨床、轴承磨床遍布国内。

（二）内燃机产业

无锡有着辉煌的内燃机行业发展史。1916年，协记机器厂试制出了以轻质煤油为燃料、功率15马力的热罐式重型低速小马力火油机，成为无锡历史上第一台内燃机；1958年上半年，无锡动力机厂成功研制出两台6250柴油机。当时，无锡动力机械的产品性能和销售量在全国仅次于上海；1958年，“锡柴”和“上柴”分别总装出1 000马力的国产大功率高速柴油机，供给中国第一代铁道内燃机车“巨龙”号使用。

无锡在发展柴油机的同时，新建了无锡油泵油嘴厂、无锡市内燃机配件厂等零部件企业，在内燃机零部件的道路上开始了探索。改革开放以来，无锡引进国外先进技术和管理，生产的柴油机、增压器、油泵油嘴等产品水平和质量不断提高，在国内同行业处于领先地位。无锡现有一汽无锡油泵油嘴研究所、云内动力无锡产业园等内燃机研究机构，一汽锡柴等内燃机整机生产企业、威孚高科等内燃机零部件生产企业，以及凯龙高科、威孚力达等内燃机相关产品生产企业。整个内燃机行业共有近200家企业，形成了完整的内燃机产业链。

无锡机床产业和内燃机产业的发展为无锡培养了大批装备类人才，形成了强大的零部件加工能力，为无锡市发展高端装备产业提供了强有力的基础。

二、无锡高端装备产业发展的现状和水平(2018年)

(一) 产业构成与细分

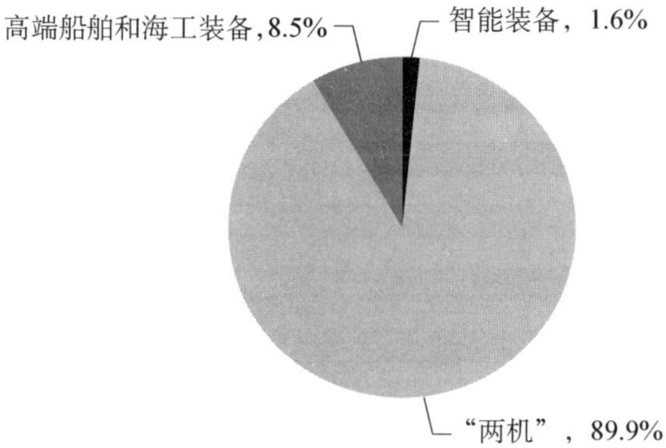

图6-1　高端装备产业构成

资料来源：无锡市先进制造业集群2018年统计数据。

(二) 产业现状与规模

表6-1　　2018年无锡市高端装备产业主要指标

	产值(亿元)	同比(%)	主营业务收入(亿元)	同比(%)	利润(亿元)	同比(%)
高端装备	1 263.9	15.7	1 295.4	19.5	125.2	27.6
其中:“两机”	20.1	7.6	20.1	7.7	1.9	171
智能装备	1 135.9	14.7	1 158.9	17.3	95.8	21.8
高端船舶和海工装备	107.8	28.4	116.5	50.9	27.5	41

注:“两机”非该产业全口径数据。

1. “两机”产业

经过几年的培育和发展，无锡市“两机”产业依托中国航发614所、中船重工703所无锡分部、华中科技大学无锡研究院等科研机构，拥有透平叶片、江苏永瀚、航亚科技、江苏隆达等一批实力企业，在坚实的技术基础和丰富的人才储备的支撑下，在关键材料和部件尤其是叶片制造领域已形成较高的市场占有率和较强的核心竞争力，与国内其他地区相比，“两机”各类叶片的制造形成了最为完整的产业链条，具备了一定的产业集群优势。目前，无锡市“两机”产业涵盖研发设计、关键材料(高温母合金母材料)、核心零部件(高温热部件、叶片、盘件等)等环节，但在整机(航空发动机和燃气轮机)环节相对薄弱。2018年11月底，国家工信部辛国斌副部长带领国家相关部委和央企集团对无锡市“两机”产业进行为期3天的实地调研和现场座谈，对无锡市“两机”产业发展所取得的成绩予以高度肯定。

2. 智能装备产业

随着国家大力发展智能制造和推进“两化”融合的战略新机遇，全市智能装备制造企业紧抓发展契机，加大科技创新和研发投入，取得了阶段性成效。现已初步形成了涵盖智能装备零部件、整机及系统总集成在内的较完整的产业链，拥有信捷电气、贝斯特、先导智能、奥特维科技、锦明自动化、天奇自动化等龙头企业。围绕产品功能升级、创新商业模式等，智能装备制造企业不断向价值链高端延伸，由单一提供产品向提供智能化“产品＋服务”转变。比较典型的有“远景模式”：完善产品全生命周期管理体系，实现工业产品的服务渗透，建立产品后市场服务；“天奇模式”，提供总集成总承包服务，从产品供应商向整体解决方案提供商转变等。

3. 高端船舶和海工装备产业

目前，全市高端船舶和海工装备产业覆盖海洋平台配套、载人潜水器、船舶制造和修理等诸多生产领域，以中国船舶海洋探测技术产业园作为发展载体，以中船重工702所和703所无锡分院、华中科技大学无锡研究院等科研院所为无锡市海工装备产业的发展提供技术支持，为企业的发展提供人才和技术服务。目前全市拥有国家级技术中心1家、省级技术中心11

家;拥有院士、长江学者、国家千人、国家杰青、省双创计划等高层次人才 20 余人;拥有具有自主知识产权的各类发明专利 300 多项;参与多项国家标准的制订。中船重工奥蓝托无锡软件技术有限公司承担的省级研发课题“设计仿真集成平台软件”为公共研发平台提供了更强大的服务能力。

表 6-2　　无锡市重点省级高端装备制造业工程技术研究中心

项目名称	承担单位
江苏省船舶修造工程技术研究中心	中船澄西船舶修造有限公司
江苏省(新扬子)船舶与海洋工程装备技术研究中心	江苏新扬子造船有限公司
江苏省过滤与分离设备工程技术研究中心	江苏巨能机械有限公司
江苏省(瑞尔)精密传动装置工程技术研究中心	无锡市瑞尔精密机械股份有限公司
江苏省(德林)海洋工程关键配套工程技术研究中心	无锡德林船舶设备有限公司
江苏省智能化高效纺机装备工程技术研究中心	无锡宏源机电科技有限公司
江苏省(锡锻)数控锻压机床工程技术研究中心	无锡锡锻机床有限公司
江苏省低压电器工程技术研究中心	无锡新宏泰电器科技股份有限公司
江苏省电子辐照加速器工程技术研究中心	无锡爱邦辐射技术有限公司
江苏省物流自化装备工程技术研究中心	天奇自动化工程股份有限公司
江苏省特大型环锻件研制工程技术研究中心	中航卓越锻造(无锡)有限公司
江苏省电子气象仪器工程技术研究中心	江苏省无线电科学研究所有限公司
江苏省(华光)清洁燃烧设备工程技术研究中心	无锡华光锅炉股份有限公司
江苏省工程机械液压驱动系统工程技术研究中心	无锡威孚精密机械制造有限责任公司
江苏省大型聚烯烃装置用压缩机工程技术研究中心	无锡压缩机股份有限公司

(三) 产业特点与水平

无锡高端装备产业发展呈现出以下特点:

(1) 研发能力逐步增强。通过自主创新,吸收、消化国外先进技术,无锡企业研发、制造出一大批科技新产品,多家企业产品获得国家和省各类奖项。2018 年,7 家企业的 12 个项目获得国家首台(套)保险补贴,累计已有 15 个项目;18 个项目通过江苏省首台(套)重大装备认定,累计已有 108 个项目；7 个项目获得江苏省首台(套)重大装备示范项目奖励，累计已有 33 个项目；1 家企业中标江苏省高端装备赶超工程项目，累计已有 4 个项目。在高端装备领域初步形成了涵盖高端装备零部件、整机及系统集成在内的较完整的体系，拥有一批龙头企业，如天奇、先导、奥特维、贝斯特等，在物流装备、光伏装备等不同领域占有龙头地位，法尔胜、透平叶片获评工信部"制造业单项冠军"示范企业。

(2) 智能化水平稳步提升。随着制造业数字化、信息化建设步伐加快，自动化生产线、数字化车间建设加速，全市智能装备制造企业紧抓发展契机，加大科技创新和研发投入，取得了初步成效。江阴华新电器科技股份有限公司被列为工信部强基工程伺服电机"一条龙"应用计划示范企业；远东智慧能源股份有限公司研发的"华龙一号"堆型用壳内和壳外核级电缆实现了核电关键技术国产化；无锡中铁城轨装备有限公司自主设计制造的"拥江号"泥水平衡盾构机在国内同时采用长寿命立体式刀具布置技术、预制口字件同步施工及管路延伸浆液零排放快速回收技术的盾构机尺寸类型中直径最大；申锡机械有限公司被科技部授予"中国产学研合作创新示范企业"称号，成为国内高空机械与吊篮行业唯一获此殊荣的民营企业；华科大无锡研究院首创国内"大型构件多机器人加工技术"入选"2018 中国智能制造十大科技进展"。

(3) 海外市场逐步推进。2018 年以来，虽然中美贸易摩擦对装备产业有一定的影响，但得益于"一带一路"在沿线各国的不断推进，无锡装备产品在东南亚、中东、北非、欧美等地的出口都有所增长，通用机械、专用机械和电工器材等传统出口产品不降反增。2018 年，全市装备产业实现出口交货值 897.9 亿元，同比增长 16.4%，高于全市工业平均增幅 7 个百分点；高端装备产业实现出口交货值 206.4 亿元，同比增长 24.5%，高于全市工业平均增幅 15.1 个百分点。无锡华光电力先后在东南亚、中东欧、南美洲等 20 多个国家和地区，承接了数十个不同类型的发电厂 EPC 总承包和 OM 营运管理项目；远东智慧能源成功签约位于"21 世纪海上丝绸之路"瓦努阿图和非洲明珠赞比亚的智慧机场项目。

(4)“世界内燃机”聚无锡。2018 年 11 月 9—11 日,由中国科学技术协会、中国工程院和江苏省人民政府指导,中国内燃机学会、无锡市人民政府主办的 2018 世界内燃机大会在无锡成功举行,这是内燃机行业的首届世界性大会。大会汇聚全球内燃机行业的顶级专家、最新技术和产品,到会有 35 位中外院士、156 位行业专家和知名企业家、150 名国外嘉宾,大会实际业内参会人数超过 1 500 人。虽然是首次举办,但规模超过预期,在国内外内燃机界引起了广泛关注,赢得了到会领导、专家和业内人士的普遍赞誉,被称为国际内燃机界最高水平、最全领域的“奥林匹克大会”。“世界内燃机大会”聚会无锡,充分展示和肯定了无锡市装备制造业特别是内燃机行业、“两机”行业企业的风采和水平。

(四) 细分产业领军企业

无锡装备产业中有一批企业,在“专精特尖新”的路上稳扎稳打,在细分行业内有一定的地位和话语权。据中国企业联合会、中国企业家协会、中华全国工商业联合会等权威机构发布的榜单,无锡市的远东控股集团、法尔胜泓昇集团、华宏实业集团、双良集团入围中国企业 500 强;远东控股集团、法尔胜泓昇集团、华宏实业集团、双良集团、扬子江船业集团、大明金属制品公司入围中国制造业企业 500 强;远东控股集团、法尔胜泓昇集团、双良集团、扬子江船业集团、华宏实业集团入围中国民营企业 500 强。

表 6-3　高端装备重点企业情况

企业	主要情况
双良节能系统股份有限公司	双良节能是中国中央空调行业的领导企业之一,专注“节能、节水、环保”领域的技术创新和业务拓展,拥有强大的技术优势,已获得 96 项发明和实用新型专利,公司主导产品全部拥有自主知识产权,是溴化锂制冷机国家标准的制定者。公司被中国制冷协会誉为“挽救了中国溴化锂制冷机行业”,被央视聚焦纪录(央视纪录片《大国重器》),誉为“造福人类,大国重器”。2016 年 12 月,公司获得国务院设立的中国工业最高奖项——中国工业大奖;2017 年,公司被工信部授予“服务型制造示范企业”称号,公司的溴化锂机组荣获中国制造业单项冠军。2003 年上交所上市

续　表

企业	主要情况
无锡透平叶片有限公司	透平叶片是国内领先、全球知名的透平叶片专业供应商，主要为大型电站汽轮机、燃气轮机、航空发动机及各类透平动力装备提供各种叶片。其电站汽轮机大叶片国内市场综合占有率达 70%，产品品种覆盖率达 95%，全球电站大叶片市场综合占有率达 60%；在航空领域实现多项具有国际同等水平的标志性产品，与中航工业集团、GEA、Rolls-Royce 等国内外知名航空公司建立了战略合作业务关系。透平叶片在央视纪录片《大国重器》第一季、第二季均获出镜，2018 年获评工信部“制造业单项冠军”示范企业。2006 年，港交所上市
无锡先导智能装备股份有限公司	先导智能是全球新能源装备的龙头企业，涵盖锂电池装备、光伏装备、3C 检测装备、智能仓储物流系统、汽车智能产线等五大业务。2015 年 5 月 18 号，先导在深圳创业板上市，市值近 300 亿元。2019 年 3 月，国际知名指数编制公司 MSCI 宣布，未来将中国 A 股在 MSCI 全球基准指数中的纳入因子提升至 20%，并优选了 168 只个股作为 MSCI 中国中盘 A 股指数的潜在成分股，先导智能作为新能源高端装备制造业优秀代表入选。2015 年，深交所创业板上市
天奇自动化工程股份有限公司	天奇自动化主要从事自动化物流装备研发与生产，以自动化物流装备的咨询、设计、制造、服务为主业，为汽车、机场物流、商业配送等行业提供一体化解决方案，是国内自动化物流技术装备行业龙头企业，一直为一汽大众、长安福特、长安铃木、广汽本田、广汽日产、一汽丰田、华晨汽车、美国福特汽车、日本丰田汽车、法国标致、印度 TATA 汽车、米其林轮胎等高端用户提供自动化生产制造系统及系统解决方案。 通过技术创新发展，公司获得自动化输送装备相关技术授权专利 1 156 件，其中发明专利 134 件，软件著作权 26 件。先后主持、参与制定多项国家和行业标准。先后完成国家火炬计划 3 项、国家重点新产品 3 项、江苏省重大科技成果项目 2 项，拥有高新技术产品 16 项。获得有国家科技进步二等奖 1 项、教育部科技进步二等奖 1 项、江苏省科技进步一等奖 2 项等各级奖励。2004 年深交所中小板
远景能源科技有限公司	远景能源已经成为全球领先的智慧能源技术解决方案提供商，包括智能风机的研发与销售、智慧风场管理软件服务、智慧风电技术开发、智慧风电资产管理服务、智能电网、储能电池、能源管理系统等，研发能力和技术水平已处于全球领先地位。远景已陆续完成在丹麦奥胡斯、美国休斯敦、日本大阪，中国无锡、上海、北京、南京等地的全球战略布局。远景将风资源评估、风场设计、风场运维、资产管理等全生命周期透明化、数字化、信息化，结合智能控制、智能传感、云服务、大数据等技术，为客户构建“智慧风场全生命周期管理平台”。作为全球智慧能源管理领域的技术领跑者，远景能源未来将借助智能控制、智能传感、云计算、大数据和能源管理等技术，积极构建全球智慧能源蓝图，推动传统能源领域的智慧变革

续 表

企业	主要情况
中国船舶重工集团公司第702研究所	702所建有功能齐全、配套完整的大中型科研试验设施近30座,设有两个国家级重点实验室、两个国家级检测中心、一个国家能源海洋工程装备研发中心和一个省级重点实验室,主要从事船舶及海洋工程领域的水动力学、结构力学及振动、噪声、抗冲击等相关技术的应用基础研究,以及高性能船舶与水下工程的研究设计与开发。702所坚持科技创新,成功研制了大深度载人潜水器、掠海地效翼船、小水线面双体船、水翼船、援潜救生设备、Z形全回转推进器、高速游艇、水上游乐设施、环保型保温棉生产线、以蓝藻打捞与处理、生态清淤装备为代表的水环境治理装备等系列产品,开发了SHIDS船舶性能设计系统等专用软件。许多科研成果已转化为产品或应用于船舶设计、建造和标准规范的编制中,为我国船舶和海洋工程事业及地方经济发展作出了重要贡献
中国航发动力控制系统研究所	中国航发动力控制系统研究所是国家唯一为航空动力装置提供控制系统产品与完整解决方案的研究中心。所内建有航空动力控制系统航空科技部级重点实验室、航空宇航科学与技术博士后工作站,设有动控系统总体、软件、电子、机械液压、燃油与作动子系统、传感子系统、系统试验、环境试验等专业;拥有国内领先的专业研发条件和各型发动机全权限数控系统半物理模拟、综合环境、电磁兼容及功率分出轴等大型试验设备。产品研制、生产与预先研究覆盖了航空、舰船、导弹、燃机等多个领域
无锡航亚科技股份有限公司	航亚科技是一家为满足全球航空工业发展需要而创建的航空发动机零部件制造企业,主要产品有:压气机叶片、整体叶盘类、盘件类、机匣加工等航空发动机零部件产品。公司通过引进以色列先进叶片精锻制造技术,具备较强的特种材料成型、精密数控加工、高精度测量及特种加工工艺能力,公司具有20多项发明专利及实用新型专利。其中,核心技术中的航空发动机压气机叶片精锻制造技术、整体叶盘数控近净成型加工技术等在国内处于领先水平,已成为中国航发集团、法国赛峰集团、美国GE航空集团、英国罗尔斯-罗伊斯等国内、外主流发动机公司的叶片、机匣、涡轮盘等产品的重要供应商
飞而康快速制造科技有限责任公司	飞而康是目前国内规模最大、技术实力最强的集高端钛合金粉末原材料制造、金属3D打印加工制造服务、热等静压成形、机加工、产品测试于一体的金属增材制造全套解决方案提供商。其自主生产的航空级钛合金粉末为国内首家通过CAAC适航认证并成功应用于C919飞机,公司医疗级义齿加工所需钛合金粉末获CFDA认证。公司已完成近3万件零件的制造,建立拥有10多种3D打印材料全面力学性能数据库,产品材料覆盖钛合金、铝合金、高温合金、各类钢材。2017年5月,飞而康生产的38件3D打印钛合金零件伴随C919,成功完成首飞,引起全球范围内行业重点关注。目前,公司打印产品成功应用于C919大飞机、长江1000发动机、200 MW燃气轮机及多种型号军机

（五）产业平台建设

无锡全面实施高技术装备科技攻关计划，发挥在锡国家级各类科研院所作用，实施“一所一策”，加强产学研联合，依托在无锡的科研机构，重点突破“两机”关键材料及部件研发制造技术、高端船舶和海工装备研发制造技术、数控机床研发制造技术、自动控制系统集成技术等。

2018 年，该产业领域在国家、省市层面科技立项数量增长明显，科技研发投入增长 10%以上。企业创新能力明显提高，行业内规模以上企业研发机构覆盖率达到 90%以上，累计认定 11 家国家级企业技术中心和 112 家省级企业技术中心，拥有国家船舶材料质量监督检验中心、国家环保设备质量监督检验中心、国家桥门式起重机械产品质量监督检验中心、国家纺织机械产品质量监督检验中心、国家油泵油嘴产品质量监督检验中心、国家增材制造（3D 打印）产品质量监督检验中心等国家级检测机构。

表 6－4　国家级企业技术中心名单

序号	企业名称	所属区县
1	天奇自动化工程股份有限公司	惠山
2	无锡透平叶片有限公司	惠山
3	凯龙高科技股份有限公司	惠山
4	无锡威孚高科技集团股份有限公司	新吴
5	无锡尚德太阳能电力有限公司	新吴
6	无锡华光锅炉股份有限公司	新吴
7	远东电缆有限公司	宜兴
8	江苏俊知技术有限公司	宜兴
9	双良集团有限公司	江阴
10	法尔胜泓昇集团有限公司	江阴
11	中船澄西船舶修造有限公司	江阴

无锡和清华、华科大、上海交大、南航等国内多所知名院校共建研究院所，助力企业转型升级。华科大无锡研究院成立 6 年多来，已建成“两机”、智能装备、精密制造、机器人等技术研发团队，孵化衍生了中车时代智能装备、黎曼机器人等创新创业企业。清华无锡应用技术研究院在无锡建立“燃

气轮机维护维修工程技术中心”,通过对维护维修技术的研究开发,为中国燃气轮机用户提供除OEM商外的第三方解决方案,打破国外企业垄断、减少燃机用户的维修服务成本。

三、无锡推进高端装备产业发展政策举措

大力培育和发展高端装备制造业,是提升无锡市现代产业核心竞争力的必然要求,是抢占未来经济和科技发展制高点的战略选择,对于加快转变经济发展方式、实现无锡市由装备大市向强市转变具有重要战略意义。

(一) 明确发展目标定位

为大力推动高端装备产业的发展,无锡市在多项政策中明确了高端装备产业的发展目标定位:

(1)《市委市政府关于建设“三地三中心”加快推进产业转型升级的意见》(锡委发〔2013〕29号),把高端装备制造业列为无锡市新兴产业重点发展领域之一,无锡开始建立高端装备产业企业库,对高端装备产业运行情况进行统计分析。

(2)《市委市政府关于以智能化绿色化服务化高端化为引领全力打造无锡现代产业发展新高地的意见》(锡委发〔2015〕40号),提出要重点聚焦高端装备制造产业等七大先进制造业领域,加快产业结构调整。

(3)《无锡市推动长江经济带高质量发展三年行动计划(2018—2020)年》(锡委发〔2018〕70号),要求加快培育发展战略性新兴产业,做大做强已具规模的优势产业,积极扶持正在成长的新兴产业,超前谋划布局处于萌芽状态的未来产业,重点推动包括高端装备制造在内的新兴产业发展。

(4)《关于加快推进先进制造业重点产业集群发展的实施意见》(锡委发〔2018〕84号)、《关于印发〈无锡市先进制造业集群发展指导规划〉的通知》(锡政办发〔2018〕116号),提出高端装备要形成国内领先的产业集群。

(二) 明确政策资金扶持

无锡市在明确高端装备发展定位的同时,明确给予高端装备产业相应的政策资金扶持:

(1)《关于深入实施创新驱动核心战略加快建设科技创新高地的若干政策措施》(锡委发〔2018〕53 号),鼓励“两机”关键部件、深远海装备等先进制造业组织实施产业前瞻与关键共性技术研发计划,单个项目给予最高 500 万元的研发资助。

(2)《关于进一步降低企业负担促进实体经济高质量发展的若干意见》(锡委发〔2018〕78 号),从税费、用电用地、用工、物流、融资、创新、经营、制度性交易等多个方面帮助企业降低成本。

(3)《关于大力发展工业互联网深入推进智能制造的政策意见》(锡委发〔2019〕18 号),鼓励加快智能化技术装备的推广应用,鼓励智能制造服务商做大做强。

(4)《关于进一步深化现代产业发展政策的意见》(锡委发〔2019〕19 号),支持首台(套)重大装备应用,对通过省级及以上“首台(套)重大装备及关键部件”认定的项目,给予最高不超过 50 万元的一次性奖励,对获得工信部或江苏省重大装备(首台套)保险补贴的项目,按照实际投保年度保费的 15%给予补贴,最高不超过 100 万元。

四、无锡装备产业发展面临的主要瓶颈和挑战

(一) 主要瓶颈

(1) 大型龙头企业数量与体量均不足。从重点企业看,无锡市有远景能源、上汽大通、远东、博世、一汽锡柴等企业产值超过百亿元,仅占全市装备制造规模以上企业总数的 0.2%,和三维柴动力、三一重工、中联重工、徐工机械等国内著名企业相比相差甚远。同时,由于无锡市装备产品配套零部件多、成套整机少的特点,使得装备行业还没有形成以大型主机制造企业为核心、上下延伸、专业化水平高、规模带动效应明显的产业链,影响了产业的综合经济效益和竞争力。

(2) 产品附加值与知名度不高。近年来,不少无锡装备企业通过加大研发投入、开发新品、提升质量等手段不断提升产品层次,在细分领域内占据了一定的行业地位。但整体来看,无锡装备高技术含量、高附加值产品供给不足,产品主要集中在劳动密集型的低附加值产品领域,规模偏小,专业化水平较低。不少企业研发投入不足、生产装备现代化程度不高,缺少持续发展的后续手段,缺乏对产品定价的话语权,容易陷入和同行的同质化竞争和价格战之中,以致形成恶性循环。

(3) 企业创新能力不够强。总体来看,无锡装备企业自主创新投入不足、关键技术自给率较低,特别是科技型龙头企业数量少,核心技术欠缺、研发能力不强。一是部分企业创新意识不足,仍处在跟随模仿的阶段,忽视新产品开发研制,以挣快钱为目标,不愿意沉下心做技术积累;二是部分中小企业心有余而力不足,对于创新高企的机会成本和前期投入,难有支撑实力;三是目前来看,知识产权保护还没有得到很好的落实,企业的创新成果难以取得相应的回报,使得部分企业裹足不前。

(二) 主要挑战

(1) 发展空间受限。尤其对于无锡来说,土地开发强度为全省最高,建设用地总规模已突破 2020 年土地利用总体规划控制目标;无锡全区域都是三类以上太湖保护区,其中二类以上占 50%,环境保护的压力非常大。

(2) 高端人才不足。无锡高校资源匮乏,在整个制造领域里凸显人才不足,对外招引与自身培养都遇到不少困难,特别是行业技术领军人才奇缺。面对当前全国各地纷纷出台吸引人才政策的局势,无锡一方面要招引人才,一方面要防止人才外流,面临着人才缺失双重压力。

(3) 周边城市竞争。近年来,无锡周边城市在经济发展上都有长足的进步,如南通的海工装备,苏州的智能装备,常州的机器人、轨道交通装备,南京的电力装备、轨道交通装备均发展迅猛,形成了相当的规模和特色。

(4) 传统路径依赖。无锡传统机械制造业较发达,在奠定良好制造业基础的同时,也带来了在产业转型升级中发展路径依赖性强、惯性重的矛盾,尤其在发展模式的破旧立新上挑战不小。

(5) 发展理念落差。无锡企业家具有较好的务实、稳妥发展的传统观念,但也存在保守、过于谨慎、小富即安、小胜即满的个性特点。面对高端装备业应具有的开放、开拓、大胆创新精神与高瞻远瞩的格局,无锡企业家要适应时代与高端产业发展的需求,实现自我突破与解放。

五、2019 年高端装备产业的主要发展趋势

(一) 发展环境分析

1. 国际高端装备制造业发展趋势

一是高端装备制造领域竞争进一步加剧,各主要经济体均提出了“类中国制造 2025”战略。鉴于装备制造业产业关联度较高,美国、日本、德国等制造业强国普遍加大对装备制造业的支持力度,更加注重对高端技术装备研发、设计和制造技术的掌控,更加重视用高新技术优化提升传统装备制造业,以保持产业高端优势。可以预见,高端装备制造业将成为全球制造业的竞争焦点之一。二是产业分工和布局调整加快。发达国家为吸引制造业投资、降低本国制造业成本,大多出台了一系列关于土地、财税、人才、水电、基础设施等优惠政策。发达国家制造业的综合要素成本与中国的差距正越来越小。与此同时,随着国内人力、土地、环境、能源、资源等要素成本全面上升,在华跨国公司制造业加快向低成本发展中国家转移。跨国公司在进行加工贸易转移的同时,与之相配套的供应链和服务企业也相继转移。三是新兴技术与装备制造业加速融合。物联网技术的发展将推动传统装备产品智能化、生产过程智能化和产品服务智能化,并不断催生出新的产品门类和业务领域。网络化制造贯穿于技术开发、设计制造、销售服务等产品全寿命周期。极限制造将高速发展,集中表现在微细制造、超精密制造、巨系统制造等,并有可能成为装备制造技术发展的重要领域。纳米新材料的应用,各类新测试技术、评价技术、制造技术和控制技术的支持,将促进装备制造业的生产技术和制造体系发生巨大变革。

2. 国内高端装备制造业面临的挑战

一是严峻的"脱实向虚"挑战。从国内环境来看,以制造业为代表的实体经济面临着严峻的"脱实向虚"挑战,企业家对制造业的投资意愿下降,导致制造业等实体经济发展出现停滞或萎缩现象,长期来看会动摇制造业等实体经济根基,导致"产业空心化",对当前经济增长新动能的培育形成带来巨大的负面冲击。二是贸易摩擦影响扩大。为保护本国经济利益,一些发达国家在投资、金融、环保、技术标准、技术输出等方面设置壁垒,国际贸易摩擦呈现日渐频繁的趋势。中美之间的贸易摩擦,给装备产业直接或间接带来了诸多影响。三是投资拉动难以持续。我国装备制造业前期的高速发展有赖于投资拉动,由此产生资源配置不够合理、重复建设较为严重等问题。未来几年,政府财政很难再持续加速投入,受制于政策性投入减少和市场需求放缓等因素,民间投资会持谨慎态度,前期超高速增长的部分装备子行业可能会出现产能过剩情况。四是面临新旧动能的转换。近年来在国家政策的引导下,我国高端装备制造业在核心技术攻关方面取得了重大突破,高铁动车组、国产大飞机、特高压输变电等领域核心技术均达到世界领先水平。但是相比之下,基础原材料、关键零部件制造、软件控制系统等基础制造领域仍与国际先进水平存在较大差距。

3. 我国高端装备制造业发展机遇

一是政策支持带来新发展。习近平总书记指出,装备制造业是一个国家制造业的脊梁。党的十九大报告提出"建设现代化经济体系,必须把发展经济的着力点放在实体经济上","加快建设制造强国","推动互联网、大数据、人工智能和实体经济深度融合"等,把振兴实体经济放在了重要位置。《中国制造 2025》强调高档数控机床和机器人、航空航天装备、海洋工程装备、轨道交通装备等多个高端装备制造领域要进行技术突破,并提出装备制造业向智能化、绿色化转变的重要趋势,全方位描绘了我国高端装备制造产业发展的路线。二是扩大内需带来新空间。未来几年,我国仍处于工业化、城镇化加速发展阶段,对各类装备产品的需求依然旺盛。扩大内需成为国家基本战略方向,民生工程、基础设施建设投入将显著加大,这将为无锡市装备制造业发展带来巨大的市场空间。三是结构调整带来新动力。新能源、新材料、医药和生物技术、节能环保、物联网等战略性新兴产业的培育发展，以及冶金、石化、轻工、纺织、建材等传统产业的转型升级，将带动一大批装备产品的更新换代，这将为无锡市重大技术装备的创新升级带来新的市场机遇。四是区域联动带来新活力。无锡列入"中国制造 2025"江苏省苏南城市群城市试点示范，提出以整机带动实现集群化、以自主创新促进高端化、以信息技术带动智能化等手段，将大力发展"两机"、高端船舶和海工装备、智能装备等，加快发展高端装备制造业。五是贸易摩擦带来新机遇。短期来看，中美贸易摩擦对装备制造企业造成了一定的影响；长期来看，国产装备可借此机会加强推广，获得更多的应用机会，加快产品迭代、提升产品质量，逐步改变目前市场上国产装备"有而不用"的问题。

（二）发展趋势预测

据中科院西北研究院发布的《2017 中国高端装备制造业年报》统计数据显示，2017 年我国高端装备制造业销售收入超过了 9 万亿元，在装备制造业中的占比提高到了 15%，复合增长率达到了 32.3%，实现了又一次跨

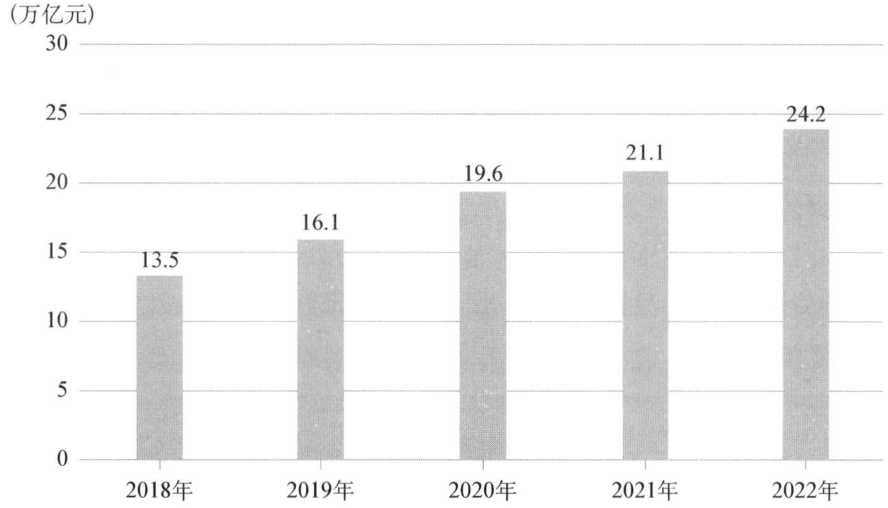

图 6-2　2018—2022 年中国高端装备制造业生产总值预测

越式增长。以此增长率来推算,到 2022 年高端装备制造业销售收入将达到 20.7 万亿元,在装备制造业中的占比将提高到 25%,高端装备制造业的前景看好。

(1)“两机”产业:据估算,军民用航空发动机市场需求合计每年约 900 亿元,此外国内燃气轮机市场容量达 300 亿元,“两机”产业发展空间极为广阔。已经落地实施的“两机”国家科技重大专项直接投入在 1 000 亿元量级,加上带动的地方、企业和社会其他投入,专项投入总金额至少 3 000 亿元。行业有望保持较好增长趋势。

(2)智能装备:在适龄劳动力数量减少、劳动力成本持续上升、自动化设备技术水平不断提高和我国产业结构面临转型调整压力等因素的综合影响下,智能装备产业作为实现《中国制造 2025》规划、推动我国工业转型升级的基石产业,受到了各级政府的高度重视,产业扶持力度不断加大,行业有望保持快速增长趋势。

(3)高端船舶和海工装备:2018 年,全国船舶工业呈现出三大造船指标保持领先、骨干船企竞争力不断提高、过剩产能有效压减、船舶修理业运行良好、新型海工装备快速发展、船配产品研发不断取得新突破的良好局面。但受世界经济和航运市场复苏动能减弱、新船市场深度调整的影响,融资难、盈利难、接单难等深层次问题仍然存在,2019 年船舶工业面临的形势依然严峻。

2019 年,市场需求低迷、生产成本上升、中美贸易摩擦等问题,将对高端装备产业的发展产生较大影响。预计 2019 年全年无锡高端装备产业经济运行总体将放缓,工业总产值、主营业务收入、利润总额增速都将有所回落。

六、实现无锡高端装备产业高质量发展的对策建议

(一)规划引领整体布局

针对重点培育的“两机”等产业,尽快出台专项规划和扶持政策,提前做好顶层设计,坚持有所为、有所不为,突出重点,布局重大项目。利用已有的产业基础进行重点招商,实施造链强链补链延链工程,引导企业集聚发展,

提高产业的整体竞争能力，加强集群内企业的相互合作，促进企业创新能力的提高，并能形成资源共享的效应。

（二）大力推动科技创新

一是推进重大平台建设。依托各级园区建设公共技术平台，推动企业加强核心技术自主创新和引进技术消化吸收再创新，支持重点企业收购兼并海外科技企业和研发机构，建立海外研发基地。二是加强产学研合作。支持重点企业依托科研院所搭建产业共性技术研发平台，建设国家重点实验室、国家工程技术中心和企业技术中心等，积极承接科研成果，探索加速成果转化的新机制。

（三）超前培育高端产品

鼓励有条件的企业以国家重大专项为依托，瞄准国家重点扶持的“两机”、机器人、增材制造、人工智能、智能制造等新兴产业和新兴技术，积极参与高端项目的引进、高端产品的开发等。根据不同行业的需求，量身定制政策措施，努力抢占新一轮新型产业发展的先机，为今后的发展做准备，确保产业新旧功能转换不脱节。

（四）强化人才引育力度

不断升级人才引育的政策措施。一是引进符合产业导向、掌握关键核心技术、拥有自主知识产权的装备制造业领军人才、高层次创新人才和创新团队；二是引进并培养一批熟练掌握生产技术和工艺的高技能人才，以及一批复合型经营管理人才；三是依托各类创新平台，促进企业加快中高端装备人才培养，提升人才队伍层次。

（五）积极推进两化融合

充分发挥无锡在物联网产业上的优势，在装备行业中大力推进两化融合。一是推动企业加快智能化改造升级,从关键环节和关键工序开始逐步进行工艺流程改造、装备智能化升级等,建立各具特色的智能制造模式;二是发展智能装备及关键零部件产品,加强新型传感器、工业软件、智能控制等技术和产品在智能装备中的集成应用,提升产品技术含量和智能化水平。

(六) 加强质量品牌建设

一是鼓励企业追求卓越品质,形成具有自主知识产权的名牌产品,不断提升企业品牌价值和无锡装备制造整体形象。二是引导企业制定品牌管理体系,围绕研发创新、生产制造、质量管理和营销服务全过程,提升内在素质,夯实品牌发展基础。打造一批具有无锡特色、竞争力强、市场信誉好的装备产品品牌。三是建设品牌文化,引导企业增强以质量和信誉为核心的品牌意识,树立品牌消费理念,提升品牌附加值和软实力。

(七) 提供优质政府服务

政府着力营造促进企业公平竞争和诚信经营的市场环境,清理有违市场公平的政策措施。一是进一步放宽市场准入,在税收、贷款、市场监管和政策扶持上对各类市场主体切实做到一视同仁;二是针对不同类型、不同阶段的企业的不同需求,提供个性化的服务,加强对重点产业、重点项目的引导和扶持;三是进一步减轻企业负担,确保政府出台的各项减负政策及时足额兑现。

作者:无锡市工业和信息化局装备与消费品产业处、无锡市新产业研究会

专项报告 B：无锡汽车产业发展现状及对策建议

汽车产业作为国民经济重要的支柱产业，是实现“中国制造 2025”的重要载体，也是体现国家竞争力的标志性产业，同时是制造业中产值最大、产业链最长、相关的产业最多的一项。一辆汽车一般有两三万个零部件组成，汽车零部件是汽车产业的重要组成部分，在汽车产业链中扮演着重要角色。

无锡的汽车产业发端于 20 世纪初，尤其是动力制造业已有上百年的历史。中华人民共和国成立后，无锡的动力制造和汽车及零部件产业有了长足发展，产生了以柴油机、增压器、油泵油嘴、内燃机配件为代表的一批名优特新产品。无锡柴油机厂、无锡油泵油嘴厂、无锡动力机厂等一批企业在行业中名列前茅。改革开放以来，无锡的内燃机、动力、汽车及零部件制造又有了较快发展，逐步形成了主机企业和零部件企业协同发展、国内市场和海外市场相得益彰、产品升级换代和技术改造步伐加快、企业转型发展和现代管理不断推进的新格局。目前，全市建成了“国家火炬计划无锡新区汽车电子及部件产业基地”和惠山区“江苏省汽车零部件产业基地”两个汽车产业基地。

近年来，无锡市明确把先进制造业作为重点扶持和发展的方向，汽车及零部件产业成为无锡市重点发展的五大支柱产业。重点发展新能源机车等先进制造业，发展电池、电机、电控等电动汽车的关键核心部件，研发生产客车、电动车产品，掌握核心技术，培育无锡整车品牌，全力构建以新兴产业为先导、先进制造业为主体、现代服务业为支撑的现代汽车产业新体系。

2018 年 11 月 9 日，国际内燃机界“奥林匹克大会”——2018 世界内燃机大会在无锡隆重召开，充分体现了无锡内燃机产业的国际地位。

一、无锡汽车产业发展的现状和水平

(一) 汽车及零部件产业发展情况

1. 基本情况

无锡市形成了以惠山区为核心,覆盖江阴市、梁溪区、锡山区、滨湖区、新吴区的产业集聚发展格局。截至2018年年底,无锡市汽车产业规模以上企业300余家,拥有整车(含新能源汽车)生产企业5家,江苏省汽车产业基地1家。无锡4家企业(一汽锡柴、威孚高科、江南模塑、通用股份)进入2018年国内汽车零部件企业百强榜单。2018年,无锡市汽车及零部件行业实现主营业务收入1 142.47亿元,同比增长5.21%,实现利润77.39亿元,同比下降12.94%。其中,上汽大通生产整车83 966辆,同比增长17.32%;销售整车83 698辆,同比增长17.23%;销售收入90.14亿元,同比增长12.5%;利润总额5.9亿元,同比下降18.3%。

无锡市汽车及零部件产业形势继续保持平稳,整体进入微利滞涨时代,主要是受到原材料和用工成本增加、终端销售价格下降双重挤压的影响。今后,需要通过新技术、新产品、新模式助力行业(企业)突破。

2. 产业链配套情况

目前,无锡市汽车及零部件产业涵盖发动机、底盘、汽车电子电器、汽车内外饰等细分领域,形成了较完善的产业链,其中在内燃机、燃油喷射系统、尾气后处理等方面处于国际领先地位。

在内燃机方面,拥有一汽锡柴、明恒动力、四达动力等行业领导企业。一汽锡柴创建于1943年,是中国现存历史最悠久的发动机企业,公司具备年产47万台发动机生产能力,公司产品奥威CA6DM2(11升)、CA6DM3(13升)发动机产品市场份额高居国内前三;明恒动力是云内动力集团和科力远混合动力技术有限公司合资成立的有限责任公司,注册资本6亿元,其中云内动力是我国多缸小缸径柴油机行业的龙头企业;四达动力为内燃机行业十佳名优品牌企业、中国内燃机工业百年成就奖获得者,四达牌系列柴油机先后获得“中国名优产品”“江苏省高新技术产品”“江苏省品牌产品”和

“国家免检产品”等称号。

在燃油喷射系统方面，拥有威孚高科、博世汽柴、无锡油泵油嘴研究所等行业领导企业和研发机构。威孚高科创建于 1958 年，是国内汽车零部件的著名生产厂商，公司喷油器总成、净化器、多缸泵、增压器等产品位居国内细分行业前列；博世汽柴是威孚集团与德国博世集团合资公司，是德国博世柴油系统在中国的研发基地、技术中心，公司燃油喷射系统位居细分行业第一；无锡油泵油嘴研究所是我国汽车发动机核心技术领域研发水平最高、国内唯一能够提供柴油机电控燃油喷射系统整体解决方案的领军型科研机构，汇集国内一流的汽车发动机和电子控制专家，攻克了电控共轨系统这一世界级难题，使我国成为继德国、美国、日本之后掌握该项技术的第四个国家。

在尾气后处理方面，拥有凯龙高科、威孚力达等行业领导企业。凯龙高科是全国内燃机标准化技术委员会柴油机 SCR 尾气处理工作组组长单位，是国内燃机尾气污染治理行业产业链最完整的企业之一，在柴油机 SCR 系统集成、催化消声器、尿素泵、尿素喷射控制器(DCU)、尿素喷嘴、尿素罐、催化剂及载体等系列产品上都具有较强的研发设计和生产能力；威孚力达是威孚高科控股子公司，公司集后处理系统集成和催化剂于一体，提供催化剂、净化器(含 SCR、DPF)和消声器三大系列多个品种的后处理产品，均处于国内领先地位，是中国自主品牌汽车后处理市场重要供应商。

在汽车零部件其他细分领域，无锡市企业同样具有国内领先地位，如：增压器方面，拥有康明斯、蠡湖股份、贝斯特精机、烨隆精密等企业；在汽车内外饰方面，拥有模塑集团、华光集团、吉兴集团等企业；在轮毂轮胎及附件方面，拥有戴卡轮毂、通用股份、普利司通、创新气门嘴等企业；在汽车装备制造方面，拥有天奇股份、先导智能等企业；在材料方面，拥有兴澄特钢、亚太轻铝合金等企业。

3. 产业国际化水平

20 世纪 90 年代以后，经济全球化的进程显著加快。在这个过程中，汽车产业是领先且最具典型意义的产业之一。国际汽车产业发展新格局的出现,使中国汽车产业发展的外部环境发生了根本性变化。看好中国的庞大市场,越来越多的外资汽车零部件企业落户中国,基于无锡深厚的制造业基础和完善的汽车产业链配套,其中很多国际知名汽车零部件企业纷纷落户无锡。

至2018年年底,全球汽车零部件百强企业中博世、电装、爱信精机、现代摩比斯、佛吉亚、法雷奥、住友电工、捷太格特、康奈可、德纳、英飞凌、康明斯等均在无锡建立独资或合资公司。其中,德国博世建有博世汽车柴油系统股份有限公司、博世汽车系统(无锡)有限公司2家公司,业务涉及燃油喷射系统、尾气后处理系统、48V电池等;日本捷太格特建有捷太格特科技研发中心(无锡)有限公司、无锡光洋轴承有限公司、光洋滚针轴承(无锡)有限公司、光洋汽车配件(无锡)有限公司、光洋电子(无锡)有限公司等10家公司,业务涉及转向系统、轴承研发,轴承、汽车用电控零部件、密封圈等的制造与销售。

4. 技术研发实力

建有国家级企业研发机构3个、省级企业研发机构12个,有国家级智能制造示范项目1个(一汽锡柴重型车用发动机智能制造项目)、省级示范智能车间9个,拥有国家级机动车辆及零部件检测重点实验室(隶属所在地无锡出入境检验检疫局)。

拥有350多项授权发明专利,行业研发投入占销售收入比重超过本地区平均水平50%以上。整车制造领域已掌握车身生产、涂装油漆、客车总装、整车检测、电动车整车控制、电机驱动和电池管理等关键核心工艺和技术;汽车零部件领域已掌握耐高温1 150℃材料、输送系统集成系列技术、汽车尾气后处理催化剂及载体技术、消声器技术、发泡橡胶技术、可缺气行驶技术、Ologic技术、全钢载重子午线轮胎生产工艺、柴油机整机设计技术、节油技术、冷试工艺、长换油技术、中空吹塑扰流板工艺、汽车模具标准化设计技术、喷射控制技术、防碰撞吸能技术、防侧翻转向技术和转向旋锻技术等关键核心工艺和技术。无锡市企业主导或参与制订的国际标准、国家标准或行业标准共30多项,拥有中国驰名商标5个、江苏省著名商标26个、江苏省名牌产品 17 个，形成了一批在全省、全国有较高知名度的本土自主品牌。

5. 智能制造实力

随着世界汽车工业的不断发展壮大，中国汽车制造业正在实现由弱到强的跨越。汽车是高新技术的结晶，在实施“中国制造 2025”国家战略的背景下，中国汽车企业纷纷通过智能技术的创新及产业链的变革来实现大环境下的汽车产业转型升级。无锡市企业在智能制造方面，通过制造自动化，扩展到柔性化、智能化和高度集成化来打造汽车企业未来的核心竞争力。

一汽解放汽车有限公司无锡柴油机厂的“重型车用发动机智能制造试点示范项目”，成功入围 2016 工信部智能制造试点，项目立足将重型车用发动机生产基地，打造成离散型智能制造工厂，通过自动化智能设备，集自动化、柔性化、集成化、智能化，提高生产效率，提高质保能力，降低制造成本，公司荣膺江苏制造突出贡献奖智能制造先进单位。2018 年，威孚高科启动智能制造试点项目，通过项目打通信息孤岛，实现数据互联，打造具有威孚特色的智能制造解决方案；项目结合共轨泵 20 万台（套）年产能的建设，新增共轨泵总成装配线、零件部装线，更多考虑装配线智能化、自动化与信息化的应用，从而提高生产效率，减少劳动用工，提高产品质量，减少工人工作强度，使制造过程更加可控透明、可预测，从而实现精确管理，公司“喷油泵智能装配车间”获评江苏省示范智能车间。在无锡戴卡轮毂的汽车轻量化轮毂智能制造车间里（江苏省示范智能车间），复杂的轮毂生产线井然有序，每只汽车轮毂都被打上二维码。有了“身份证”后，不仅在生产线上的每个环节能即时识别、精细操作，就算将来安装到汽车上，轮毂的安全状况也能掌握。无锡贝斯特精机股份有限公司在 2015 年就已投用智能工厂，通过自主研发高端机械加工、数字化车间系统，形成可广泛用于汽车及各类精密器件智能化、柔性化生产的系统，服务新型管理组织模式，实现物流、生产调度、库存、质量等事项的智能化管理。全员劳动生产率提升，营收增幅、利润率均超过 20%，企业被评为江苏省信息化与工业化融合示范企业。

6. 领军企业情况

(1) 上汽大通汽车有限公司无锡分公司。公司拥有冲压、车身、涂装、总装四大工艺车间,生产线均处国内商用车制造的领先水平,可实现多车型混线生产。产品主要为“上汽大通 MAXUS”品牌产品,包括 V80、G10、SUV、皮卡及专用车等,年产能达 20 万辆。产品以“国宾车”品质,多次服务于 APEC 峰会、G20 峰会、青奥会、博鳌亚洲论坛等国际级高规格会议。目前已有无锡博世、无锡曙光等 22 家无锡汽车零部件企业成为公司的供应商,同时上汽安吉物流、上汽汇众前桥、澳大利亚富卓、安谊车轮等企业也随之落户无锡。

(2) 江苏常隆客车有限公司。成立于 1999 年,前身是 1984 年成立的江苏箭牌客车制造厂。常隆客车目前是国内豪华大中型客车生产企业,也是国内最早研发纯电动客车并进入国家公告的重点企业。公司注册资本 3 亿元,占地 10 万平方米,主要生产中高档客运、公交系列客车,产品覆盖 6—18 米长度,具有年产 3 000 辆整车的能力。常隆客车是国内最早研发纯电动客车并进入国家公告的重点企业,是江苏省第一家获得国家新能源汽车生产准入资质的客车制造企业。2002 年,开发中国第一辆纯电动公交在中国第一条纯电动公交线路示范运行,是中国首辆示范纯电动客车,是国家 863 工程重大专项纯电动汽车的原型车。

(3) 无锡中车新能源汽车有限公司(原一汽客车无锡有限公司)。占地 32 万平方米,建筑面积 6.2 万平方米,具备年客车生产能力 2 500 辆。拥有成套国产和进口的落料、冲压、成形等零部件加工设备及底盘、焊装、涂装、总装生产流程线、整车性能检测线。2018 年,由中车集团公司和一汽客车(无锡)有限公司实施重组,计划总投资 8 亿元,中车时代电动汽车股份有限公司(中车电动)持股占比 57.01%,一汽客车的持股下降至 28.4%。完成新公司重组和部分厂区技术改造,一期正式投产,二期持续推进,形成 1 万辆新能源公交车、新能源客车、新能源通勤车的生产能力。

(4) 一汽解放汽车有限公司无锡锡柴汽车厂(简称锡柴改)。成立于 1993 年 6 月,是一汽集团在华东地区设立的改装汽车生产基地。主要产品分为四大系列，即凤凰牌自卸车、凤凰牌厢式运输车、凤凰牌专用车和凤凰牌半挂车。生产组织方式以流水线差异化生产，拥有自卸车生产流水线、翼开启生产流水线和半挂车生产流水线，并具有经国家公安部门认可的汽车检测线，年产销各类汽车 15 000 辆，销售收入 26 亿元。工厂以“创锡柴改装车专特品牌，造中国最好的改装汽车”为品牌目标，致力于改装车专特产品的研发、生产效能的提升和终端客户的拓展；凭借高质量的产品、良好的口碑和优质的服务，已逐步成为改装车领域的制造专家。

(5) 一汽解放汽车有限公司无锡柴油机厂(简称一汽解放锡柴)。公司创建于 1943 年，是中国现存历史最悠久的发动机企业，拥有两大发动机基地、发动机再制造基地和改装车生产基地四大厂区，具备年产 47 万台发动机和 5 000 辆改装车和 2 500 台再制造发动机的生产能力。一汽解放锡柴具有国内领先的自主研发能力，掌握多项关键核心技术，拥有奥威、恒威、康威、劲威四大品系，功率覆盖 40—550 马力，发动机市场保有量超过 400 万台。在国内重型发动机市场(350 马力以上)份额稳居行业前列，11 升发动机市场保持绝对领先，并荣获国家科技进步一等奖、国家科技进步二等奖、第十五届“全国质量奖”、无锡市首届市长质量奖、第三十三家“企业文化示范基地”等荣誉。先后成为江苏省首家卓越绩效孵化基地、2016 年工信部智能制造试点示范工程。

(6) 无锡威孚高科技集团股份有限公司(简称威孚高科)。公司创建于 1958 年，是国内汽车零部件的著名生产厂商，中国企业 500 强，拥有 9 家全资和控股子公司，净资产 134 余亿元，员工 8 000 余人，是业绩优良的 A、B 股上市公司。产品覆盖燃油喷射系统、尾气后处理系统、汽车进气系统三大板块，形成了有竞争力的汽车核心零部件产业链，喷油器总成、净化器、多缸泵、增压器等产品位居国内细分行业前列。公司集“国家级企业技术中心”“博士后科研工作站”“国家高技术研究发展计划成果产业化基地”于一身，主要技经指标连续 30 余年保持国内同行业领先地位，主导产品“锡字牌油泵油嘴”被评为“中国名牌”，“锡字牌”商标被评为“中国驰名商标”。

(7) 博世汽车柴油系统有限公司。公司由世界柴油喷射技术的领军者博世集团和中国柴油技术的领军者威孚集团联合投资建立，是专业制造、匹配和销售电控柴油喷射系统及其部件的企业，注册资本为2亿美元，现有员工3000名。公司具有世界一流的研发技术中心，其拥有发动机动态测量系统、底盘动态测量系统、排放测量及尖端产品开发和测量工具等先进的博世设备，是博世柴油系统在中国的研发基地、技术中心的培训中心。公司燃油喷射系统位居细分行业第一。

(8) 江阴模塑集团有限公司。公司始创于1984年，是江苏省首家中外合资的乡镇企业。经过30年的发展，今日之模塑，驰骋在集团化、资本化、国际化企业的跨越式发展道路上，已经成为一家跨国集团企业，涉足汽车零部件、机械制造、流通服务和健康医疗四大产业，布局亚洲、欧洲、北美洲、南美洲，中国国内7个省市，员工人数近8000人。公司是省级高新企业，A股上市公司。公司大力引进国外先进技术，加快发展高新技术产业，经济发展保持快速稳健的增长态势。2017年，在中国制造业企业500强榜单中排名第453位。其中，以轿车彩色保险杠为主要产品，年产量超300万套。市场占有率在21%以上，技术水平基本上与国际水平保持同步，在双色喷涂技术方面领先国际水平。

(9) 无锡戴卡轮毂制造有限公司。公司是由中信集团下属公司中信戴卡股份有限公司(央企投资50%)、江苏锦绣铝业有限公司(民企投资32%)与自然人(18%)三方合资组建的混合型经济企业。自2008年，连续9年汽车铝合金轮毂产销量世界第一；2016年，为全球汽车零部件100强第71位。为奔驰、宝马、奥迪、大众、标致-雪铁龙、雷诺-日产、通用、福特、菲亚特-克莱斯勒、丰田、本田、马自达、现代-起亚以及一汽、上汽、东风、广汽、北汽、长安等国内外主要整车制造商配套供货。在欧洲，半数以上的汽车上都有“戴卡制造”的零部件，具有较强的供货能力。

(10) 天奇自动化工程股份有限公司。公司是国家级高新企业，A股上市公司，建有国家企业技术中心。天奇致力于为国内外规模化产品的全生命周期提供高端智能化装备的解决方案和服务，广泛应用于汽车、家电、机场机床、内燃机、冶金、化工等众多行业，集团产业主要分为智能装备、新能源、循环事业三大领域,自动化事业部、重工事业部、仓储事业部、循环事业部、综合事业部五大事业部。从事智能自动化系统工程的设计、制造、安装和光机电一体化及环保工程的设计、施工;智能装备和机器人的设计、制造。天奇产品荣获国家科技进步二等奖。

(11) 无锡威孚力达催化净化器有限责任公司。公司从事催化剂的研发、生产、销售和技术服务,集后处理系统集成和催化剂于一体,技术水平、市场规模和生产能力均处于国内领先地位,是中国自主品牌汽车后处理市场重要供应商。公司建有国内领先的催化剂和后处理系统生产线,具备800 万件汽柴催化剂、800 万件摩托车催化剂、800 万件通机催化剂和 300 万套催化净化器年产能(其中歧管式净化器年产能 100 万套),产品达国四(欧 IV)及以上排放水平。公司近年承担了"汽车尾气超低排放技术""轻型车排放污染控制技术"等国家 863 项目和多个省部级重点科研项目,获得"国家科技进步二等奖""教育部科技进步一等奖"等重要荣誉。

(12) 凯龙高科技股份有限公司。公司拥有载体催化剂涂覆流水线、蜂窝陶瓷载体生产流水线、尿素喷射泵装配流水线、喷射控制器(DCU)流水线、泵罐一体式尿素配给系统装配流水线及催化器封装等多条流水线,具备尾气后处理系统完整产业链。开发生产了满足国六标准的柴油机后处理系统、车/船用柴油机选择性催化还原 SCR 系统、主/被动再生颗粒捕集系统(DPF)、CNG/LNG/LPG 后处理器、汽油机三元催化器、隧道/工业窑炉废气处理装置、汽车尾气加热系统、发动机智能温控冷却系统(ATS)、客车底盘集中润滑系统等高新技术产品。

(13) 无锡贝斯特精机股份有限公司。公司主要产品为涡轮增压器精密轴承件、涡轮增压器叶轮、涡轮增压器中间壳、发动机缸体等关键汽车零部件和用于汽车等领域的工装夹具。公司先后获得江苏省高新技术企业、江苏省五一劳动奖状、江苏省著名商标以及江苏省企业技术中心、江苏省信息化与工业化融合示范企业等荣誉称号。公司产品获国家重点新产品及无锡市科学技术进步奖。2015 年,公司高端装备和零部件智能生产车间被授予江苏省示范智能车间。2017 年,江苏省政府又授予无锡贝斯特"江苏省制造突出贡献奖”。

(14) 无锡蠡湖增压技术股份有限公司。公司主营业务为涡轮增压器两大关键零部件：压气机壳和涡轮壳的研发、生产与销售。涡轮增压器作为汽车等领域内燃机的重要配件，可提高汽油发动机近20%的燃油效率、柴油发动机近40%的燃油效率，从而有效实现“节能减排”的目的。公司是高新技术企业、国家火炬计划重点高新技术企业，建有“江苏省涡轮增压器壳体工程技术中心”和“江苏省企业技术中心”。

(15) 无锡油泵油嘴研究所(简称无锡泵所)。成立于1980年，主要从事内燃机燃油喷射系统、燃烧系统、进气系统、配气机构、增压技术、代用燃料、混合动力和内燃机结构强度等方面的研究开发，紧紧配合一汽集团公司产品的近期和中长期的发展目标开展工作，特别是在发动机高压喷射、增压中冷、燃油系统匹配、代用燃料、废气再循环、模拟计算、发动机结构强度刚度计算应用以及电控喷射技术等方面，处于领先水平。建立了我国汽车和内燃机行业第一个博士后工作站，汇集了国内一流的汽车发动机和电子控制专家，攻克了电控共轨系统这一世界级难题，使我国成为继德国、美国、日本之后掌握该项技术的第四个国家，是代表国家水平的发动机研究所之一，在我国汽车发动机界起到了中流砥柱的作用。

(二) 新能源汽车产业发展情况

1. 基本情况

2018年，无锡市新能源汽车行业总体运行较快，全年实现主营业务收入448亿元，同比增长12.7%。由于新能源汽车销售市场的季节性特点和政策调整，新能源整车生产企业表现不佳。其中，上汽大通全年生产整车2 086辆，同比下降46.11%，销售2 130辆，同比下降44.72%，销售收入5.7亿元，同比下降26.6%。常隆客车全年产销整车100辆，同比下降46.81%，销售收入7 336万元，同比下降48.2%。

无锡市新能源汽车产业主要分布于江阴市、锡山区、惠山区和新吴区等地。截至2018年年底，集群内共有90余家企业，初步形成涵盖新能源汽车整车制造、新能源汽车零部件、充换电装备制造、充换电基础设施建设与运营等环节的较为完整的产业链体系。其中，新能源汽车整车制造企业 5 家，分别为常隆客车、上汽大通无锡公司、无锡中车新能源、领途汽车无锡公司、华晨汽车无锡公司；拥有晶石科技、新源动力、法阿姆电池、艾德斯、格林美、东恒科技、众联能创等龙头企业；拥有以博耳电力、无锡聚能为龙头的多家充换电装备制造企业，以市政公用新能源、国联科陆新动力等为龙头的一批充换电基础设施建设与运营企业。在电动汽车整车控制技术、电机驱动和电池管理技术、动力型锰酸锂材料技术、燃料电池与氢源技术、磁悬浮径向直流电机技术、汽车充电数据支持平台技术等方面均达到了国内领先水平。

2. 政府推动情况

近年来，无锡市抓住新能源汽车产业发展的机遇，不断引导和推动新能源汽车产业的健康稳定发展，努力做强做大新能源汽车产业。2010 年，无锡市将新能源汽车列入了八大新兴产业之一。2015 年，包括无锡市在内的全省 13 个地市被打包列入国家新能源汽车推广应用试点区域，无锡市成立了由市长任组长的领导小组和相应工作机构，陆续出台了新能源汽车推广应用实施方案以及财政补贴资金管理实施细则、新能源汽车充换电设施建设运营管理实施意见等一系列配套政策。市政府多次召开新能源汽车推广应用工作推进会议，明确提出要抓住国家制定出台新能源汽车产业振兴规划的有利时机，加快新能源汽车推广应用和产业发展。在财政支持方面，无锡市财政自 2015 年起每年拨付专项资金用于新能源汽车推广应用及充电设施建设运营补贴。2018 年，无锡市共推广各类新能源汽车 3 538 辆(折合标准车 9 868 辆)，建设充电场站(桩群)517 个，布设充电桩 4 720 个(其中，直流充电桩 1 856 个、交流充电桩 2 864 个)，圆满完成了省政府下达的目标任务。

(三) 智能网联汽车产业推进情况

目前，无锡市智能网联汽车产业主要布局在滨湖区，主要依托滨湖区正在建设的国家智能交通综合测试基地等。

(1) 国家智能交通综合测试基地。由公安部、工信部、江苏省政府共建的国家智能交通综合测试基地(简称“测试基地”)已于 2017 年 9 月 10 日在滨湖区正式揭牌。“测试基地”是国内公安系统首个面向自动驾驶汽车上路行驶考试和运行安全评估的测试场,由公安部交通管理科学研究所(简称交科所)负责建设和运营。“测试基地”占地总面积为 212 亩,基地内部测试道路总长 5.03 公里,分为公路测试区、多功能测试区、城市街区、环道测试区和高速测试区等,涵盖不少于 150 个实景测试场景。“测试基地”将利用周边道路建设半开放测试环境,开展可控危险性的交通场景测试,丰富的道路场景是国内外同类型测试基地鲜有的优势条件。2018 年 9 月,建成半开放测试环境的建设,正式对国内外研发和生产自动驾驶汽车的企业开展测试服务。2020 年,全面建成一期工程后,可对自动驾驶汽车的功能符合性、性能可靠性和稳定性等运行安全方面开展测试评估。重点面向国内外研发和生产自动驾驶汽车的企业,对需要上公共道路测试的自动驾驶汽车提供第三方权威测试和认证。“测试基地”投入使用后,将推动无人驾驶汽车相关企业落户无锡并将形成无锡市无人驾驶汽车产业链。

(2) 智能网联汽车产业园区。建有无锡(国家)智能交通产业园,坐落于无锡(滨湖)国家传感信息中心,由公安部批准设立,无锡市政府、公安部交通管理局共同合作,滨湖区政府、公安部交通管理科学研究所与太湖城管理委员会具体承办运作。引进包括易华录、键桥电子、浙江大华、金溢科技、金中天、华燕科技、科达股份、坤锐电子等 23 家智能交通相关企业入驻,总租赁面积共计 3 万平方米,注册资本累计达到 3.2 亿元。

(3) 智能网联汽车应用示范项目。2016 年 1 月,无锡市成功举办了全国首批汽车电子标识安装启动仪式,标志着无锡成为全国首个启用符合国家标准的汽车电子标识进行智能交通管理的示范应用城市。中交北斗会同公安部交科所、交警支队等单位迅速组织首批重点车辆开展汽车电子标识安装工作,截至 2018 年,全市共计完成 4.2 万余枚汽车电子标识的安装工作,包括 1.1 万余辆货车、4 050 辆出租车、2 705 辆公交车、1 767 辆教练车、1 万余辆私家车及其他社会车辆。受监管的重点车辆已基本安装完毕。

全市已完成 250 套读写设备的安装,包括 191 套路面设备,主要位于高速公路卡口、内环高架上下匝道,利用现有抓拍设备建设;48 套门禁/停车场设备,位于市民中心和市交警支队;车辆检测线 23 套设备。依托电子标识开展了重点车辆监管、公交信号优先、智能停车门禁管理、车辆稽查布控等试点应用。目前,江阴全市层面汽车电子标识安装工作全面推进,2017 年年底已完成安装,形成全国首个县级市示范试点。

(4) 江苏(无锡)车联网先导区。2019 年 5 月,工业和信息化部复函江苏省工业和信息化厅,支持创建江苏(无锡)车联网先导区。创建车联网先导区是推动车联网应用发展的重要措施,将推动在现有测试示范基础上进一步扩大应用范围,推动实现车联网"由点到面"的突破,提供跨行业融合创新的良好环境,坚定各有关主体发展信心,在实际应用中逐一解决产业化面临的关键问题,不断丰富应用场景、完善商业模式,为全国范围规模应用奠定坚实基础。

(四) 重大项目建设

(1) 位于惠山区的上汽大通汽车惠山基地二期项目。项目总投资 36.9 亿元,项目建设周期为 2016 年 1 月—2018 年 12 月,总用地 472 亩,新增建筑面积 22.46 万平方米,包括新建大冲二线厂房、车身车间、涂装二车间、专用车联合厂房等生产车间,改造原车身车间厂房为新总装车间,新建出口散件和售后库、零部件周转仓库、新产品试制试验车间、污水处理站、制冷站、联合站房等。项目完工后,将形成年产汽车 15 万辆能力,其中宽体轻客(V80)2 万辆、MPV(G10)3 万辆、皮卡(T60)5 万辆、SUV(SV91)5 万辆,总生产能力将达 20 万辆,年产值超 200 亿元。

(2) 位于惠山区的精科汽车及零部件项目。项目总投资 16 亿元,项目建设周期为 2015 年 1 月—2018 年 12 月,总用地 292 亩。一期建设 7 万平方米,主要从事电动汽车电池模块、车用空调、线束及车用前后桥等车用配件的生产。二期建设 13 万平方米建筑,包括配件加工、汽车总装两部门车间建设,同时建设项目研发大楼、办公楼大楼以及部分辅助用房。项目完工后,预期年产 60 万套汽车配件(线束等产品),产值 8 亿元。

(3) 无锡戴卡轮毂制造有限公司投资三期项目。该项目是无锡戴卡最大股东——中信戴卡股份有限公司全球战略布局过程中的重要项目之一,位于无锡惠山工业转型集聚区内，总占地318.7亩。三期项目主要建设内容：第一阶段年产240万件轻量化车轮项目，该项目已竣工投产；第二阶段凯斯曼年产4万吨轻量化精密铸件项目，已经开始实施。三期项目促进生产及管理全面优化，生产成本实时监控，实现产品全寿命周期管理，通过产业升级，建造高端智能制造生产线，以“绿色制造，节能减排”为宗旨，为无锡地区产业转型升级标杆。项目总投资22亿元，建设周期为2017年10月—2019年12月，可实现年产8万吨凯斯曼精密铝铸件，主要分为汽车底盘和动力总成零部件。项目完工后，预计新增工业产值25亿元，利税5亿元。

(4) 位于惠山区的铠龙东方新能源汽车项目。项目总投资50亿元，项目建设周期为2016年8月—2019年12月，建设年产15万台轻量化智能化新能源电动汽车和年产5万台电池包及控制系统。该项目是继上汽大通、中车新能源客车后，无锡市引进的又一个汽车整车生产项目。项目完成后，预计新增工业产值超100亿元，新增税收超4亿元。项目自开工建设以来进展顺利，2018年11月28日，无锡首辆地产新能源乘用车在铠龙东方诞生。该款纯电动SUV名为领途K-ONE，在2019年的环青海湖国际电动汽车挑战赛上，一举斩获六项赛事大奖，刚下线就收获了5 000辆订单，2020年产能将达到7万辆，达产后产能达到15万辆。

(5) 位于梁溪区的一汽解放汽车有限公司无锡柴油机厂CA6DM3(13升)柴油机缸体缸盖智能生产线技术改造项目。项目总投资2.5亿元，项目建设周期为2017年2月—2018年12月，改造塘南厂区现有6DM3缸体缸盖线，通过填平补齐，使其具备3万台/年生产能力；同时，改造后具备恢复生产6M2缸体缸盖的条件。项目完成后，可实现CA6DM3柴油机增能改造。

(6) 位于江阴市的常隆客车2万台节能与新能源汽车扩建项目。项目计划总投资17.91亿元，项目计划周期2015年6月—2019年6月，总用地1 000亩。一期启动700亩，建筑面积22万平方米，主要新建焊装车间、涂装车间、总装车间、制件车间、检测修整车间、综合仓库及公用配套设施用房、办公楼、综合楼等，同时建设与本项目配套的总图工程、供水、供电、供汽等公用工程，配置环保、消防及职业安全卫生相关设施。

（7）位于江阴市的华欧德变速器项目。项目总投资 70 亿元，项目建设周期为 2015—2025 年，购置高压压铸设备、冲压设备、各类机加工设备、热处理设备、检测实验设备、空压机等各类国内外先进成熟的设备共计 607 台（套），其中：引进设备 452 台（套）；新建乘用车用六速 AT 自动变速器生产加工线，新建生产厂房 4 394 万平方米。项目建成后将形成年产 100 万台乘用车用六速 AT 自动变速器（含 100 万套变速器控制系统）和 300 万套自动变速器控制系统（TCU）的生产能力。

（8）联动天翼新能源动力电池及系统项目。2018 年 5 月 21 日，总投资 200 亿元的联动天翼新能源动力电池及系统项目正式落户江阴高新区，项目预计年内实质性开工，全部建成达产后年产值有望突破 500 亿元。这是江阴近年来单体投资规模最大的工业旗舰型项目和最大的战略性新兴产业基地型项目。

（9）LG 汽车动力电池正极材料项目。LG 化学是 LG 集团旗下四大主力公司之一，在新能源汽车用动力电池、Display 偏光板、储能电池、ABS 树脂、OLED 材料等领域保持着全球最高领导地位。正极材料是汽车动力电池中最关键的原材料。此次 LG 化学与浙江华友钴业公司成立合资公司，在无锡高新区投建汽车动力电池正极材料项目，项目总投资 10 亿美元，产能规划 10 万吨，年产值 200 亿元。其中一期投资 4.8 亿美元，注册资本 2.85 亿美元，产能规划 4 万吨，年产值约 70 亿元。项目计划 2018 年 9 月份开工建设，2019 年竣工投产，2020 年 5 月份正式量产。

（10）江阴远景日产锂电池项目（该项目列入江苏省 2019 年重大项目投资计划）。计划总投资 220 亿元，占地 1 237 亩，总建筑面积 162 万平方米，年产 20 Gwh 锂动力电池和电极材料，利用物联网技术在全国范围内布点锂电池全寿命周期管理体系。建设起止年限：2019—2024 年。项目全部达产后，年均可满足约 40 万辆新能源汽车使用需求，携同车联网市场全生命周期创造的电动汽车大数据价值，实现年销售 300 亿元。

二、无锡汽车产业发展面临的不足

无锡市在汽车产业快速发展的同时,在整车和民营零部件企业发展、新兴汽车产业集聚和创新创业服务体系构建等方面,仍然存在一定问题。

(一) 整车产量低,产业带动能力差

无锡市目前处于“零强整弱”的态势,整车产值仅占总产值的 8.9%,整车项目近年发展缓慢,产量较低,常隆客车、上汽大通无锡公司、无锡中车等整车生产企业,尚未发挥对新能源汽车全产业链的带动作用。未来应抓紧布局,确保项目落实,以整车的规模化生产来带动无锡市的新能源汽车产业发展。

(二) 新兴汽车产业处于起步阶段

无锡市的新能源整车企业主要为新能源客车,发展缓慢,而轻量化新材料企业体量较小、数量少,新能源汽车关键部件企业、智能网联等产业未做到有效布局。无锡市新兴汽车产业发展大幅滞后于北京、上海、杭州和宁波等地区。

(三) 创新主体匮乏,双创服务体系有待完善

(1) 创新主体匮乏。无锡市大部分民营车企产品价值链层次低,企业经营压力大,尚未明确转型升级方向,且研发团队规模普遍较小,创新缺少高端人才支撑,企业资本运作渠道少,只有部分上市民企拥有良好的创新升级条件。

(2) 公共研发服务平台少。汽车企业自身研发团队人员和实力有限,普遍有较强的意愿开展产学研合作项目,借助高校、科研院所等第三方公共服务机构的科研能力,开展共性课题研究、提升企业的产品层次和制造工艺,进而提升竞争力。然而,当前无锡市公共研发服务平台少,制约了企业借助第三方资源提升自身技术能力。

(3) 中小零部件企业整体发展水平有待提升。中小零部件企业产品大部分处于价值链低端,形成高产能低产值状态。部分产品如内外饰、车身及附件等制造门槛低,利润率较低,属于汽车产业价值链低端产品。汽车电子、新能源汽车关键部件等高端产品严重不足。

三、汽车产业发展主要趋势

现阶段,全球汽车产业发展新的趋势为电动化、智能化。瑞典、挪威等国在 2016 年宣布从 2030 年开始停止销售燃油汽车,日本、美国、印度等国家也先后宣布了智能化、电动化的路线图,跨国汽车企业也相继推出了智能化、电动化的行动计划。2017 年,第八届清洁能源部长级会议提出了“EV30 30 目标倡议”,即“到 2030 年有 30%的汽车应该是新能源汽车”。

中国新能源汽车产业必须紧跟全球科技创新发展的趋势,紧紧抓住新一轮产业变革和科技革命的重大机遇,充分发挥我国大市场和高技术有机结合的优势,坚持中国特色的智能化、电动化汽车发展道路,在全球更加开放的市场环境中迎头赶上。

(一) 推动“电-电混合”的特色动力电池模式发展

我国氢气供应充足且来源多样,燃料电池汽车发展的市场环境相对良好。燃料电池寿命长、能效高、零排放,动力电池能量回收快、动态性能好,10 多年来我国在研发和实践中形成了“电-电混合”的技术特色,可以充分优势互补。要充分发挥国内已建成充电桩体系的作用,采用“燃料电池电-电混合动力系统”解决充电加氢互补的难题,同时补上里程短板,延长续航里程。另外,要把发展燃料电池汽车、公交、物流行业放在优先位置,在拓展远程出租车和公交客车市场的同时,也要发展增程式小型物流车来适应网购物流的需求。未来,要不断促进燃料电池领域国际协同创新,不断增强我国在国际新兴技术产业领域制定规则的能力和影响力。

(二) “电动汽车智能化”的趋势下的科学谋划与超前布局

随着人工智能技术、大数据科技的发展,自动驾驶、智能网联汽车迎来新的发展机遇。绿色、安全、共享、便捷是自动智能驾驶技术的四大核心要素。自动驾驶汽车可分为四个阶段,即辅助自动、部分自动、有权限的自动、高度/完全的自动驾驶,其均有各自的研发重点。辅助自动驾驶主要研究 ESP(车身电子稳定系统)、ABS(制动防抱死系统)、自动泊车、跟踪巡航等汽车对周边环境的感知技术,汽车可根据实时路况做出及时反应,目前这一技术已经进入推广应用的阶段。部分自动驾驶的研究重点则是网、车的连接和科学决策,驾驶过程的预警和反应能力也是提升的重点。路、网、车之间的联动是有权限的自动驾驶研究重点。而路、网、人、车的一体化综合智能交通体系则是高度/完全的自动驾驶的基础,同时,相应的监控系统和政策法规也要建立起来以保障安全。传统汽车通常有两到三套信息和控制网络,系统不联通,驱动和形式的实时操作难以实现,而电动汽车率先实现了管理系统和车网内外控制的联通,控制操作和网络应用的成熟度不断提高,电动汽车是自动驾驶的最佳载体。

四、实现无锡汽车产业高质量发展的对策建议

(一)大力发展氢燃料电池汽车产业

加快推进氢燃料电池汽车推广应用,推动氢燃料电池汽车示范项目建设;引入国内外氢燃料电池研发与制造企业,以上汽大通为依托,逐步打造完整的氢燃料电池产业链;开展产学研合作,加强氢燃料电池汽车核心技术攻关。利用5—10年的时间,集聚形成氢燃料电池汽车产业。

(二)发挥整车企业全产业链带动作用

保障在建乘用车项目建成投产,引进新的优势整车项目,以新能源乘用车的规模化生产为依托,发挥对全产业链的带动作用,推动形成新能源汽车整车及关键零部件产业集群。

(三)做强新能源汽车高端零部件产业

紧盯新能源汽车关键部件产业链龙头企业,大力引入一、二、三级行业优势供应商,同步引导存量企业通过前装市场协同开发,不断向高端化升级。

(四)鼓励中小企业迅速做优做强

引导中小企业通过兼并重组实现产业链纵向整合和跨领域横向拓展,加快推进全市智能制造工厂建设,提升技改补贴力度,鼓励和支持中小企业加大研发投入,培育细分行业龙头。

(五)快速布局智能网联汽车零部件产业

从零部件入手发展智能网联汽车产业,引入国际知名的智能网联汽车

产业链龙头企业,同步引育国内受资本追逐的初创和成长型企业。从特定场景、商业化应用开始,利用5年左右集聚一批高质量的智能网联汽车零部件企业,建成长三角地区的智能网联汽车零部件产业示范基地。

作者:无锡市工业和信息化局技术创新处(汽车工业办)、无锡市汽车工业协会

第七章　无锡新能源产业发展历史、挑战及对策

本报告所指新能源主要是指光伏、风电和新能源汽车，不包括其他形式的可再生能源。进入21世纪以来，随着科技的进步和全球气候问题的日益突出，以光伏、风电、新能源汽车为代表的新能源产业的发展受到全球广泛关注和高度重视。2006年1月1日，我国正式实施《可再生能源法》，标志着我国从法律制度上保障了新能源产业的长久发展。在这一波发展大势中，无锡把握住机遇，将新能源产业作为战略性新兴产业，经过10余年的培育和支持，无锡新能源产业蓬勃发展，成为无锡经济的重要支撑产业。

一、无锡新能源产业的发展历程

自2001年以无锡尚德太阳能电力有限公司成立为标志，18年来无锡的新能源产业从无到有、从小到大，其发展可以总结为三个阶段。

（一）高速成长期

自2001—2012年，无锡光伏产业发展迅猛。一度盛传着“中国光伏看江苏，江苏光伏看无锡”的说法。在2012年欧美“反补贴、反倾销”前，光伏等新能源主要市场在欧美，呈现“两头在外”的特点，国内更多地是进行加工制造。这期间，培育出尚德电力、海润光伏、高佳太阳能、国电光伏、浚鑫科技、江苏昱辉阳光、东方迈吉、尚品太阳能、振发新能源、爱康科技等一大批优势企业，以及在国内外具有颇高知名度的无锡新能源商会和品牌展会——“中国（无锡）国际新能源大会暨展览会”。

尚德电力于 2001 年成立，开启了其快速扩张之路；2003 年产量超过 10 MW；2005 年就在美国纽交所上市，成为全球第六大太阳能光伏电池制造商，中国光伏行业当时的绝对“老大”；2010 年年底，尚德年产能达 1.8 GW，登顶全球光伏电池制造企业第一的位置；2011 年出货量达 2.2 GW，实现销售额约 35 亿美元。

在尚德的带动下，无锡光伏产业在全国居于领先地位，具体表现在规模总量全国领先、产业链条比较完备、多项技术行业领先、平台建设不断完善等方面。在无锡一大批配套企业中，如今的单晶龙头——“隆基”在新区投资设厂为尚德供货，“先导”也得益于尚德的设备需求成为当今领军设备制造商。由于这个阶段没有国内市场，“外需引领”成为主要特点，大部分企业业务为出口，所以当时无锡也因为良好的外贸成绩，2006 成功申请成为商务部“国家新能源科技兴贸创新基地”。2009 年，依托无锡新能源雄厚的产业基础，无锡市贸促会牵头创办了“中国（无锡）国际新能源大会暨展览会”，每年举行一届，活动得到了国家能源局、江苏省政府等大力支持，通过举办高端论坛和专业展览，为行业搭建起了合作交流平台。

（二）转型调整期

自 2012 年欧美“双反”之后，国外新能源订单骤然减少，大量国内产能无法消纳，很多企业出现经营困难，转型调整成为企业的必然选择。就在尚德破产重整后不久，国家出台了《国务院关于促进光伏产业健康发展的若干意见》，拉开了国内光伏市场的序幕，“内需驱动”登上历史舞台。彼时，顺风光电、国电光伏、十一科技、无锡振发等以地面电站开发为主业的企业业务开展得如火如荼，纷纷跻身全国电站 EPC 前 20 强。2013 年，振发新能源在甘肃地区购买了大量的路条，并在 2013 年年底前突击完成了多个百兆瓦级别的光伏电站项目，EPC 排名第 4；截至 2017 年，该公司已在国内 30 多个省市和海外地区开展业务，已并网、在建及储备项目累计装机量接近 3 000 MW。海润光伏作为光伏电池和组件的制造商，在此期间，也积极转型调整，借用上市公司的融资渠道，发力拓展电站项目；其电站业务通过 EPC、

BT和自持三种形式,在全球9个国家和地区累计投资开发光伏电站项目超过1.74 GW,其中自有项目约0.85 GW、合作开发项目约0.202 GW,EPC总承包项目约0.684 GW。

从某种意义上讲,这个时期是中国光伏产业发展最为"江湖"的时代,民营企业大展拳脚,成为电站开发的先锋。各种信息、各种"路条"、各种中间人充斥在电站开发过程中,太多的"非技术成本"推动了光伏建设成本的上升。从地面电站到分布式,再到2017年的户用光伏,得益于光伏政策的刺激,光伏行业成为投资热点,无锡本土的光伏装机量也达到1 GW左右。

与此同时,国内风电产业也取得了大力发展,以远景为代表的无锡风电企业在国内市场也取得了较高的份额。在国内风电公司中,2007年成立的远景能源无疑是一个特殊的存在。成立10年间,它在行业中的排名迅速攀升,2018年成为中国第二大风机制造商,占据国内市场份额的15%,仅次于行业龙头金风科技。2016年,远景能源总营收75.9亿元,其中风机制造业务收入73.1亿元,总净利润7亿元。在风机制造外,远景能源2015年就已逐渐将更多的资源投入到产业链下游的风电场建设中,这些投资的目的是在未来为公司带来更稳定的现金流。与光伏不同的是,风电门槛高、集中度更高,所以无锡市的风电整机企业相对较少,但无锡市风电零部件企业较多,叶片、轮毂、塔座等配套齐全,这也得益于无锡市雄厚的机械制造基础。

远景能源——能源互联网的开拓者

远景能源2007年成立,经过10年发展,成为全球领先的智慧能源技术解决方案提供商,包括智能风机的研发与销售、智慧风场管理软件服务、智慧风电技术开发、智慧风电资产管理服务、智能电网、储能电池、能源管理系统等,研发能力和技术水平已处于全球领先地位。

过去12年,远景始终在引领中国风电行业的技术进步,从低风速风机、智能风机、智慧风场、柔性高塔筒到分布式风机,远景的创新大幅降低了风电的成本。平价后的理性市场环境，更加坚定了远景技术创新降低风电度电成本的决心。中国可再生能源学会风能专委会发布的《2018年中国风电吊装容量统计简报》显示，远景能源2018年新增装机量达到418.05万千瓦，占全国年新增风电装机市场的份额的20%。2018年，远景能源实现营收超160亿元，相较于2017年营收增幅超过40%。

2018年，远景能源收购日产汽车旗下的动力电池业务，引起了中国新能源汽车领域的广泛关注。远景也因为其在风电、光伏、储能、动力电池等领域的广泛布局，成为全球能源互联网的开拓者。

(三) 提质增效期

由于我国新能源高速发展，出现了投资过热、产能过剩、补贴缺口扩大的趋势，2018年5月31日，国家发展改革委、财政部和国家能源局联合出台《关于2018年光伏发电有关事项的通知》(简称"531新政")，对我国光伏新增装机容量规模及补贴价格均作出进一步限定。其要点如下：(1)暂不安排2018年普通光伏电站建设规模；(2)2018年安排10 GW左右规模用于支持分布式光伏项目建设(5.31日为节点)；(3)在各地落实实施条件、严格审

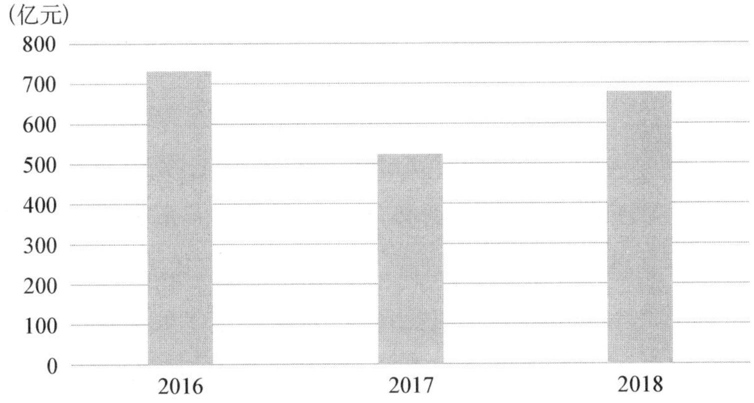

图7-1　2016—2018新能源(光伏和风电)产值

资料来源：无锡市工业和信息化局。

核的前提下,保障“十三五”第二批光伏扶贫项目计划;(4)根据光伏规模控制情况决定领跑者规模;(5)不需要补贴的项目鼓励各地自主支持;(6)标杆电价/度电补贴从 5 月 31 日起下调 5 分,村级扶贫电站电价保持不变。“531 新政”的出台,对行业造成极大的影响,分布式光伏从业机构和人员大幅减少,品牌制造企业纷纷将市场重心转移至国外,形成国内外市场双轮驱动态势。同时,也应看到,补贴退坡、平价上网、提质增效成为大势所趋,缺乏竞争力的企业必将退出舞台。在这一过程中,无锡光伏企业经历着新一轮的阵痛和转型,融资难成为企业面临的最大问题。

总之,通过这短短十几年,无锡的新能源产业快速、健康发展的整体环境已经初步建立,并正在逐步完善,为中国新能源产业的未来发展贡献着自己的力量。我们相信,无锡新能源产业的发展前景是美好的,无锡新能源产业将百尺竿头更进一步,续写往日的辉煌。

表 7-1　新能源行业政策

序号	政策文件	层级	时间
1	《智能光伏产业发展行动计划(2018—2020 年)》	国家级	2018 年 4 月 11 日
2	《关于 2018 年光伏发电有关事项的通知》	国家级	2018 年 5 月 31 日
3	《关于促进分布式能源微电网发展的指导意见》	江苏省级	2018 年 6 月 26 日
4	《关于加快推进风电、光伏发电平价上网有关工作的通知》	国家级	2018 年 9 月 13 日

二、无锡新能源产业发展的现状水平

2018 年,无锡市新能源产业总体运行情况较好。光伏、风电、新能源汽车作为无锡市新能源产业重点领域,产值和交货值均有所增长。2018 年 1—12 月,无锡市新能源产业(光伏、风电)规模以上工业完成总产值 680.1 亿元,同比增长 11.2%;主营业务收入 639.8 亿元,同比增长 8%;出口交货值 134.6 亿元,同比增长 28.4%。

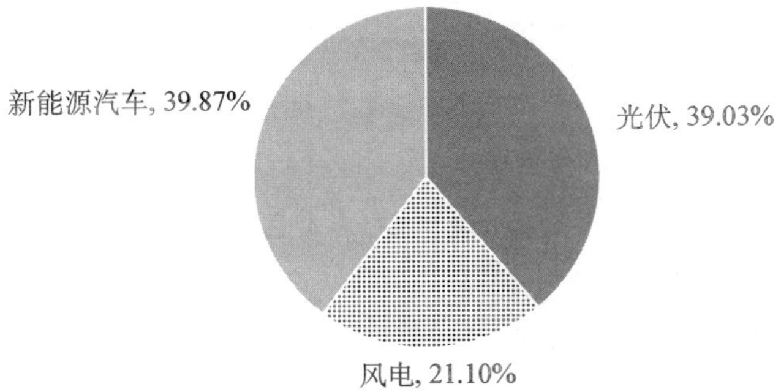

图 7－2　2018 年无锡市各类新能源产业占比

资料来源：根据相关数据整理。

表 7－2　2018 年无锡市新能源产业（光伏、风电）主要经济指标完成情况

地区	无锡市新能源产业（光伏、风电）					
	规模以上企业工业总产值		主营收入		出口交货值	
	本期（亿元）	同比（%）	本期（亿元）	同比（%）	本期（亿元）	同比（%）
江阴	354.8	－2.2	331.5	－2.4	49.3	－3.7
宜兴	131.8	73.4	121.6	56.2	31.4	36.7
锡山	13.9	50.8	13.7	54.1	3.8	89.8
惠山	68.5	3.4	64.4	－1	8.3	－32
滨湖	20.9	10.9	18	－5.9	0	
新吴	90.2	14.6	90.7	10.7	41.8	154.9
合计	680.1	11.2	639.8	8.0	134.6	28.4

资料来源：无锡市工业和信息化局。

（一）新能源主导产业发展情况

1. 光伏

2018 年，由于光伏行业受到“531 新政”影响，国内市场增幅放缓，国外市场成为增长新动能。光伏产业完成工业总产值 441.5 亿元，同比增长 3%，占新能源比重的 64.9%；主营业务收入 400.2 亿元，同比下降 2.4%；出口交货值 116 亿元，同比增长 30.6%。光伏产业规模以上企业 114 家，主要分布在江阴、宜兴、惠山和新吴 4 个地区，包括硅材料企业 8 家、电池及组件企业 23 家、光伏设备 11 家、零部件配套 50 家、光伏应用企业 22 家，另有专业检测和服务机构 4 家。

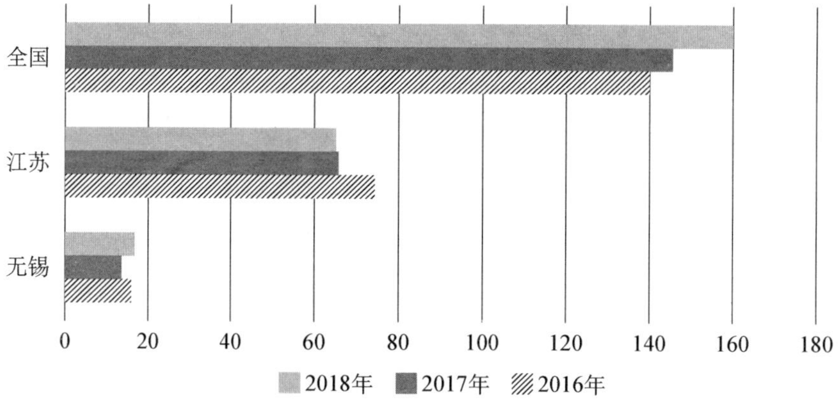

图 7-3 2016—2018 年光伏出口情况对比(亿美元)

资料来源：根据相关数据整理。

截至 2018 年年底，累计装机 1 GW 左右，年发电量约 9.5 亿度。累计并网 4 500 个(含居民)光伏发电项目，其中企业屋顶分布式约 700 个。

2. 风电

2018 年，由于国内分散式风电市场快速发展，依托龙头企业带动，无锡市风电产业出现了较大幅度增长。风电产业完成工业总产值约 238.7 亿元。全市已有规模以上风力发电装备及应用企业近 40 家，主要集中在江阴市、惠山区等地区，包括整机企业 1 家、发电机生产企业 3 家、叶片生产企业 1 家、32 家零部件生产企业，以及中国科学院电工研究所无锡分所和江苏风电设计研究院等科研机构。骨干企业包括：远景能源、吉鑫科技、国电联合动力、华宏实业、宝露重工、中航卓越、桥联风电、一汽铸造、澄西船舶、航天万源新大力、中国节能、丹麦 LM。

3. 新能源汽车

2018 年，无锡新能源汽车行业总体运行较快，全年实现产值 451.12 亿元，同比增长 17.27%；销售收入 444.79 亿元，同比增长 16.56%；实现利润 30.4 亿元，同比下降 5.15%。拥有整车生产企业 4 家，分别是常隆客车、上汽大通无锡公司、一汽客车(已被株洲中车收购)、华策汽车，主要生产纯电动城市公交车、纯电动商务车、纯电动特种车等车型。另外，铠龙东方、新日发展也正积极申报新能源乘用车、专用车生产资质。值得一提的是，无锡市在新能源汽车的动力电池模块发展迅猛,远东智慧能源、远景能源等多个项目上马。

(二) 无锡新能源产业的发展特色和优势

1. 产业链完整

光伏方面,全市以江阴、惠山、宜兴、新吴 4 个重点地区为代表的光伏集聚区,产业集聚效应进一步显现,形成了硅材料、电池及组件、光伏设备制造、零部件配套、光伏电站、专业检测和服务等完整的产业链,这在国内众多新能源城市中也是比较突出的。风电方面,全市风电企业研发和生产的风电设备零部件种类齐全,已基本形成风电成套机组、风电特钢、轮毂、塔座、主轴、塔筒、法兰、齿轴、轴承座、变桨轴承、机舱罩、特种涂料等关键零部件相互配套发展的风电装备产业格局,风电零部件配套本地配套率超过 50%,形成了较为完善的风电产业链。新能源汽车方面,依托上汽大通无锡公司、常隆客车等整车厂,一批零部件企业也得以发展集聚,其中动力电池的发展迅猛。国能电池、远东福斯特、远景 AESC 等项目纷纷开工。

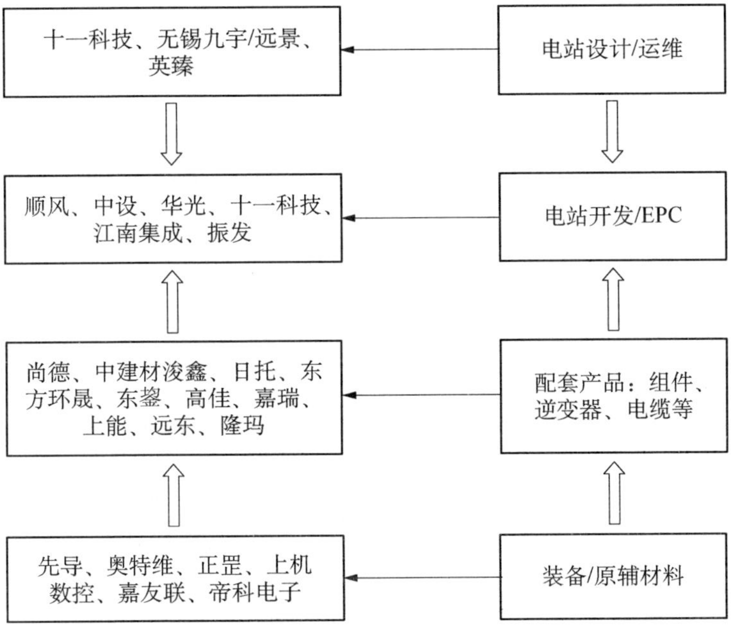

图 7-4 无锡光伏产业链情况

2. 龙头企业带动

由于集聚了远景、尚德、中环、十一科技、高佳、中建材浚鑫、上能、隆玛等一大批龙头企业,带动了无锡市新能源产业的整体发展。在这一轮"提质增效淘汰落后产能"的产业调整中,尚德太阳能电力一枝独秀,2018 年实现产、销、利大幅度增长,完成组件 3 558 MW,同比增长 43.6%,创历史纪录,列 2018 全球光伏组件产量前十大厂商之一。远景能源作为国内风电企业的龙头之一,带动了本地产业结构的巨大调整和风电装备产业链的配套,吉鑫、国光重机等近 10 家风电零部件生产企业与远景能源都有合作。新能源汽车方面,惠山区铠龙东方纯电动乘用车项目已正式投产;一汽客车和株洲中车的合作也已经完成股份制改造,未来将致力于纯电动客车的研发和生产;新日公司与华晨汽车集团控股有限公司签约组建合资公司,生产纯电动专用车,预计 2019 年底正式投产。

表 7-3　2018 年光伏领域销售收入前 5 位企业

序号	企业名称	主要产品	2018 年销售收入(万元)
1	无锡尚德太阳能电力有限公司	组件、电池	709 537
2	浙江昱辉阳光能源江苏有限公司	组件	312 633
3	高佳太阳能股份有限公司	硅片	255 500
4	东方环晟光伏(江苏)有限公司	组件、电池	164 179
5	江苏东鋆光伏科技有限公司	组件	91 298

资料来源:无锡市工业和信息化局。

3. 国有资产引领和带头作用加强

无锡国联集团下属企业华光锅炉也涉及光伏产业,而且华光锅炉收购了一家光伏电站设计公司,具有较强的光伏项目开发和承建能力。无锡产业集团旗下的太极实业 2018 年营收超过 100 亿元,主要得益于十一科技的业务增长;并通过收购南京日托光伏 70%的股权,间接控股了无锡日托光伏(原德鑫公司已重组)。国机集团下属中设集团、江阴浚鑫新能源的控股股东为中建材,这两家都是央企,在无锡乃至全球的光伏产业中都具有举足轻重的地位。

4. 平台资源丰富

目前，无锡市拥有国家新能源科技兴贸创新基地、中国（无锡）国际新能源大会暨展览会（CREC）、国家光伏质检中心、无锡新能源商会、无锡能源协会等丰富的行业平台资源。这些平台既有政府层面的，也有行业协会层面的，更有企业层面的，对于人才、技术、信息、资金的汇聚能起到积极的促进作用，也是无锡市新能源领域的一大优势。CREC 创办于 2009 年，已经连续举办十届，成为国内外影响力较强的展会之一。2018 年，共吸引 500 多家企业参展参会，对无锡的招商引资起到了积极的促进作用。无锡新能源商会成立于 2015 年，目前拥有会员企业 220 家，涵盖光伏、风电和新能源汽车等领域，是全国少有的、在全国知名度较高的地级市行业商协会。

国家光伏质检中心——无锡光伏产业发展的保障

国家太阳能光伏质检中心，2007 年 8 月获国家质检总局批筹，专注于太阳能光伏全产业链、全产品面、全产品生命周期的质量检测、产品认证与技术研发和标准化，是亚洲地区规模最大、能力最强、资质最全并具有一定国际影响力的国家级光伏产品技术服务机构。累计牵头或参与国家级、省部级、省局课题 14 项。国际光伏标准化组织（IEC/TC82）的重要成员单位和国家光伏标准化组织的主要牵头单位之一，累计组织或参与起草国际、国家及行业标准 60 余项。

致力于推进全球检测认证合作平台建设，与 SGS、VDE、TUV、BV、CSA、UL、CE、PSB、JET、CQC、CGC 等国内外顶级检测认证机构实现合作互认，建有 4 个国际 IECEE CB 实验室，为“中国制造”拓展国际市场助力护航。国内首创“一测多证”特色服务，成为国内企业低成本“走出去”的便捷通道。累计服务太阳能光伏企业 2 000 余家，在承担产品质量监督抽查、保障国家重大庆典、践行“一带一路”倡议、服务“光伏精准扶贫”工程、支撑产业政策实施、助推光伏产业及地方经济发展等方面发挥了积极作用。

5. 新能源装备厂商成新高地

由于无锡本身工业基础雄厚,加上龙头企业的带动,涌现出一大批新能源装备生产商。在串焊机领域,集聚了先导、上机数控、奥特维、正罡等优质企业,占据了全球近 80%的市场份额;在数控金刚线切片机领域,上机数控的产品赢得了协鑫、阿特斯、晶科等多个企业的肯定;在自动化产线整体解决方案方面,嘉友联也表现不俗;此外,江苏微导为单、多晶高效太阳能电池技术提供高性能 ALD 钝化和 RIE 制绒生产解决方案,市场占有率高。

先导智能——新能源智能制造的先锋

无锡先导智能装备股份有限公司(股票代码:300450)成立于2002 年,2015 年在创业板上市,目前拥有员工 5 000 余人,其中研发工程师 1 200 余人。公司主要为新能源领域提供智能装备,主营锂电池、光伏自动化设备等的研制和销售,是全球最大的锂电池自动化装备专业制造商。2018 年,锂电池成套装备国内市场占有率 61%,国际市场占有率 45%,均为第一。先导的产品打破了日韩进口设备的垄断地位,并与特斯拉、三星 SDI、LG 化学、松下、宁德时代、比亚迪等知名电池公司建立战略合作关系。2018 年,公司实现营业收入 38.9 亿元,较上年同期增长 78.70%。根据近日发布的 2019 年上半年业绩预告,2019 年上半年净利 3.6 亿—4.24 亿元,比上年同期上升 10%—30%,继续保持快速增长态势。

近年来,先导积极开拓国际市场。2018 年 12 月,先导与特斯拉签订锂电池设备采购合同;2019 年 1 月,又与 Northvolt 签订 19.39 亿元的战略合作框架协议,先导国际化进程迈出重要一步。从逐步替代进口,并拿到欧洲电池龙头的订单,先导是江苏省第一个把高端锂电池生产装备销往欧美发达国家的企业。

接下来,先导将进一步扩大优势,稳固锂电池装备的龙头地位。此外,先导依托强大的自主研发能力和技术外延能力,还在光伏装备、3C 装备、汽车智能产线、智能仓储物流等领域进行业务布局,已获得众多知名客户认可。先导集团在半导体装备、燃料电池装备等行业的投资投入将成为推动未来先导集团发展的重要一极。

三、主要挑战

当前,无锡市新能源产业面临的主要薄弱环节包括:受政策影响市场波动大,先进产能不足,企业融资难融资贵,龙头企业影响力下降,等等。相比于 10 年前,无锡光伏产业在全国优势地位不突出。

(一) 2018 年“531 新政”影响大

受到 2018 年“531 新政”限规模降补贴影响,无锡高速增长的光伏产业踩了刹车,导致产能严重过剩,产品价格断崖式下跌,基地企业大多面临订单不足、开工不足、库存增加等困境和挑战。2018 年,工信部对无锡市《规范性目录条件》进行抽查,3 家企业被工信部剔除目录名单,2 家企业达不到要求的个别产品被摘出目录名单(海润光伏、海润科技、德鑫、鑫辉等 4 家破产倒闭),无锡市引以为傲的规范性条件企业地级市总数第一地位受到威胁。“531 新政”后各项运行指标恶化。2018 年 6—11 月,13 家规范性目录企业实现销售收入 517 670 万元,同比下降 38.52%;利润亏损 25 675 万元,同比下降 286.9%;出口交货值 89 805.3 万元,同比下降 52.6%;新增订单 346 798 万元,同比下降 26.7%;利润下滑是销售下滑的 4.3 倍。

(二) 信贷收紧,企业融资难

企业的盈利能力严重下滑,制约了企业进一步技改投入和新产品的研发能力。金融机构一直以来对光伏产业持谨慎态度,“531 新政”后更是严控融资投放比例,加快了对可能出现不良信贷的企业抽贷。例如,尚德电力这种发展势头良好的企业,也仅获得银行贷款 17 243 万元,资金缺口还比较大,很多订单不得不放弃。金融机构对产业调整的包容程度和信贷支持力度成为未来制约企业走出困境的至关因素之一。

(三) 先进产能不足,区域竞争力下降

无锡除了风电领域的远景能源优势较为明显外,在光伏领域,部分龙头企业经营不善,使得整体影响力有所下降。截至 2018 年年底,无锡新能源产业已有 8 家相关上市公司,但有的企业处在退市破产阶段,有的公司总部搬迁,有的被外地公司收购,有的主营业务逐渐转移,有的在无锡的工厂仅是产业链中的制造环节,有的资金链出现问题,此外,有的仍在上市攻坚阶段……比较新能源产业先进城市,无锡龙头企业高质量发展的创新动力不足、技术改造步伐不快、先进产能领先优势不明显。

表 7-4　2018 年苏锡常三市光伏龙头企业出货量对比

城市	龙头企业	出货量(GW)	全球市场份额
无锡	尚德	3.4	3.7%
常州	天合	8.1	8.9%
苏州	阿特斯	6.4	7.0%

资料来源:GlobalData。

（四）“走出去”成常态，出口压力大

在国内市场刹车的同时，国外市场将成为增长的重要支撑，但是企业出口压力仍然较大。其主要原因：(1)国内企业出口扎堆式竞争，国际市场趁机打压，毁约、重新议价等问题频现。(2)不确定因素较多，无锡市光伏产品主要出口欧洲和东南亚市场，虽然欧盟于 2018 年 9 月 3 日取消惩罚性关税，但印度对中国的政策仍然摇摆不定，中美贸易摩擦对企业出口的间接影响也不容忽视。(3)新兴市场开发成本较大。面对南美、中东等新兴市场，企业出国展销、人员开支等成本较大；加之当地一般以大型地面电站为主，无锡市光伏企业要想成为当地电站投资商的合作伙伴，在资金实力、供货能力、银行授信等方面并无优势。

（五）品牌价值低，低端产品占比大

风电产业企业中环锻件、铸造、轮毂等初级钢构件占多数，主要依赖装备和市场需求，自主知识产权占比很低，技术力量薄弱，企业主要以中小民营企业为主，更谈不上品牌效应，随着市场供需矛盾的突出，低价竞争促使部分企业不得不退出市场。而涉及风电产业关键部件极少，尤其缺少龙头带动型的规模重点企业，导致整个风电产业竞争力不强。以前主要以生产环锻轮毂件的企业涉及风电部分已大幅削减，多数企业占比仅在 10%—20%。

四、2019—2020 年新能源产业发展趋势

（一）成本快速下降，平价上网时代悄然来临

随着协鑫、隆基、通威、中环等上游硅料龙头企业产能的进一步扩张，多晶硅成本有望进一步下降，预估 2019 年低点出现在 4 月，菜花料低点为每公斤 64 元，致密料则是每公斤 73 元。硅片的产能在 2019 年会达到单晶 86 GW，多晶则随着价格持续下降，许多旧产能以及高电价地区的硅片厂都将退出，整体多晶硅片下降至 73 GW。上游成本的下降，将直接推动下游电池

和组件成本的下降。同时,由于国家补贴政策退坡,发电侧平价上网悄然来临。WoodMackenzie 报告认为,光伏发电成本还有较大的下降空间。“在优化的假设条件下,极低的光伏成本仍有降至 14 美元/兆瓦时的空间,最近埃及、约旦、阿联酋的平均出价低于 30 美元/兆瓦时,表明 2019 年可能会出现更多价格处于类似水平。”

(二) 新技术层出不穷,技术迭代速度加快

光伏组件在过去 10 年中发电效率提高了 25%,单晶电池等高效技术正在成为主流。为追求更高的瓦数输出,硅片尺寸将有小幅变动,晶科、晶澳的 158.75 mm 方单晶在 2019 年下半年将成为主流产品之一。2018 年开始,PERC 成为单晶电池片产能的标配,随着 PERC 组件产能扩张到 2018 年年底的 66.7 GW,估计 2019 年年底全球 PERC 产能再次扩出 26 GW,总量超过 92 GW,且 SE 成为 PERC 电池片的常规工艺,推升电池片主流转换效率达到 21.6%—22%。在 PERC 电池片难有更多有效突破后,组件效率提升将由组件技术来达到,例如半片、多主栅、叠瓦,以及多种技术的叠加。新技术的不断迭代,意味着老旧产能的淘汰和改造,也意味着持续不断的资金投入。这对于无锡现有光伏企业来讲,充满了挑战。

(三) 国内市场维持全球第一,国外市场增速迅猛

据 IHS Markit 预测,全球市场规模自 2018 年起会持稳在 100—120 GW,而未来 4 年中国市场增量仍会稳定在 40—50 GW。IHS Markit 报告认为,中国将依然是全球光伏市场的领导者,持续推动全球市场的发展。WoodMackenzie 报告认为,中国仍将是全球光伏装机的关键,但所占的市场份额将从 2017 年的 55%降至 2023 年的 19%。根据 IHS Markit 数据,太阳能组件和逆变器价格的下跌将推动 2019 年近 90 个国家太阳能发电装机量的增长。Energy Trend 认为 GW 级市场预计增长到 15 个左右。在企业购电协议(PPA)数量不断增加的背景下,欧洲光伏需求增长强劲,预计整个欧洲地区光伏装机将达到 18 GW。此外,印度、越南、中东等地区市场仍然

将保持较高的增速。

(四) 多能互补的综合能源解决方案更受业主欢迎

多能互补集成优化工程作为能源行业的新业态，国内尚无成熟的建设运营经验，所有市场主体处在同一起跑线上。未来谁能笑傲江湖，关键在于谁能迅速适应新业态，成为综合能源服务商。目前来看，综合能源服务商应具备以下能力：业务涵盖发电、配电网、燃气、热力、供冷、供水等多个领域；能够对用户需求进行分析预测，对供能方案进行统筹优化，对多能互补系统实施智能调度运行；积极顺应我国能源体制改革方向，建立完善的能源市场交易平台，为用户提供满意的能源服务；等等。根据初步统计，全国现有200余个国家级产业园区，1 300余个省级产业园区，逾万个县级产业园区。若全国1/3的产业园区实施终端一体化集成供能系统，市场空间将达万亿元以上。

五、进一步做强做优新能源产业的建议

(一) 统筹协调，科学规划

无锡市作为新能源产业大市，具有产业链完整、配套齐全的比较优势，应充分利用这些积极优势，优化新能源产业布局，完善产业链、优化产业链，壮大龙头企业，研究支持政策。继续强化规划引导，按照《无锡市"十三五"新兴产业发展规划》工作部署，进一步推进新能源产业发展，鼓励无锡市各类产业发展引导资金向新能源产业集中和倾斜；积极推动土地、资金、人才等资源向新能源产业倾斜，促使产业集中集聚发展。围绕政策扶持、减轻负担、要素保障等关键环节，切实落实好各项服务措施。针对国内市场，鼓励支持本市领军企业进军"平价上网"项目开发商的供应商"短名单"，积极推进分布式光伏和分散式风电建设，推广"光伏＋水务""光伏＋渔业""光伏＋农业""光伏＋交通"等光伏应用模式，以模式创新带动产业提升；针对国外市场，建议充分利用"国家新能源科技兴贸创新基地"和无锡新能源商会等平台的优势，组团出海，开发新兴国家市场。

(二) 优化产业产品结构,提升竞争力

优化布局结构,推动特色园区载体建设,引导产业集聚发展。优化产品结构,突出重点领域,培育百亿元级企业、小巨人企业和单项冠军企业,以龙头企业发展带动产业链提升。鼓励做大做强,开展兼并重组,重点跟踪中环股份重组国电光伏项目。针对新能源装备制造方面具有较为突出优势这一特点,建议做大做强“智能制造+光伏”,帮助先导、奥特维等企业申请国家级研发中心,研发高端装备,进一步提升市场占有率。同时,扶持尚德、远景等具有国际知名度的品牌企业,在政策、信贷等方面给予倾斜,进一步提升其竞争力。

(三) 鼓励技术创新

以信息化、智能化、绿色化为引导,以提高光电转换效率,降低成本,开展技术创新提升企业核心竞争力,推广“机器换人”,开展智慧工厂、智慧车间行动。一要加强新能源创新能力建设,鼓励提升和新建一批研发中心、技术中心等科技创新服务平台。二要多渠道筹集研发资金,支持原始创新、集成创新以及引进消化吸收再创新等各种创新形式。三要提高科技服务水平,推动风电企业向智慧服务模式转型,推动风机整机和零部件制造企业的转型升级,鼓励企业向生产型服务业延伸,拓展盈利空间,提高企业市场竞争力。

(四) 开展产业对接、市场开拓

会同有关部门,推广优势产业产能输出,开展援疆、援藏、援青、援贵等光伏扶贫,结合特色小镇、示范工程,推广无锡新能源品牌。推动国内外交流与合作,积极组织全市新能源产业界参加国际性、区域性的经贸洽谈和交流活动,争取引进更多的新能源先进技术、合作项目和资金;充分利用行业协会、商会等相关平台、机构,积极与国内外新能源产业发达地区开展产业合作对接;利用好无锡新能源展会平台,吸引外地客商来锡对接

洽谈。

(五) 鼓励和推动本地核心光伏企业抱团发展

发挥无锡本地光伏产业链齐全的优势，利用行业平台，鼓励和推动本地核心光伏企业抱团发展。一是鼓励本地光伏企业之间的业务合作，对本地光伏企业之间的采购业务，可以按照采购金额给予1%—2%的奖励。二是鼓励本地光伏企业抱团开拓海外市场。降低企业独立开拓海外市场的风险和成本。三是由无锡政府或者无锡国有资产单位牵头，在越南等"一带一路"沿线国家建立"无锡光伏产业园"，推动光伏企业建立海外生产基地，规避中美贸易摩擦等风险。

上能电气成功走出去

上能电气股份有限公司(简称上能电气或公司)成立于2012年3月，坐落于江苏无锡市惠山经济开发区，公司专注于电力电子电能变换和控制领域，为用户提供光伏并网逆变、光伏电站运维、光伏电站开发、电能质量控制、储能双向变流、新能源汽车充电等产品和解决方案。

2017年，公司响应国家"一带一路"倡议，开拓海外市场，公司首个海外制造基地于2018年8月在印度班级罗尔顺利投产，标志着该司在实施全球化战略的道路上迈出了重要一步。当前，上能电气已成为光伏逆变领域的一线品牌、前沿企业。公司成立以来，业绩连年翻番，2018年实现销售额8.5亿元。

(六) 培育"综合能源服务"龙头，带动配套企业发展

从光伏和风电等新能源应用的场景来看，未来作为综合能源服务产品

选项之一,供给企业、园区、城市将是发展方向之一。这种模式就需要有强大的综合能源服务商带动,光伏和风电企业参与配套实施。就无锡市目前情况来看,双良集团和海澜集团显示出了强大的后劲,有望成为整个新能源行业的新龙头。双良集团深耕挖潜节能节水核心领域,通过掌控"微笑曲线"中高端研发和现代营销的"两个高端",笑傲市场,已从"产品制造商"发展到"系统集成商、投资运营商、能源服务商"。海澜集团则以开展售电业务为契机,吸引了数千家企业和园区入驻平台,为后续提供增值服务打下了坚实的基础。除此之外,无锡供电公司和华润燃气也在关注综合能源服务市场,它们对新能源的认知程度相对更高。这类跨界龙头企业的出现,给无锡市新能源企业带来了新的发展机会。

(七) 建议出台支持本地新能源发展的政策

本地支持分布式光伏电站和分散式风电建设政策迟迟未落地。相比浙江、苏州、上海等地,作为光伏制造业基地的无锡,除了新吴区以外,一直未有相应扶持政策。建议:(1)加快出台无锡本地支持分布式光伏电站和分散式风电发展的扶持政策。支持项目采用本地化产品,推动本地企业销售业绩提升。(2)政府主导,规范分布式光伏项目市场,杜绝恶意竞争,打击市场以次充好、假冒伪劣行为。加快建立无锡地区分布式光伏项目开发企业白名单制度,出台扶持政策支持无锡新能源商会开展"江苏省屋顶分布式光伏公共服务平台"建设。

(八) 发挥行业协会作用

切实发挥无锡贸促会(CREC 组委会)、无锡能源协会、无锡新能源商会在政府、企业、市场中的桥梁作用,会同产业协会做好企业服务,积极应对产业调整困境,在企业提质、增效、去产能、去库存等方面做好服务搭桥。建立产业专家人才库,开展产学研对接、银企对接活动,帮助企业"走出去"拓展市场。充分挖掘商协会会员企业间的产业链上下游资源,加强会员企业间的业务开展。

(九) 引导银行等金融机构继续支持光伏产业

积极与金融机构沟通协调,搞好银企对接合作,主动向金融机构推荐全市重点发展的新能源产业项目,促进金融机构加大对整体实力较强的新能源企业的信贷支持力度,对具有成本、技术、规模优势企业的关键技术创新、兼并重组、“走出去”等重点项目,择优集中支持。建议银行不要收回信贷,帮助光伏企业渡过难关;鼓励银行对中小企业工商业光伏项目提供融资,由企业主出资首付,并提供个人信用担保申请贷款,简便贷款手续和流程,加大中小企业主的投资热情;针对户用项目,建议银行继续实施“光伏贷”。

(十) 进一步发挥 CREC 展会的平台功能

“中国(无锡)国际新能源大会暨展览会”(CREC)自 2009 年创办以来,累计举办高峰论坛 104 场,特邀演讲嘉宾 1 319 人次,累积展览面积超过 17 万平方米,来自 50 余个国家和地区的 2 000 余家企业和机构代表、20 万人次参与,100 余场配套活动同期举行,在国内外新能源展会中拥有较高的知名度和影响力。当前,针对无锡市新能源产业存在的薄弱环节,建议政府加大对展会的投入,发挥展会在吸引项目、资本、技术、人才等方面的平台功能和宣传作用,推进无锡市新能源产业的进一步发展。

表 7 - 5　　行业大事记

建设起止年限	区域	项目名称	项目单位	投资金额
2018—2019	新吴区	江苏亚太轻合金新能源汽车铝材项目	江苏亚太轻合金科技股份有限公司	总投资：9 亿元；2018 计划投资：2.7 亿元
2017—2020	新吴区	无锡村田新能源新型锂离子电池及电极项目	村田新能源无锡有限公司	总投资：35 亿元；2018 计划投资：10 亿元
2018—2019	新吴区	无锡格林美新材料二期	无锡格林美新能源材料有限公司	计划总投资：8 亿元;2018 计划投资：2 亿元

续 表

建设起止年限	区域	项目名称	项目单位	投资金额
2016—2017	新吴区	先导锂电池智能装备生产基地项目	无锡先导自动化设备股份有限公司	计划总投资7亿元，2017年计划投资2亿元
2017—2018	新吴区	松下能源高端动力电池及储能电池项目	松下能源无锡有限公司	计划总投资5亿元，2017年计划总投资2.5亿元
2017—2018	新吴区	亚太科技年产6.5万吨新能源汽车铝材项目	江苏亚太轻合金科技股份有限公司	计划总投资9亿元，2017年计划总投资2亿元
2017	新吴区	格林美动力电池生产基地项目	格林美(无锡)能源材料有限公司	计划总投资3.86亿元，2017年计划总投资1.9亿元
2019—2020	惠山区	上汽大通无锡汽车生产线智能化升级	上汽大通汽车有限公司	计划总投资：6.5亿元；2019年计划投资：5亿元
2018—2018	惠山区	上汽大通无锡分公司能力提升项目	上汽大通汽车有限公司无锡分公司	计划总投资：5亿元；2018计划投资：5亿元
2017—2018	惠山区	无锡铠龙东方新能源汽车项目	铠龙东方汽车有限公司	计划总投资：30亿元；2018年计划投资：24亿元
2018	惠山区	中车时代电动重组一汽锡客项目	湖南中车时代电动汽车股份有限公司	计划总投资8亿元，2018年计划投资4.5亿元
2018—2019	惠山区	超大规模集成电路熔炼锻设备生产线及建造9 000吨单晶硅铸锭、切片生产线项目	无锡京运通科技有限公司	计划总投资27亿元，截至2016年已完成投资5.5亿元，2017年计划总投资6.7亿元
2017—2018	惠山区	铠龙东方新能源汽车项目	铠龙东方汽车有限公司	计划总投资30亿元，2017年计划总投资20亿元
2017—2018	锡山区	无锡精明汽车零部件项目	精明(无锡)金属科技有限公司	计划总投资：6.7亿元；2018年计划投资：4.7亿元

续 表

建设起止年限	区域	项目名称	项目单位	投资金额
2017—2019	锡山区	江苏新日电动汽车一期	江苏新日电动车股份有限公司	总投资：25 亿元；2018 计划投资：5 亿元
2018—2019	锡山区	无锡金杨新能源高容量电池基体	无锡市金杨新型电源有限公司	计划总投资：6 亿元，2018 年计划投资：3 亿元
2018—2019	锡山区	无锡巨轻铝业汽车轻量化及新能源汽车关键零部件智能化生产项目	无锡巨轻铝业有限公司	总投资：5 亿元；2018 计划投资：3 亿元
2019—2024	江阴	江阴远景日产锂电池	远景动力技术（江苏）有限公司	计划总投资：220 亿元，2019 年计划投资：10 亿元
2019—2024	江阴	江阴联动天翼动力锂电池及系统	联动天翼新能源有限公司	计划总投资：200 亿元；2019 年计划投资：20 亿元
2018—2020	江阴	江阴新浩阳风电轴承	江苏新浩阳轴承有限公司	计划总投资：10 亿元；2018 计划投资：1 亿元
2017—2018	江阴	百川股份新能源汽车锂电池项目	无锡百川化工股份有限公司	计划总投资 11 亿元，截至 2016 年年底完成投资 2.5 亿元，2017 年计划总投资 8.5 亿元
2017—2019	江阴	振江新能源大型海上风力发电核心零部件项目	江苏振江新能源装备股份有限公司	计划总投资 5 亿元，已完成投资 0.6 亿元，2017 年计划总投资 4.4 亿元
2016—2019	宜兴	江苏瀚宜能源 250 MW 渔光互补光伏电站	江苏瀚宜能源有限公司	计划总投资：20 亿元；2018 年计划投资：8 亿元
2017—2020	宜兴	宜兴东方环晟高效叠瓦电池组件项目	东方环晟光伏（江苏）有限公司	总投资：50 亿元；2018 计划投资：6.4 亿元
2017—2019	宜兴	无锡中环高纯度晶体硅材料产业化项目	无锡中环应用材料有限公司	总投资：30 亿元；2018 计划投资：6.679 5 亿元

续 表

建设起止年限	区域	项目名称	项目单位	投资金额
2018—2020	宜兴	宜兴远东福斯特高能量密度动力储能锂电池研发及产业化	宜兴市远东福斯特新能源江苏有限公司	计划总投资：66.8亿元；2018年计划投资：8.2亿元
2017	宜兴	国电光伏重组项目	国电光伏(江苏)有限公司	计划总投资：50亿元，2017年计划总投资：3亿元
2017—2017	宜兴	宜兴市杨巷镇250 MW渔光互补光伏电站项目	江苏瀚宜能源有限公司	计划总投资：20亿元，2017年计划总投资：5亿元
2016—2017	宜兴	年产单晶太阳能电池1 200 MW项目	东方环晟有限公司	计划总投资：12亿元。截至2016年年底已完成4亿元，2017年计划总投资8亿元
2017	宜兴	新能源动力电池正极材料前驱体及1万吨正极材料项目	江苏石磷化学工业有限公司	计划总投资35亿元，2017年计划总投资3亿元

作者：徐惠娟、刘洋

第八章　无锡现代生物医药产业发展成效及对策研究

一、现代生物医药产业基本含义

人类对健康与高质量生活的追求，是生物医药产业在当下和未来成为朝阳产业的强劲动能。《健康中国 2030 规划纲要》指出，2030 年中国药物与医疗与世界接轨。这为该产业的未来指明了发展方向。现代生物医药产业即生物技术和新医药产业，主要由医药及医疗器械两大产业体系构成。医药主要包括：原料药、化学药、生物药、中药等；医疗器械，即直接或者间接用于人体的仪器、设备、器具、体外诊断试剂及校准物、材料以及其他类似或者相关的物品。现代医药产业与生物能源、生物电子、生物材料、生物农业、生物环保等领域相连，又与大健康产业相融合，是 21 世纪最具潜力与广阔发展前景的创新产业，是高技术密集型产业，具有高投入、高产出、高风险、周期长的特点。

二、无锡现代生物医药产业发展沿革

无锡作为历史底蕴厚实的工商业城市，与医药相关的产业是 20 世纪 50 年代才建立的，之前仅有零星的中医药加工作坊和若干以大米为原料生产乳酸的小工厂(无锡第二制药厂的前身)。1953 年，无锡第一制药厂设立，以后 20 多年无锡有 10 家国营制药及医疗器械企业。无锡市统计局《1983 年鉴》资料显示，到 1982 年年底，无锡医药局有 12 家医药企业，同时化工局 25 个企业中，有几家生产药用制剂及原料的公司，按当年统计产值口径，医药被包含在化工领域，共计 10.53 亿元，占全市工业产值 12.1%，根据企业构成测算,医药产值3%左右。当年列入全市大中型企业名录的,仅有中型企业无锡酶制剂厂、第一制药厂、第二制药厂。

(一) 1982—2007年,改革开放开启了无锡的现代医药产业

对外开放引进外资企业使无锡有了现代先进技术的制药工业企业。1982年,中国与瑞典的第一家合资企业华瑞制药公司签约,落户无锡马山,1987年正式投产。随后,一批世界著名的医药及器械大公司如阿斯特拉、纽迪希亚、华裕、通用、阿斯利康、罗地亚、帝斯曼等纷至沓来,拥有世界先进水平技术的外资医药与器械企业,不仅给无锡该行业带来规模的扩大,更是构建了高水平的生产技术与工艺体系,带动整个行业上了一个大台阶。1990年,全市医药与医疗器械企业有281家。1999年,全年无锡化学原料药达到9 972吨,中成药393吨,医疗设备销售12.52亿元。同时涌现了一批在国内外享有盛誉的产品,如华瑞与纽迪希亚的肠内外营养产品占全球市场80%以上份额,GE的B超更是在全球占主导地位;国企也有一批名牌产品:第一制药厂的一类新药小诺霉素、山禾药业黄氏响声丸、中药厂的三乐牌蜂王浆等。2000年,无锡工业增加值前100强企业里,华瑞制药列第47位,利税前100强中有华瑞列第28位、阿斯特拉列第29位。

无锡医药产业在外企的带动下有了长足发展,外企成为强有力支撑。同时,20世纪90年代末国企进行转制改革,无锡医药行业中原来的国有企业、集体企业等在市场化竞争中实行股权改革,经历了整合洗牌,一批传统技术工艺落后、效益差的中小企业被关停并转,据不完全统计全市有1/3以上中小企业淘汰出局。经过此轮调整后,无锡医药制造与医疗器械产业进入持续发展。2006年,无锡市政府制定的战略性新兴产业规划,将生物医药产业列入,同时推出面向海外招才引智的530计划政策,新的生物制药业开始在无锡出现,一批中小创新型企业迅速成长。2008年《无锡市行业发展报告》显示,全市有250多家生物医药与医疗器械类企业,规模以上企业105家,销售与工业增加值分别为74.6亿元和24.94亿元。

这个时期的无锡生物医药产业,由一批著名外资企业引领,拥有若干在

国内外市场有影响的产品，行业成长性及效益水平较高，有一批自主创新潜力的企业落地生根。但该行业在全市工业体系中体量很小，其增加值只占全市的1.11%。除外资企业外，大多公司规模小，技术含量也不高，终端产品不多，相当一部分中小企业的产品是中间体，生产工艺水平一般，环境污染隐患不小，产品附加值低，在全国、全省没有明显的优势与知名度。作为无锡工业中的一个门类，影响力有限。

2007年是无锡生物医药产业发展的重要历史节点。当年5月，无锡发生震惊中外的太湖水危机事件，这是后来改变无锡经济产业发展方向的重要事件。在严峻而无情的环保危机面前，无锡开始了城市环境保护与治理，实施一轮城市产业结构调整与企业环保整治。全市做出统一规划与安排，市区工业企业退城进园，重污染企业关闭、外迁出城，腾笼换鸟，工业存量整顿治理，增量项目定位高新技术与环评一票否决，沿太湖岸线5公里范围内不设工业生产性项目，省市各项环保政策条例出台，环保倒逼产业调整。无锡的生物医药产业是重点整顿对象之一，在环保红线内的企业全部搬迁，不符合产业园区环保要求的予以外迁，少部分中小企业合并进入产业园区。2010年左右，无锡本土的传统型中小制药企业仅存寥寥几家，生产中间体的几乎全部清理。

（二）2008—2017年转型成长期

环保整顿后的无锡生物医药产业，仅存一批生产工艺水平高、环保处理设施好的外资企业及少数规模以上本土企业，还有一批研发小企业。2008年《无锡市行业发展报告》显示，2008年生物医药产业销售收入比上年下降14.44%，同时还遭遇国际金融危机后国际市场萎缩。环保的严格要求，迫使无锡该产业向生物技术产业调整升级，原来的化学药、发酵型企业限产、转移、关停。置死地而后生，是实现产业转型升级残酷而现实的路径。被环保倒逼而重创的生物医药产业，将危化为机，寻觅重生路。早在2006年，无锡在省内率先谋划了“三谷三基地”（液晶谷、硅谷、生物谷，动漫产业、信息外包、流程外包基地），其中的生物谷规划以超前的眼光和开阔的国际视野为一个脱胎换骨的新产业描绘了一幅崭新的蓝图，给战略性新兴产业生物医药赋予新内涵。从那时起，无锡新的医药研发外包业与生物产业几乎从零开始，一批海归创新创业领军人才带项目落户发展，同时重点转向医疗器械产业，原有该领域的企业延伸发展为智能医疗、数字医疗大健康产业。

生物医药产业的高技术、高投入、高风险、高回报、长周期、多学科交叉的特点，决定其集聚化发展的特点。专业园区形式的出现是该产业进入快速成长的一个标志。2008 年，无锡生物医药产业园区诞生，开启发展现代高端生物医药产业。2007 年 9 月，无锡生物医药研发外包园区批准设立，2008 年 11 月正式开园，标志着该区域生物医药从“生产制造”向“研发创造”迈出一大步，产业聚焦研发外包；2008 年 2 月，江阴百桥生物产业孵化器设立，成为江阴高新技术开发区新亮点，重点在生物技术、中药研发生产领域，2014 年江阴现代中药及生物医药科技产业园成立；2009 年 8 月，无锡惠山生命科技产业园开业，无锡传统产业发达区域由此注入新动能，产业定位生物制药生产、医疗器械与健康照护；2010 年 5 月，高新区生命科技园开园，表明生物医药与健康产业成为高新区的重要板块，重点关注生物制药与智慧医疗。“十二五”期间，无锡以高起点、高技术、高投入、高集聚打造全新生物医药产业高地，政府每年鼓励发展产业目录中生物医药专项内容都有刷新。各个园区围绕自身产业定位面向国内外招引高端新项目，尤其是从欧美地区为无锡引入先进的生物医药项目和专业人才。一批代表未来生命科技、现代医药研发、智能医疗、先进医疗器械、健康照护等新项目、新企业破土而出，快速成长，年均增长速度均高于全市工业平均水平。由此，无锡生物医药产业进入历史上前所未有的快速发展阶段，持续了 10 年左右，无锡传统医药产业成功转型为现代生物医药产业，成为无锡改革开放 40 年历程中产业不断创新、涅槃重生的缩影。

在此期间，无锡市政府于 2009 年在发改委成立全市八大战略新兴产业协调工作办公室，其中生物医药产业推进办公室设在发改委，2010 年根据国家条线管理要求，生物医药产业办公室调整到市科技局，以利于与国家科技部生物技术发展中心对接协调。

三、无锡生物医药产业概貌

（一）产业规模与结构

2018 年，无锡现代生物医药产业产值 682.2 亿元，比上年增长 11.81%（见图 8－1）。面对国内外生物医药产业竞争与分工大趋势，无锡寻找自身定位与立足领域，既创新开拓，又不断试错与调整。无锡生物医药产业，核心是制药、医疗器械两个类别；重点是药品制造、医疗器械、生物医药研发外包、精准与智能医疗、药包材、其他生物产业等细分类别，其中药品制造（含化学药、生物药及制品、中药）、医疗器械、医药研发外包业领域产值总和占全市总量的 73.62%。

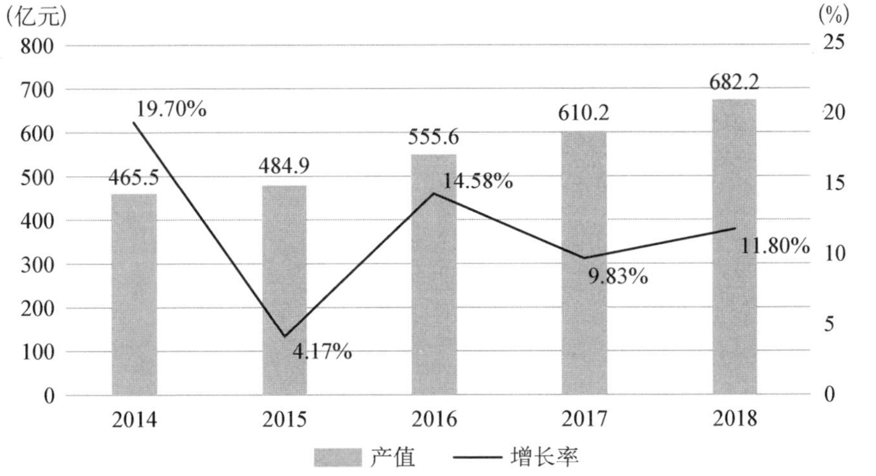

图 8－1　无锡市 2014—2018 年生物医药产业产值情况

（1）药品制造产业：无锡拥有一批化学、生物制药企业，还有中药企业。外资企业的化学药占比 70%左右，如阿斯利康、纽迪希亚、辉瑞、罗迪亚、华瑞等世界著名大公司；内资企业以福祈制药、鹏鹞药业、知原药业等为代表；生物制药企业凭借基因工程、疫苗、海洋蛋白质开发；现代中药主要以全国领先的配方颗粒产品为核心，骨干企业有江阴天江药业等。特殊医学配方食品及保健品产业，有费森尤斯卡比华瑞制药公司，专注于肠内营养产品和注射剂营养产品,2018 年肠内产品销售 39.1 亿元,市场份额占全国第一,肠外产品销售 37.89 亿元,市场份额全国第二;纽迪希亚公司属法国达能集团,主要产品有能全力、白普力、康全力、康全甘以及与配套的系列产品。以上两家公司肠内营养制剂占据国内 90%市场份额。

表 8-1　　2018 年度全国主要城市医药制造业产值情况

城市	产值(亿元)	产值排位	增速(%)	增速排位
泰州	1 156.2	1	17.10	7
北京	1 140.7	2	16.20	8
上海	882.3	3	14.60	9
连云港	834.2	4	20.20	4
长沙	720.8	5	24.70	2
天津	635.7	6	8.80	15
成都	631.8	7	18.40	6
重庆	618.5	8	9.30	14
石家庄	591.7	9	3.50	19
杭州	558.4	10	10.70	12
武汉	475.2	11	9.40	13
台州	420.6	12	3.90	18
南京	384.2	13	24.30	3
深圳	344.3	14	25	1
广州	313.8	15	8.10	16
苏州	304.6	16	−1.10	20
济南	304.1	17	14.10	10
无锡	275.77	18	10.8	11
西安	249.6	19	4.90	17
海口	229.1	20	20.20	5

资料来源:根据火石创造编撰:《2018 年度中国生物医药产业地图分析报告》等公开材料整理。

(2) 医疗器械产业:无锡的医疗器械产业在全国占比居于前列,近年呈现高速发展态势,2018 年度比上年增长 20%。美国通用公司、德国西门子公司和本土海鹰、祥生、海斯凯尔为主的影像检测器械与治疗器械在市场上表现强势,其中祥生彩色手提 PAID 式 B 超在国际市场上享有很高声誉;体外诊断试剂以中德美联、卡尤迪生物公司、申瑞生物制品公司等为代表,手术器械和高值耗材研发生产企业有宇寿医疗、江苏和风、时代天使等。

(3) 医药研发外包产业:无锡是药明康德公司总部所在地,2018 年药明营业收入 96.14 亿元，比上年增长 23.8%，在无锡实现销售 20 多亿元。以它为龙头的医药研发外包产业，在无锡已形成比较完善的产业链，从化学小分子药物筛选、定向靶标试验、药物合成、大分子生物药物试验，到药物与器械的安评、临床试验等全流程。全市集聚的 170 多家医药外包企业中，以药明康德为领头羊，同时还有傲锐东源、捷化医药等新锐型企业，也有 5 人左右的小公司，在各自细分领域的技术水平处于国内、国际领先水平。

（4）精准与智能医疗产业：凭借在细胞治疗、基因治疗、基因检测等领域的研发基础与实践经验，无锡起步较早，细胞治疗产业联盟拥有 20 多家成员企业。博雅干细胞科技公司走过近 10 年发展历程，2018 年再次通过美国血库协会 AABB 复审，获得最新认证证书；无锡生基医药公司，以美国 FDA 批准的 CAR-T 细胞疗法为核心，打造领先的临床级病毒载体研发与 GMP 生产服务平台。着眼远程医疗、精准医疗、健康照护等领域的巨大需求，融合物联网、大数据等现代信息技术，无锡已涌现一批聚焦系统解决方案、软硬件集成的智慧医疗企业，如曼荼罗科技、识凌科技、蝶和科技、闻心科技等。

（5）医药包装材料产业：无锡拥有专业药包材企业 30 多家，2018 年生产产值 35 多亿元，其中华蓝药用新材料公司、江阴宝柏包装公司在业内有一定影响力。

（6）其他生物产业：生物农业，主要企业有江苏永绿肥料厂、无锡巨大生物宜兴协联生物；生物环保业，宜兴环保科技园区集聚了一批骨干公司，并在全国行业内领先，主要企业有凌志环保、鹏鹞环保、艾特克环境等；生物材料业，近年涌现了如尚诣纳米技术、无锡百运纳米生物科技等创新型企业。

（二）产业分布与特点

全市生物医药产业在 7 个行政板块中，新吴区、宜兴、滨湖、江阴、4 个地区的产出占全市总量 90%左右，产业集中度较高。全市拥有 4 个生物医药产业专业园区，分别为无锡新吴区生命科技园、无锡马山国家生命科学园、江阴现代中药及生物医药科技产业园和无锡（惠山）生命科技产业园，汇聚了所在版块 90%左右生物医药企业，成为全市该产业的集聚高地。2018 年年底，4 个专业园区,总计面积 6.35 平方千米,建有专业载体 78.6 万平方米,入驻企业 562 家,占全市企业数的 80%。4 个园区总计雇用员工 14.6 万人,75.84%以上拥有大学本科及以上学历,其中博士 3.13%、硕士 10.12%。

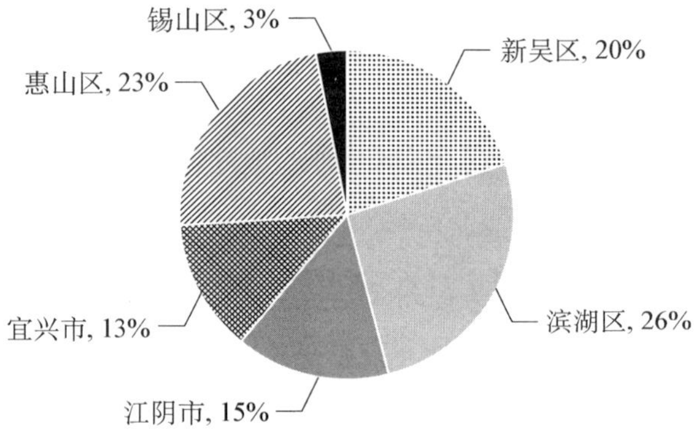

图 8-2 无锡生物医药企业分布情况

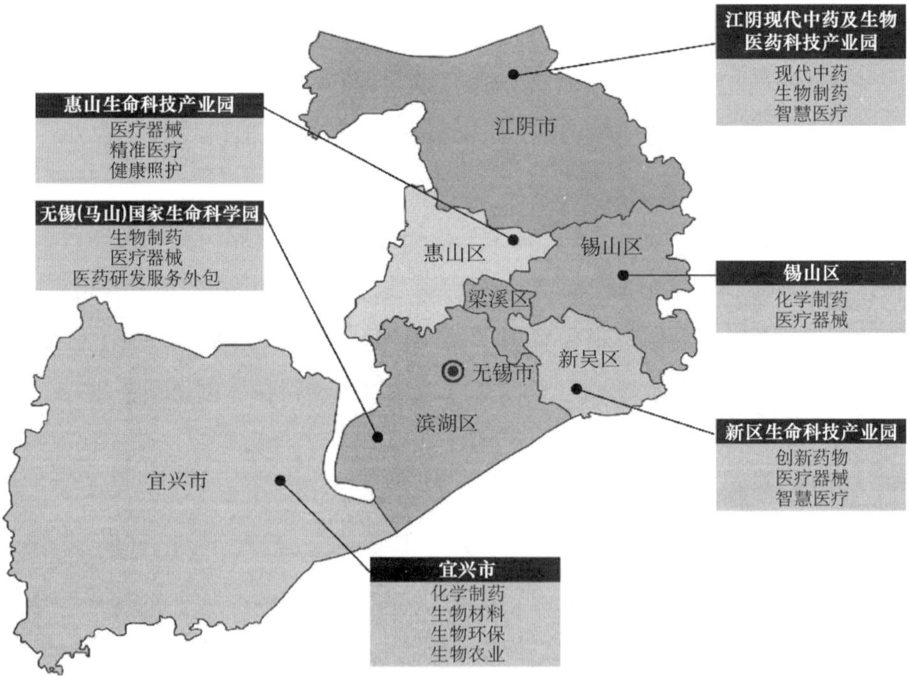

图 8-3 无锡市生物医药产业地图

（三）企业规模与结构

2018 年，无锡生物医药产业企业有 700 家左右，规模以上企业有 170 家左右，企业数比去年增加 100 家左右。整个产业由外资企业引领，一批跨国企业是业内支柱，2018 年外资企业有 160 多家，累计投资总额 30 多亿美元。无锡生物医药在国内外上市公司 6 家，其中 A 股 3 家企业、港市 2 家、美国纳斯达克 1 家，被上市公司收购兼并的有 5 家，新三板挂牌的有 18 家。目前进入上市准备辅导期的企业有 5 家。

表 8-2 无锡市生物医药产业上市企业情况(截至 2018 年 12 月)

序号	证券代码	证券简称	上市日期	上市板块	地区
1	000518.SZ	四环生物	1993 年 9 月	深交所主板	江阴
2	2269.HK	药明生物	2017 年 6 月	港交所	滨湖
3	08281HK	中国金典	2016 年 7 月	港交所	江阴
4	603585	苏利股份	2016 年 12 月	上交所	江阴
5	603259.SH	药明康德	2018 年 5 月 8 日	上交所	滨湖
6	02010.HK	瑞年国际	2010 年 2 月	港交所	滨湖
7	CBMG	西比曼生物	2014 年 6 月	纳斯达克	惠山
8	831488.0c	华宏医药	2014 年 12 月	新三板	江阴
9	831587.0c	万事兴	2014 年 12 月	新三板	江阴
10	834341.0c	杰西医药	2015 年 11 月	新三板	新吴
11	834612.0c	百意中医	2015 年 12 月	新三板	江阴
12	835659.0c	佳健医疗	2015 年 12 月	新三板	锡山
13	835730.0c	尚沃医疗	2016 年 1 月	新三板	新吴
14	836163.0c	美安医药	2016 年 3 月	新三板	新吴
15	836547.0c	无锡晶海	2016 年 3 月	新三板	锡山
16	836959.0c	阳生生物	2016 年 4 月	新三板	江阴
17	836971.0c	禾信医药	2016 年 3 月	新三板	新吴
18	839367.0c	朗高养老	2016 年 10 月	新三板	滨湖
19	839732.0c	力博医药	2016 年 11 月	新三板	江阴
20	871670.0c	兰桂医疗	2017 年 7 月	新三板	新吴
21	870416.0c	天章医用	2017 年 2 月	新三板	惠山
22	872223.0c	泰得科技	2017 年 9 月	新三版	梁溪

(四) 主要重点产品

无锡企业在国内市场占有很强竞争优势的产品有阿斯利康的洛赛克、倍他乐克、易瑞沙,纽迪希亚公司的肠内营养乳剂,通用电气、祥生科技的彩色B超,天江药业的中药配方颗粒,健特药业的脑白金、黄金搭档,宝柏公司的药用包装复合膜,华兰生物公司的药用丁基胶塞,等等。无锡医学影像设备、单克隆抗体药物、基因检测、细胞治疗、特殊医学配方食品、中药产品,以及基于物联网、大数据的智能医疗软件硬件系统产品等优势突出。2018年,产值超亿元的企业有50多家,销售超10亿元的企业有20多家。药明康德生物医药研发外包服务产品引领全国该行业,带动无锡形成研发产业链特色。生物反应器、生物菌种延伸产品、生物育种系列产品在无锡现代高科技农业园区内集聚,在业内形成一定影响。

表8-3　无锡市生物医药重点企业

序号	企业名称	主营产品	备注
1	无锡药明康德生物技术股份有限公司	单克隆抗体、疫苗、重组蛋白等生物制药"一站式"研发和产业化技术服务	上市企业;全球CRO行业领先
2	阿斯利康制药有限公司	普米克令舒、可定、倍他乐克、信必可、洛赛克、泰瑞沙	世界500强
3	辉瑞制药(无锡)有限公司	盐酸表柔比星,盐酸多柔比星等抗肿瘤药(冻干粉针剂、小容量注射剂)	世界500强
4	华裕(无锡)制药有限公司	聚丙烯输液瓶、多层共挤膜输液袋、米氮平片、乌拉地尔等	大陆最大台商独资制药企业
5	费森尤斯卡比华瑞制药有限公司	肠外、肠内营养系列产品	肠内产品市场份额列全国第一、肠外产品市场份额列全国第二
6	纽迪希亚制药(无锡)有限公司	肠内临床营养产品(ECN、CAS)、特殊医学用途配方食品(FSMP)	世界500强
7	通用电气医疗系统(中国)有限公司	超声主机、超声探头、麻醉机	世界500强;超声探头系列产品占据全球市场份额60%以上

续　表

序号	企业名称	主营产品	备注
8	江阴天江药业有限公司	中药配方颗粒	全国中药配方颗粒行业协会会长单位
9	江苏四环生物制药有限公司	甲钴胺分散片、破壁灵芝孢子粉胶囊、雪域骨宝胶囊等	上市企业；甲钴胺分散片为超亿元大品种
10	无锡济民可信山禾药业股份有限公司	醒脑静注射液、硫酸依替米星注射液、黄氏系列（黄氏响声丸、响声茶、响声含片）	国家中成药及天然药物提取和深加工产业化开发基地
11	江苏鹏鹞药业有限公司	抗癌平丸、益肝灵分散片、阿奇霉素分散片、破壁灵芝孢子粉胶囊等	
12	无锡福祈制药有限公司	硫酸奈替米星	
13	无锡晶海氨基酸有限公司	L-异亮氨酸、L-缬氨酸、L-亮氨酸、L-脯氨酸等系列氨基酸产品	国内规模最大的氨基酸生产企业之一
14	无锡时代天使医疗器械科技有限公司	口腔正畸隐形矫治器	国内口腔无托槽隐形矫治领域领军企业
15	无锡祥生医疗科技股份有限公司	全数字彩色超声诊断设备	

（五）新品开发

创新型企业发展势头迅猛：2018年药明生物公司的艾滋病治疗创新药获批上市；祥生医疗新研制的低功耗、便携式超声诊断系统及探头，海斯凯尔的无创肝纤维化和脂肪变量化检测系统，均获医疗器械产品注册证并实现销售；傲锐东源“间变性淋巴瘤激酶（ALK）特异性抗体试剂”获得三类医疗器械注册证书；通用电气、尚沃医疗、祥生医疗、三联生物等企业一批创新成果项目纷纷获得相应二类医疗器械产品注册证。在研产品中有一批创新项目进入一期与二期临床。曙辉药业的环孢素软胶囊成为江苏省首个产业化生产的MAH试点品种。

表 8-4　　无锡市生物医药创新型企业

序号	企业名称	主营产品	备注
1	无锡傲锐东源生物科技有限公司	个性化体外诊断试剂盒(单克隆抗体)	全球最大人全长基因克隆库
2	博雅干细胞科技有限公司	干细胞储存、研发与临床应用	通过美国血库 AABB 认证
3	无锡尚沃医疗电子股份有限公司	呼气分子诊断与吸气分子治疗设备与耗材	
4	江阴力博医药生物技术有限公司	红细胞、血小板血型血清学检测、与 RBC、HPA、HLA 分子生物学检测以及肿瘤检测	国家卫健委全国血型库基地
5	江苏风和医疗器材股份有限公司	微创外科手术器械与耗材	
6	江苏普莱医药生物技术有限公司	抑菌肽系列产品,国家 I 类抗感染新药和国家 I 类抗真菌新药	承担国家"十二五"重大新药创制项目
7	无锡贝迪生物工程股份有限公司	高纯度完整三螺旋结构大分子活性胶原	
8	江苏三联生物工程有限公司	硬基质蛋白质芯片	
9	无锡海斯凯尔医学技术有限公司	剪切波组织定量超声诊断仪、影像引导一体化弹性成像系统	
10	无锡市申瑞生物制品有限公司	体外诊断试剂、临床检验分析仪器	
11	无锡中德美联生物技术有限公司	儿童遗传疾病筛查试剂盒、法医 DNA 检测试剂产品	
12	江阴贝瑞森生化技术有限公司	多肽及蛋白质类医药中间体	
13	江苏艾尔康生物医药科技有限公司	细胞治疗技术研发与临床应用	
14	江苏曼荼罗软件股份有限公司	DoqLei 电子病历	
15	无锡识凌科技有限公司	医院物联网信息化集成平台和 RFID 智能终端设备	

(六) 科研与公共服务平台

组织实施技术研发项目68个，其中国家“重大新药创制”科技重大专项资金项目3个，参与企业有天江药业、普莱医药、鑫连鑫生物等；省重点研发计划生物医药技术专项12个，其中有无锡申瑞生物制品有限公司、无锡蕾明视康科技有限公司、江南大学等；市级科技发展资金生物医药技术创新与研发专项53个，其中41项医疗器械创制项目、10项新药研发项目和2个仿制药一致性评价品种。2018年，无锡生物医药获得国家科学技术奖2项，江苏省科学技术奖10项。

截至2018年年底，全市建有省级生物医药类工程技术研究中心27家，市级工程技术研究中心52家，涵盖了生物制品、现代中药、医学影像、医用材料、临床营养、生物发酵等领域。全市拥有生物医药公共技术服务平台14家，面向全社会提供服务，辐射长三角区域内企业，给产业发展及同行交流给予支持。

表8-5　　无锡市生物医药科技服务平台

1. 江苏省无锡新药开发公共技术服务中心	联系电话：0510-85992828 地　　址：无锡市滨湖区马山梅梁路88号马山国家生命科学园Ⅰ期 网　　址：http://www.bio-park.org/
2. 江苏省生物药物研究公共服务平台	联系电话：0510-81831453 地　　址：无锡市滨湖区马山梅梁路88号马山国家生命科学园Ⅰ期 网　　址：http://www.wuxibiologics.com.cn/
3. 江苏省国际干细胞联合研究和产业化公共技术服务中心	联系电话：0510-85996831-2125 地　　址：无锡市滨湖区马山梅梁路88号马山国家生命科学园Ⅰ期 网　　址：www.boyastem.com
4. 江苏省原子医学研究所科技公共服务平台	联系电话：0510-85514482-3520，13861796603 地　　址：江苏省无锡市钱荣路20号 网　　址：http://www.iwithu.net
5. 无锡市动物实验开放性技术服务平台	联系电话：0510-68781011 地　　址：无锡市梅园杨巷117号 网　　址：http://www.jipd.com/jipd/jipd

续 表

6. 江苏省食品安全分析检测公共技术服务平台	联系电话：0510－85506560 地　　址：江苏省无锡市钱荣路7号 网　　址：http://www.jsim.cn
7. 无锡生物制药创新研发科技公共服务平台	联系电话：0510－85329024 地　　址：无锡市蠡湖大道1800号江南大学药学院
8. 无锡市医药检测公共技术服务平台	联系电话：0510－6611 2731 地　　址：无锡市新区长江南路37号 网　　址：http://www.wxyjs.com
9. 无锡市生物育种技术公共服务平台	联系电话：0510－66901819，18851588869 地　　址：滨湖区建筑西路777号A3幢2层 网　　址：http://www.biobreeding.com/
10. 江苏省无锡发酵工程公共技术服务中心	联系电话：18801515068 地　　址：滨湖区江南大学国家大学科技园C区
11. 江阴百桥国际生物科技孵化园生物医药专业化公共技术平台	联系电话：0510－81602229、13706162628 地　　址：江阴市砂山路85号
12. 无锡市精准医学公共技术服务平台	联系电话：0510－83596708 地　　址：惠山大道1699号惠山生命园C区5号楼一楼
13. 无锡市基因检测科技公共服务平台	联系电话：18136283550 地　　址：惠山大道1699号惠山生命园C区7号楼1层
14. 无锡市健康管理公共服务平台	联系电话：0510－85550121，13771038659 地　　址：滨湖区鼋渚路江苏省太湖疗养院

2018年8月，惠山生命园引进加拿大著名院士麦德华领衔的国际顶尖免疫学和肿瘤研究团队，建立华泰创新药技术研究院，设立了抗肿瘤小分子靶向药物和单克隆抗体药物研发平台、干细胞临床应用研发中心等生物医药综合性平台。

四、无锡生物医药产业发展优势及存在的问题

(一) 无锡生物医药产业的主要优势

(1) 呈现“五高”特性。市场化程度高，与国际市场相连，企业群体99%外企与民企；创新程度高，每年的研发投入与新品开发费用远高于其他产业，一批外资大公司研发基地落户，民营企业新品研发投资高速增长；技术站位高，以现代生物技术作支撑，高学历年轻人群从业运行，专业技术人员比例占2/3以上；高成长性，近6年平均增长率13.48%，远高于其他传统产业，经济效益高，产业利税水平近5年稳定而快速增长，高于其他产业。

(2) 产业定位有特色。无锡生物医药研发外包服务业引领全国，在全球名列前茅，以药明康德公司为龙头的外包产业链已基本形成，投资50亿元正建设中的药明生物生命科技园边建设边发展，已有一批新锐企业入驻园区。无锡医疗器械在全国占有一席之地，医用医疗器械占全国市场的6%左右，体外诊断试剂领域更有企业集群与世界一流团队相连。制药业以世界著名药企为龙头，阿斯利康、纽迪希亚等以高品质专业产品占领市场优势。

(3) 科技创新后劲强。近两年无锡地方政府抓国际大公司研发中心基地与研发总部落户，取得明显成效，生物医药产业领域已有多家将创新与研发中心入驻无锡，同时引进国内外专业研究院及公共创新研发平台，江南大学医学院建立也给科研与人才培养注入了活力。民营企业科技投入积极主动，与国际间产学研合作活跃。全市4个专业园区，入驻了一大批中小创新型企业，创新活跃度高，部署未来新技术项目，从抗体药物、细胞、基因治疗新药及技术到智能医疗器械，纳米生物项目增加，医疗特殊食品项目布局已成型，后劲可期。全市先进、完备的工业制造体系是该产业发展的坚强支撑与有利条件。

(4) 专业化园区聚焦发展。目前全市4个板块拥有生物医药产业的专业园区，区域分布合理，各个园区从实际出发，结合具体环境要求，都有自身

明确的细分产业定位,产业功能特色鲜明,有竞争也有合作协调。马山园区专注生物医药研发外包及大健康产业,惠山园区重点在生物医药制造及医疗器械业,新吴区园区突出高端制药与智能医疗业,江阴园区打造现代中医产业及医疗器械诊断试剂等。园区都建有良好的基础设施硬件与公共技术服务平台,项目孵化器功能全,管理运营团队专业化基础较好。

(二)无锡生物医药产业发展存在的不足

(1)环保制约发展空间。根据《太湖流域管理条例》《江苏省太湖水污染防治条例》规定,无锡生物医药产业发展地域空间与环保容量受较大制约。

(2)该产业在全市、全省占比低体量小,总体水平不突出。

(3)药物制造业外企独大,本地龙头企业少,中小企业多,产业上下游协同联动体系不强,尤其市场推广营销渠道支撑不强。

(4)专业人才缺口大,矛盾突出。

(5)近年政府政策扶持力度不足,与周边城市相比,差距不小。

五、生物医药产业市场趋势简析

(一)全球生物医药行业持续较快增长

全球医药行业数10年高速增长。2019年,全球药品市场需求将达12 249亿美元,2015—2019年全球药品市场需求年均复合增长率将维持在4%—5%;新兴市场的药品需求增长尤其显著,增速将达到6.9%—9.9%(见图8-4)。中国是医药行业全球最大的新兴市场,2017年,我国医药工业总35 699亿元,10年复合增长率为18.2%,远高于全球市场。据中金研究所预测,2020年,中国将成为全球仅次于美国的第二大市场,市场规模将达1 095亿美元,市场份额从目前的3%上升到7.5%(见图8-5)。

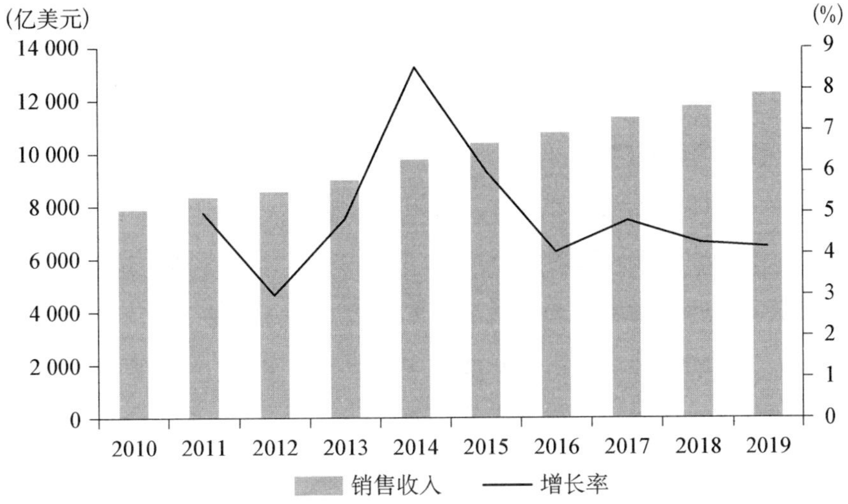

图 8-4　全球医药市场规模及增长率

资料来源：智研咨询发布的《2019—2025 年中国医药行业市场全景调查及发展前景预测报告》及公开资料整理。

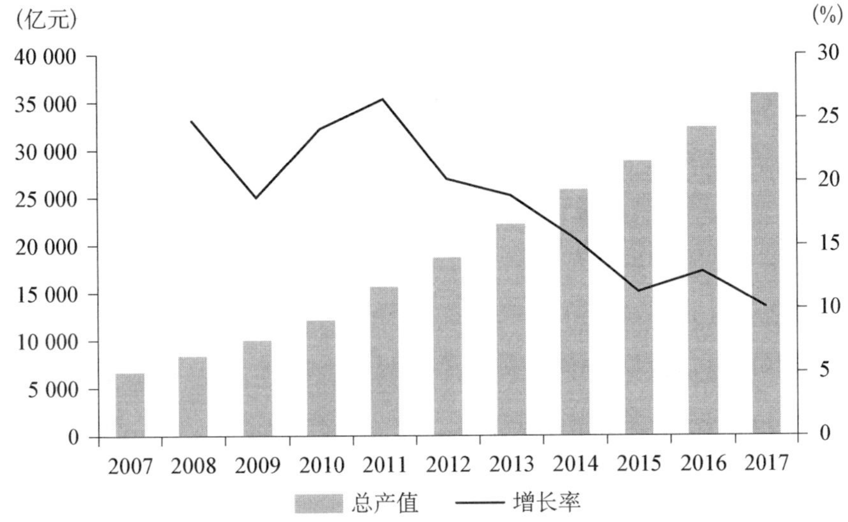

图 8-5　2007—2017 年我国医药工业总产值及增速情况

资料来源：智研咨询发布的《2019—2025 年中国医药行业市场全景调查及发展前景预测报告》及公开资料整理。

(二)生物药成为整个产业增长亮点

2016 年,全球生物药销售达 2 208 亿美元,占有率为 19.1%,近 5 年复合年增长率为 7.7%,远高于非生物药增速。预计未来 5 年生物药市场将保持 9.7%的复合增长率,2021 年市场规模将达到 3 501 亿美元。2017—2022 年生物药占整体市场的比重从由 26%增加到 30%。中国的生物药占整个产业约 15%,近年增长强劲,预计 2016—2021 年复合年增长率为 16.4%,中国将成为全球整个生物药市场增长最快的地区。中国生物医药产业已形成长三角、环渤海、珠三角为核心的产业发展空间格局。长三角地区生物医药产业创新能力和国际交流水平较高,已逐步形成以上海为核心,江苏、浙江为两翼的生物医药产业集群;环渤海地区拥有丰富的临床资源和教育资源,围绕北京形成了创新能力较强的产业集群;广东则形成了以广州、深圳为核心的生物医药产业集群。

(三)特色药物发展提速

据世界卫生组织统计,目前全世界 40 亿人使用中草药治病,我国中药材出口范围已经覆盖世界近 200 个国家和地区。中药业,中国中药近 5 年复合增长率 17%左右,日本汉方药增速 15%,韩药也在 10%以上。2017 年,我国中药材行业市场规模约 746 亿元,增长了 11.3%。中药配方颗粒市场大概有 120 亿元的销售规模,中药饮片销售规模是 1 800 亿元。市场调研显示,配方颗粒规模的关键在于是否进入地方医保系统,已将配方颗粒纳入医保报销的北京,配方颗粒和传统饮片的用量比例是 1∶1。如医保政策放开,中药配方颗粒将具有巨大市场机会。目前国家放开的 6 家配方颗粒试点企业,销售增势强劲,近年总体年均增长率在 40%以上。江阴天江药业公司 2018 年销售收入 35 亿元,增长 34%。

中药占中国整个产业 30%左右,中药的复合增长率,高于同期化学药增速。2018 年 11 月举行的中国国际中医药大健康博览会的专业论坛上,业内人士认为,中药产业最大的份额还是在中国,有近万亿元,未来增长依然有两位数。中药行业增长既有需求量增长因素,也有价格上涨原因,中药在质量与深加工等方面有很大提升空间。

(四) 新药研发服务外包业崛起

医药研发外包服务业(CRO)作为现代服务业中的一种新产业,具有高技术含量、高附加值特点,已成为北京、上海、无锡等城市发展亮点,凭借中国丰富的科学人才资源与政策支持及完善的基础建设,已经成为亚洲医药研发外包首选地。据不完全统计,全国有医药研发服务外包企业 2 000 多家,每年呈现 20%以上增长。业务主要集中在:一是临床前研究,包括先导化合物的合成和改造、化合物活性筛选、新化合物建库、临床前药理学研究、毒理学研究、药代学研究(药物吸收、分布、代谢、排泄)、动物模型等;二是临床试验,包括试验设计、研究者和试验单位的选择、监查、稽查、数据管理与分析、临床样品检测等;三是其他服务(主要为新药上市服务),包括新药上市申报、上市后安全检测、市场推广等。2018 年度无锡药明康德公司的销售收入(按同期平均汇率)97.39 亿元,增长达到 25.4%,纯利润 22.61 亿元。全球制药产业的新药研发外包迅速上升,跨国大制药公司在降成本的驱动下,外包业务逐年扩大,而生物技术与专业药厂因缺乏设施,外包需求强劲,未来 5 年该市场有望保持在 15%—20%的增长速度。

(五) 医疗器械产业增长空间可观

根据 TrendForce 数据显示,2017 年全球医疗器械市场规模为 4 281 亿美元,预期 2023 年可达 5 607 亿美元,总体医药器械市场趋势为稳定增长,2016—2023 年复合增长率为 4.03%(见图 8－6)。从区域看,北美继续领跑,市场份额达 43%,欧洲 30%,亚洲 10%,其他 17%。

据《中国医疗器械行业发展报告(2017)》显示,2017 年,我国医疗器械行业市场规模高达 5 233.4 亿元,过去 6 年来年复合增长率达到 18.2%,其中:医用医疗器械在整个医疗器械市场中占据绝对主导地位,实现了 3 805 亿元左右的销售收入,占比高达 72.7%;家用医疗器械实现收入 1 429 亿元左右,行业市场占比为 27.3%;中低端市场规模在中国整个医疗器械市场

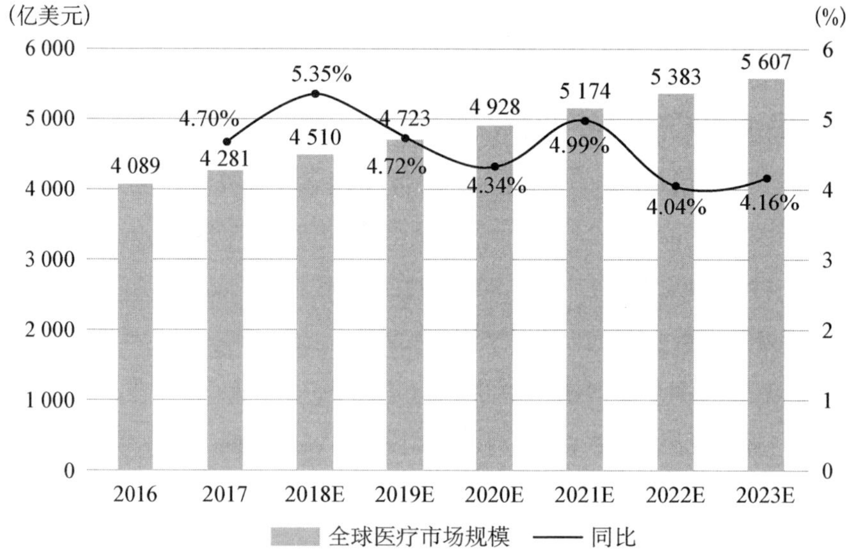

图 8-6　2016—2023 年全球医疗器械行业规模及预测

中的占比高达 75%左右。预计 2019 年市场规模 6 000 亿元左右,其中影像设备、体外诊断和高值耗材占据医疗器械市场前三位,分别占到总市场规模的 19%、16%、13%。全球医疗器械市场规模大致为全球药品市场规模的 50.39%,而我国这一比例仅为 24.71%。同时,我国人均医疗器械费用支出远低于发达国家。发达国家人均医疗器械费用皆大于 100 美元,瑞士高达 513 美元,而我国人均医疗器械费用仅为 6 美元。随着人口老龄化进展、人均可支配收入增长和政策支持,未来医疗器械行业有广阔的成长空间。国内医疗器械产业的政策、市场和新技术是发展三大关键性因素。政策上分级诊疗、医保提升覆盖率、两票制、进口替代产品优先等给行业注入动力和拓展市场空间,早筛技术、人工智能、3D 打印、医疗机器人、新材料技术带来颠覆性变化。

目前医疗器械产业呈现的主要特点:一是国外巨头抢占中国市场,内资企业挑战大,GE、西门子、强生、飞利浦、岛津、东芝等世界强企都已在中国扎根,并不断增加投资。国内企业少有品牌大型企业,在研发与创新上差距大,实现进口替代是第一目标;二是行业并购、结构转型是总趋势,通过同类产品并购、产业链并购到平台化收购，行业整合度获得提高；三是高端医疗器械占据主要市场容量，产品向定制化和高附加值方向发展，竞争越加激烈；四是产品与服务相结合，单纯生产销售企业将难以生存，“产品＋服务”商业模式占主导；五是产业平台化、智能化、网络化，“互联网医疗＋智能设备”模式大行其道，大数据平台和智能设备（包括可穿戴设备和医疗机器人）将是未来医疗器械服务产业大方向，制造企业的信息化、智能化、网络化，构造健康大数据、慢病管理平台是大趋势。

（六）大健康市场强劲需求催生新产业

人类对健康生活的强劲追求，对传统生物医药产业提出更高要求，不仅外延扩展，内涵也不断深化，大健康成为与生物医药密切融合、具有巨大市场潜力的新兴产业。大健康产业，有产品与服务主导两大领域，包括医疗产品、保健用品、营养食品、医疗器械、保健器具、休闲健身、健康管理、健康咨询等多个与人类健康紧密相关的生产和服务领域。德勤在《2018 全球生命科学展望》中提出，全球医疗支出从 2015 年的 7 万亿美元到 2020 年达到 8.7 万亿美元。

《“健康中国 2030”规划纲要》给该领域发展指出了明确的目标，大健康产业在中国无疑会成为未来经济发展的最大引擎。一是中国人均医疗健康支出与其他国家相比，落差空间较大（见表 8－6）。二是中国人口老龄化，2030 年，全球 60 岁及以上的老人将由 2015 年的 9.01 亿上升至 14 亿，增长率 56％；其中，中国同期增长率为 71％，同期老人比率由 2015 年的 15％上升至 2030 年的 24％（联合国资料数据，2015）。三是中国慢性疾病多发，2020 年慢性病致死将达 75％以上。四是以癌症为首的重大疾病增多，市场需求面临快速增长趋势。五是据《产业报告大厅》资料，全球医疗健康支出总额占 GDP 总额 9％，支出额从 1995 年的 2.2 万亿美元增长到 2013 年的 6.62 万亿美元，年复合增长率为 6.3％。如仍按此增长率预测，到 2020 年，全球健康支出的总额将达到 10.16 万亿美元。2016 年，中国的医保市场达到 5.6 万亿元，医疗器械市场达到 3 700 亿元，医药及健康产品销售达到

1.83万亿元;医疗保险支出达到4.63万亿元。《"健康中国2030"规划纲要》明确提出,健康服务业总规模于2020年、2030年超过8万亿元,占GDP比重达到6.5%,2030年达到16万亿元,大健康产业的利润在10%—30%。

表8-6　2010—2014年部分国家年人均卫生费用　单位:美元

年份	中国	美国	英国	法国	俄罗斯	澳大利亚	韩国	日本
2010	220	8 269	3 491	4 584	727	5 325	1 505	3 742
2011	279	8 524	3 649	4 994	880	6 368	1 650	4 110
2012	329	8 790	3 649	4 699	963	6 544	1 715	4 654
2013	375	8 988	3 685	4 955	1 024	6 258	1 870	4 749
2014	420	9 403	3 935	4 959	893	6 031	2 060	3 960

* 资料来源:Wind数据库。

中国大健康产业看好,高速增长,近5年复合增长率10%左右,高于全球水平;传统医疗模式向预防、治疗、保养模式转变;"治未病"待开发蓝海;保健品行业进入黄金期,市场规模从2010年的1 000亿元到2020年的4 500亿元;大健康服务及管理业有大数据平台与人工智能支撑;以云计算、大数据、物联网为代表的信息技术的智能医疗已经聚集了足够强大的产业技术和资本力量。

(七) 医改迎来产业发展机遇

中国医疗体制与全民医保制度的改革与完善,给整个生物医药产业及其大健康领域带来发展空间与机遇。随着越来越多的政策扶持创新药,创新药研发已经成为中国医药制造行业的重点发展方向,特别是国家"十三五生物医药规划",指明了医药发展方向。近年来自上而下推行的医改,如:药品审批制度对创新药优先审批,缩短创新药上市进程;药品上市许可人制度(MAH)鼓励药品创新主体多元化;各级政府医药专项补贴;等等。

随着《"健康中国2030"规划纲要》的发布,各项具体政策在各地方逐步落地与具体化。党的十九大提出的"人民日益增长的美好生活需要和不平衡不充分的发展之间的矛盾"高度概括了中国健康行业的现状。城市和农村医疗条件不平衡，慢性病治疗、老年照护和药品短缺的不充分等问题日益突出。新农医疗体系建立，国家承担医疗费用比例不断提高，个人负担逐步减轻，政府购买公共健康服务专项正在扩大。2017 年 10 月发布的《健康无锡 2030 规划纲要》，把发展健康产业列为重要内容，到 2020 年全市健康产业达到 1 800 亿元，2030 年达到 3 500 亿元，产业重点为医药及医疗器械制造业、健康服务业、健身休闲产业等。

六、无锡生物医药产业发展研判

生物医药产业被称作 21 世纪永不衰落的朝阳产业，生物药品业未来被全球看好的发展前景不容置疑，医疗器械市场规模高速扩张更是诱人的大蛋糕，中国的大健康产业规模列全球第一。在全球生物医药产业发展看好、研发外包崛起、国内庞大市场刚需的前提下，未来无锡作为中国长三角沿海城市体现产业竞争力，发展生物医药产业是必然选择。生物医药产业作为无锡战略性新兴产业与未来重要产业，在全市经济发展规划及空间地理规划上给予一定位置。

无锡生物医药产业发展中找准细分领域定位，做强 4 个特色行业：生物医药制造业、医药研发服务外包业、医疗器械业、精准与智能医疗。

全市 4 个园区成为产业高地，从自然禀赋与自身优势出发，每个园区突出一个特色主业，协同发展。马山园区以医药研发外包业为龙头，并行发展生物制药业以及干细胞技术研究与转化应用医疗、保健、康复为一体的生命健康产业；新吴园区以现代制药业为基础，发展智能医疗业；惠山园区以生物制药业为主体，并行发展医疗器械及大健康领域的精准医疗业；江阴园区以现代中医药及保健品产业引领，结合医疗器械发展。

无锡生物医药产业重在做质、做优、做特、做精，实行真正高质量发展模式；做细分行业的单打隐形冠军。围绕四大产业定位，采取各种形式与集聚资源的手段建设在国内乃至国际具有先进水平的专业研究机构与联盟平台。每个园区至少建立一个在区域、国内专业领域有影响力的新型研发机构。

未来 3 年无锡生物医药产业将实现年均两位数增长率，其中医疗器械、研发外包服务业与精准与智慧医疗产业会有高速增长，年均达到15%左右。在全国生物医药产业园区中有无锡园区跻身前20位，有2个细分行业列全国第一，累计在国内外上市企业8家左右，新涌现5个左右知名品牌，集聚国内外专业高端人才800人以上，在业内有2个单项科技研发领域引领国内外。无锡将成为长江三角洲地区生物医药产业高水平发展的重要城市，并辐射周边城市，在国内有一定影响力，同时在国际该产业领域里有广泛的合作交流，赢得一定声誉。

七、无锡生物医药产业发展对策

(一) 制定一个专项规划

市政府牵头，相关职能部门及社会研究咨询机构共同参与，制定“无锡市生物医药产业2020—2030发展规划纲要”“无锡市生物医药产业2019—2021三年发展实施行动计划”。其重点是环保规划的衔接与产业发展空间的布局定位。建立“无锡生物医药产业发展专家咨询委员会”，由国内外生物医药专家、医药政策及监管专家、大型国际生物医药企业高层人士等组成，为产业发展提供战略咨询。

(二) 成立无锡现代生物医药产业园区管委会

常设机构与无锡生物产业推进办公室一套班子，由科技、省药监分局、卫健委、市场监管、医保、环保等部门人员组成，创新全市4个专业园区运行管理模式，下设马山医药研发外包及大健康分区、惠山生物制药及器械分区、新吴现代制药及智能医疗分区、江阴现代中药及保健品分区，对外对上打造一个统一园区品牌“无锡大健康高科技产业园”，统计上合并报表，全市范围整合各类资源及产业服务平台，各项业务活动以全市细分行业联盟为纽带展开。各分园区独立运行，按各自行政隶属管理，产业发展业务上接受市园区管委会指导。

建设一个有效工作部门。明确、完善无锡市生物医药产业促进办公室(现设立在市科技局)新的职能与职责任务，补充新的成员单位，充实具体工作人员。办公室对上与国家科技部中国生物技术发展中心连接，与江苏省科技厅社发处沟通，理顺政策与业务关系；以 4 个产业园区为重心，建立强有力业务工作网络体系；由企业推动建立无锡生物医药行业协会，架设政府为企业服务的桥梁与平台。

(三) 制定出台一套政策

政策站位既要高，又要立足长远，更要有超强力度。无锡生物医药产业本身与周边先进兄弟城市相比优势并不明显，差距不小，尤其是近几年政策重视度不够。出台强有力政策与专项 3 年行动计划，加大执行力度，在综合产业、医疗大健康、卫生医保、社会环保、投资融资、临床试验、研发人才等方面出台具体实施条例与办法，落实到位。

(四) 支持建立一批专业基金

资金是生物医药产业发展中特别关键的要素，政府产业基金应引导或以优惠政策引进生物医药发展的国内外各类基金，如公募、私募的天使、创投、PE，以多元化渠道解决无锡投融资难矛盾。推动无锡生物医药龙头企业带头设立品牌基金，专门投资无锡与之相配套产业项目。生物医药产业是资金密集型产业，需要政府加大资金扶持。

(五) 抢抓一次历史机遇

当下，正遇国家现有医药政策、制度红利，利用上市许可持有人制度，实现现有无锡医药产业升级和市场化资源优化配置，既对外招引，也对外输出，双向互动；加大对企业仿制药一致性评价的资金支持力度，使得无锡企业在这轮行业洗牌中能胜出一批产品。

(六) 花本钱投资一批生物医药成果，转化为第三方服务平台

围绕无锡医药服务外包优势产业，构建支撑其成长发展的专业服务体

系,具体就是第三方中介服务平台,包括公共技术、信息、测试、评估、专利、转化、药政等环节。强化成果转化第三方评估机构功能,完善生物医药产业链各节点,使无锡本土化的细分产业链形成闭环。政府对这类完全市场化的服务平台给予补助。

(七) 补齐无锡发展生物医药业短板

无锡高校院所少,药学院、医学院更少;无锡三甲医院不多,优质医疗资源弱,临床试验资源少,这对城市的生物医药产业而言是很遗憾的短板。用开放包容的姿态,通过产学研建立联盟,设立本区域外的合作院校与分院,不求所在但求为我所用,面向国内外用各种形式与手段在 3—5 年内吸引这些要素向无锡流动。

(八) 创新驱动,争取突破一批新品与重大新项目

3—5 年内列出一批无锡该领域关键、核心、前沿技术,如单抗、细胞药物工程、基因药物、医疗影像、远程医疗物联网应用等,政府利用科研专项集中力量、资金,组织进行联合技术攻关,突破关键技术、关键工艺,实现产业化。抓重大龙头投资项目,每年 4 个园区各落实 1—2 个超 10 亿元的投资项目,结合各自实际,落实工作责任制。

(九) 依托著名跨国大药企资源,对接全球市场

对于在无锡的国际大集团公司,一方面鼓励他们将研发营销资源向无锡集聚,另一方面促进他们投资与扶持本土配套项目,从技术人才、市场资源、国内外营销渠道等搭建走向全球的桥梁。

(十) 实施专项人才战略

生物医药产业人才专业性很强,长期靠培养,中期靠引进,短期通过弹性、灵活就业,三管齐下解决当下医药人才的矛盾。全面落实太湖人才计划

的升级版政策，进一步解放思想，突破年龄等框框，围绕产业从高、中、低各个层次广泛吸纳该产业人力资源，柔性引进与为我所用，用各种方式与渠道，不拘一格引人才、用人才。

作者：无锡市科技局、无锡市生物产业推进办公室

专项报告 C：江阴现代中药及生物医药科技产业园 2018 年度报告

一、园区概况

江阴现代中药及生物医药科技产业园位于江阴高新区，于 2014 年 12 月由省科技厅批复成立。经过多年发展，园区形成了引种子、建苗圃、育森林三位一体、三路共进的发展模式，先后建设了百桥生物孵化园、扬子江生物医药加速器、扬子江生物医药产业园等专业化发展载体。

百桥生物孵化园成立于 2008 年 2 月，为国家级科技企业孵化器，占地 15 亩，建筑面积 2.2 万平方米。园区设有实验区、中心实验室、远程会议中心等配套服务，并已建成江阴百桥生物园生物医药专业公共技术平台，为孵化企业提供生物医药专业实验所需的软硬件设施，满足企业对新药研发、生物制剂、体外检测和诊断试剂等生物医药类产品从研发到产业转化过程中的实验需求。

扬子江生物医药加速器成立于 2011 年 6 月，是江苏省首批科技企业加速器中唯一的生物医药专业加速器，占地 402 亩，规划建筑面积 33.5 万平方米，总投资 10 亿元。加速器主要定位于承接孵化园项目研发成果的产业化以及引进的准产业化生物医药类项目，致力于为入园企业提供齐备的公共技术服务、多元的投融资服务和完善的政务服务，加快孵化项目在产业化阶段的成长速度。目前，加速器二期正在加紧规划中，占地 115 亩，规划建筑面积 18 万平方米，总投资 5 亿元。

扬子江生物医药产业园，规划面积 1.5 平方千米，定位于长三角健康产业圈的重要组成部分，承接从加速器裂变成功的种子型企业和龙头型企业。目前生物医药产业园已陆续聚集了以天江药业、普莱医药、德和生物等为龙头的一批从事生物医药研发、生产的企业。

近年来，园区围绕打造特色生物医药产业基地的定位，重点发展现代中药、诊断试剂、医疗器械、新药研发等产业，实施一批带动性强的产业项目、引进一批关键核心技术、培育一批重点生物医药企业，逐步形成了四大产业集群：即以天江药业、德和生物等为龙头的现代中药产业集群；以普莱医药、贝瑞森、佰翱得、四环生物等为引领的蛋白新药和生物疫苗产业集群；以力博医药、泽成生物为骨干的诊断试剂产业集群；以风和医疗、万康医疗为代表的医疗器械产业集群。园区建有国家级科技企业孵化器、省级生物医药加速器各 1 个，先后获得省"苗圃—孵化器—加速器"科技创业孵化链条试点单位、省重点培育小企业创业基地、无锡市人才创新创业示范基地、苏南国家自主创新示范区优秀科技园区等称号。

二、2018 年园区发展情况

（一）产业发展综述

江阴高新区生物医药产业园目前共有企业 100 多家，其中 A 股上市企业 1 家、新三板挂牌企业 5 家、高新技术企业 25 家。2018 年新增生物医药企业 15 家，总投资额 1.8 亿元。2018 年，园区总销售达 50 亿元，同比增长 24%，税收 5.8 亿元，同比增长 40%。

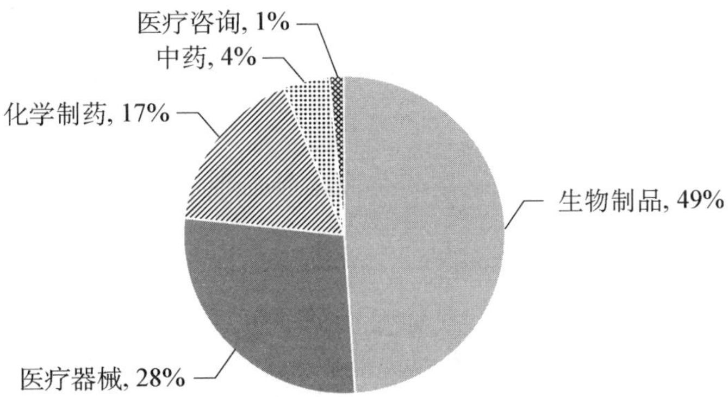

图 C-1　江阴高新区生物医药产业园企业分类

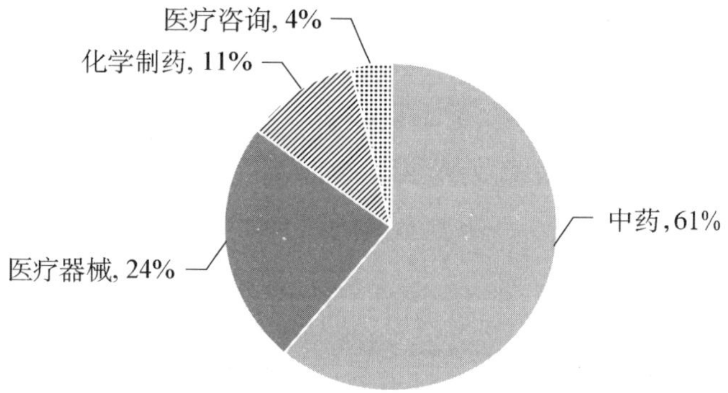

图 C-2 江阴高新区生物医药产业园 2018 年销售情况

（二）研发与人才、产业平台情况

2018 年，园区企业累计申请医疗器械注册证 278 件，其中一类证 38 个、二类证 164 个、三类证 76 个。申请专利 219 件，其中发明专利 135 件，累计拥有有效专利数 335 件。普莱医药研发的多肽抗菌新药 PL-5 项目，已经进入临床试验 IIa 期，目前完成临床病例 12 例，治愈率为 100%，计划 2020 年进入临床Ⅲ期。双良生物研发的 1.1 类创新药 C-005 项目已获得一期临床许可，即将进入临床试验。

2018 年园区共引进硕士以上高层次人才 48 名，其中海外高层次人才 10 名。截至 2018 年年底，园区累计引进或培养国家“千人计划”人才 7 人，建立院士工作站 9 家。

2018 年，力博医药与诺奖得主蒂姆·亨特教授建立诺奖得主研究院，至此，园区已成立诺贝尔奖研究院 6 家，引进的诺贝尔奖得主数量居全省高新区首位，成为“诺奖”人才集聚的“强磁场”。

2018 年 6 月，贝瑞森生化在瑞典成功设立中瑞生物医药海外孵化器，成为江苏省在北欧国家设立的首个多功能离岸孵化器，为中瑞国家科技人才合作搭建了桥梁。

目前，园区拥有五大生物医药领域技术服务平台：依托百桥生物医药服务中心，打造免疫及分子诊断研发与中试服务平台；依托迈康升华打造动物疾病模型综合测试中心，建立集药物筛选、检测、评估平台为一体的符合

FDA、GLP规范的动物实验中心;依托力博医药与南京医科大学合作,建立国家卫生部重点抗体试验室,主攻诊断试剂、细胞工程抗体、基因工程抗体的研发以及鉴定;依托安博医药与天津国际生物医药联合研究院的合作,打造分子设计公共测试平台;依托佰翱得生物,打造蛋白靶标药物研发平台。

(三)新产业政策和服务

2018年,园区加大政策支持力度,出台高新区产业强区20条、科技创新30条、人才激励20条等创新政策,解决科技创新"最后一公里"问题。积极开展各种科技贷、人才贷对接活动,贝瑞森制药成功融资1 200万元,佰翱得、中济万泰、安博成功融资500万元,斯坦德利等企业获得银行贷款。推动企业与江苏省医健产业联盟、南京中医药大学、南工大生物与制药工程学院、南京医科大学等20多家知名院校、产业联盟、创新型研发机构开展合作。建立园区企业绩效评估考核制,对孵化期、加速期、成熟期等不同类型企业采用不同考核指标体系,不断提高载体使用效率和单位面积产出绩效。

三、2019年园区发展规划

2019年,园区将紧紧围绕江阴高新区打造"江苏有地位、全国有影响"一流园区的发展目标,以培育现代中药、蛋白新药、诊断试剂、医疗器械为特色的生物医药产业集群为抓手,全面加快生物医药产业聚焦、提速发展步伐,着力打造生物医药产业承接"最佳洼地"。

2019预计新引进项目20个,新增投资2亿元,新引进硕士以上高层次人才50名以上,2019年园区产值预计将实现增长25%,为江阴高新区打造500亿元级现代中药和生物医药产业集群作出积极贡献。

在宏观经济增长趋缓的大背景下,园区企业发展也面临一些问题。一是企业发展资金不足,融资渠道单一。生物医药产业是一个大投入、高风险的行业,政府提供的政策性资金仅占企业资金需求很小部分,作为初创型轻资产企业,融资渠道狭窄,很难从资本市场直接获得资金。二是生物医药产业园发展空间有限。目前生物医药加速器已达到饱和状态,一些孵化毕业的项目均需要更大场地,未来 2—5 年这些企业将呈爆发式成长,征地需求日趋强烈,而目前江阴高新区开发强度已经很大,可供地块甚少,未来矛盾将十分突出。三是企业市场开拓能力不强。绝大部分生物医药企业负责人是技术出身,精于技术研发,但缺乏企业管理和市场推广能力,也无能力建立销售团队和销售网络,还有的企业产品较市场超前很多,市场需求未成熟。四是高端人才引不进、养不起、留不住。园区所处城市能级相比北上广深等一线城市较低,与临近的苏州、南京等城市相比也处于相对劣势,缺乏人才成为制约产业发展的一大瓶颈。

面对发展的矛盾与挑战,园区将坚持科技创新与产业发展相互促进,推动人才、项目向园区集聚。一是探索引才育才新模式。坚持"一个领军人才和一个高素质的创业团队,可以带动一个新兴产业"的指导思想,面向国内外重点引进"带技术、带项目、带资金"的高层次产业领军人才或创新团队,致力于引进"接地气"的高层次人才创业团队落户,引进带实质性合作的诺奖得主,发挥"诺奖板块"示范效应。坚持以企业为主体定期举办在行业有一定影响力的技术研讨、人才交流等活动,不断提高园区知名度和美誉度,集聚生物医药行业领军人才来园区创新创业。二是建立企业为主体的科技创新平台。依托中瑞、中美、PNP 等科技创新平台,深入推进与美国麻省理工、瑞典乌普萨拉大学等世界一流高校的技术创新合作,做深做优诺奖研究院,加快中瑞生物医药海外孵化器建设,加快国际科技成果孵化和转化。支持企业与国内重点高校、科研院所紧密合作,建立院士工作站、博士生工作站等科技创新平台,增强企业核心竞争力。三是健全园区配套公共服务平台。建立健全园区生物医药仪器设备共建共享机制,不断提升百桥生物医药公共平台建设水平。成立生物医药产业创新联盟,协调产业发展中企业与企业资源的对接、整合,形成产业发展合力。四是加强政策链、资金链供给。充分利用江阴高新区产业强区政策,发挥高新区科技金融创新平台优势,助推企业拓宽融资渠道,支持区内产业引导基金、创投基金向生物医药产业倾斜,与国投、无锡金投等 VC、PE 基金深入合作,强化与科技小额担保、知识产权抵押担保和融资租赁机构的合作,努力为企业发展解决资金制约。五是建立全方位服务体系。建立创业导师体系，以天使投资人为核心，与成功企业家和专业人士对企业产品研发进度、研发方向、产品可行性及市场情况进行指导和评估，解决企业发展中实际困难，实行长期帮扶制度。针对园区企业家普遍缺乏企业管理和市场营销经验，举办“企业家讲堂”“企业家能力提升计划”“企业家论坛”等，聘请经验丰富专家对企业家进行培训，不断提升园区企业家创新创业能力。

作者：徐扬

专项报告 D：无锡高新区(新吴区)生物医药产业(园区)2018 年度报告

一、园区概况

无锡高新区生命科技园是无锡高新区为发展生命科技产业打造的专业园区，2010 年获得省科技厅授牌并正式启动。全面规划建设以来，经过多年潜心培育、厚积薄发，技术创新持续走高，产业结构不断优化，产业集群初具规模，先后成功获批江苏省特色产业基地、国家火炬无锡新区生物医药及医疗器械特色产业基地。

无锡高新区因地制宜，借鉴国内外先进园区经验，考虑区域环保要求，将无锡高新区生命科技园分为启动区、总部研发区、产业区三大功能区。启动区依托大学科技园科技载体，占地面积约 800 亩，主要承接智慧医疗、医疗物联网、生命信息、智能医疗器械、医疗传感器等领域的项目。总部研发区位于无锡空港产业园内，占地面积约 584 亩，主要承接生命科技产业总部经济、高端创新研发、医疗器械、智能医疗、健康服务及医药仓储、物流、销售项目，构建公共技术服务平台及综合配套服务为一体的成果孵化、中试与产业加速基地。已建成投入使用载体 21 栋，载体建筑面积 9 万平方米。产业区总规划面积 1 099 亩，主要承接创新药物及制剂、医疗器械及高端健康产品等领域创新成果的重大产业化项目。

二、2018 年园区发展情况

(一) 产业集群效应明显

经过多年发展，无锡高新区(新吴区)围绕特色优势产业链条化与集群化发展，持续强化内资培育和外资引进，已基本形成创新药物及制剂、医疗器械及诊断试剂、智慧医疗及健康服务等三大主要方向的产业集群。聚集以阿斯利康、纽迪希亚、通用电气等为代表的各类生物医药企业 140 家，其中从事创新药物及制剂、医疗器械及诊断试剂、智慧医疗及健康服务方向的企业各有 31 家、56 家、53 家，分别占比 22%、40%、38%（见图 D-1）。全区目前生物医药产业拥有高新技术企业 18 家，超 10 亿元企业 4 家，国内上市企业 6 家。

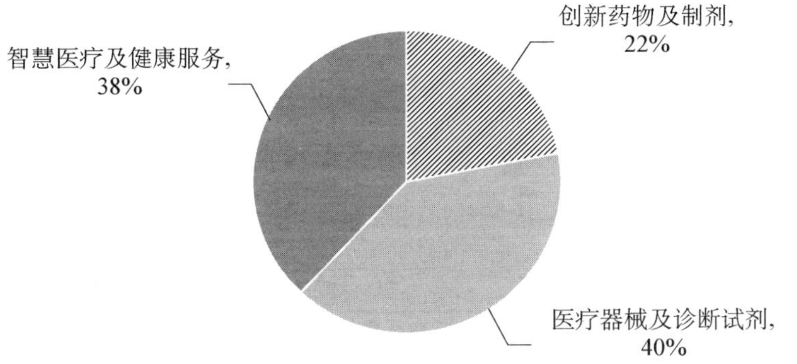

图 D-1　2018 年无锡高新区(新吴区)生物医药企业分类

（二）主导产品特色鲜明

（1）创新药物及制剂：拥有世界 500 强企业、大型跨国企业、行业龙头企业 10 多家，形成了以抗肿瘤药物、中药天然药物、疫苗等为主的技术先进、市场占有率高的知名品牌产品。阿斯利康成长为 2018 年全市纳税百强企业冠军，无锡济民可信的醒脑静注射液、黄氏响声丸荣登中药大品种科技竞争力百强榜。

（2）医疗器械及诊断试剂：依托精密制造、3D 打印等优势产业，在影像诊断器械、生物传感器和生物芯片、体外诊断等领域构建高新区独特的竞争力。海斯凯尔医学获评 2018 年度江苏省"最具发展潜力科技人才创业企业"，且其"超声无损检测黏弹性介质弹性的方法及其装置"专利成功入围第二十届中国专利优秀奖。

（3）智慧医疗及健康服务：协同高新区物联网产业优势，实现与生命科技产业的融合发展,培育形成一批自主研发、特色鲜明的基因诊断、医学信息及医疗物联网、干细胞修复等主导产品,打造具备全国影响力的智慧医疗产业高地。动脉网、蛋壳研究院联合发布未来医疗100强中国榜榜单,识凌科技、曼荼罗荣登2018年医疗物联网TOP5榜单。

(三) 产业规模持续壮大

2018年,无锡高新区(新吴区)生物医药规模以上企业(24家)实现工业产值、销售收入、税收分别为209.4亿元、184.74亿元、5.1亿元,同比增长分别为15%、11.4%、139%。

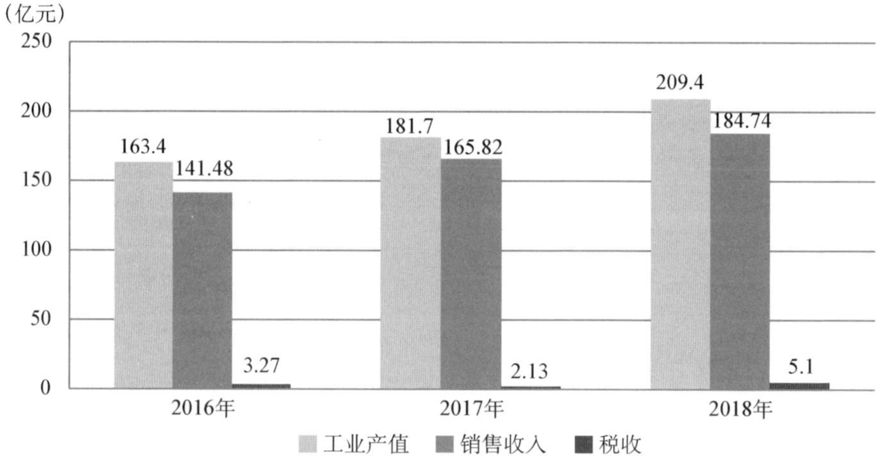

图D-2 2016—2018年无锡高新区(新吴区)生物医药规模以上企业(24家)产值、销售收入、税收情况

2018年,无锡高新区(新吴区)生物医药贸易流通类企业实现销售收入269.7亿元,同比增长13%。

(四) 招商引资成效显著

2018年,新增工商注册生物医药企业30家,新增注册资本5.17亿元。总投资2亿元的药明康德生物抗体偶联药品研发中心、总投资10亿元的时代天使隐形矫治研发生产基地项目、总投资7亿元的养乐多活性乳酸菌饮料二期项目、总投资6 000万元的无锡市食品安全检验检测中心项目、总投资15亿元的纽迪希亚制药特殊医学营养食品项目均签约落户高新区。

2018 年，实际到位投资额 9.18 亿元，同比增长 39.3%。

（五）龙头企业势头强劲

阿斯利康、纽迪希亚等老字号 500 强龙头企业发展不断加码，产能稳步升级。阿斯利康（AstraZeneca）与默沙东（MSD）联合宣布，其 PARP 抑制剂利普卓（奥拉帕利，Lynparza）已获国家药监局批准上市，并将正式登录中国市场，在全国 111 家定点药店出售。纽迪希亚投资建设特医食品生产线，在无锡建立中国特医食品研发中心，未来开发上市符合中国需求的特医食品新产品 20 个以上，巩固特医食品行业全球领导者地位。养乐多乳品在一期投产的基础上，计划新引进 6 条生产线，产能大幅提升。伴随着跨国龙头企业的集聚发展，以及后续项目增资，一系列重大项目带动产能升级的作用日益显现。

（六）中小企业亮点纷呈

以海斯凯尔、尚沃医疗、识凌科技、艾尔康生物为代表的科技研发型企业表现出强劲的发展动力和活力。其中，识凌科技、海斯凯尔 2 家生物医药企业入选无锡市高成长创新型企业 50 强；识凌科技、海斯凯尔、美正生物和艾尔康生物 4 家生物医药企业成功入选市瞪羚企业培育库；曙辉药业、海鹰医疗 2 家生物医药企业成功入选市雏鹰企业培育库；尚沃医疗荣获 2018 年无锡高新区（新吴区）科技小巨人称号；艾尔康生物的“I 类生物新药人源视网膜色素上皮细胞注射液的研发与产业化”项目获江苏省科技创业大赛企业组二等奖。中小企业的加速发力，成为全区生物医药产业发展新引擎。

（七）创新驱动新发展

以创新研发带动发展，一批企业的自主创新活动在行业或相关管理部门内获得认可。迪哲医药是首个落户高新区专注于 1.1 类创新药的研发中心，自 2017 年成立至今，已有多个阶段性成果，某品种已通过澳大利亚临床一期。尚沃医疗申请的“一种测量流体中物质浓度的方法及装置”的发明专利，已通过美国专利商标局审核并获得授权。海斯凯尔医学的 Fibro Touch 无创肝纤维化和脂肪变量化检测系统正式通过美国食品药品监督管理局（FDA）认证，获准在美国市场销售。通用电气、尚沃医疗、祥生医疗、三联生物等企业一批创新成果项目纷纷获得相应医疗器械产品注册证。

(八)产学研合作与人才集聚

一是产学研融合不断深化。园区强化从“产业发展—技术创新—产业升级”的创新发展模式,构建全方位、宽领域、多层次、线上线下相结合的科技生态体系。强化产学研共享平台建设,2018 年,新增签约 14 所高校院所入驻产学研线上平台,新增专家信息 430 条,技术成果超过 1 132 条。全年专项活动 14 次,推动企业与 23 所国内知名高校院所开展全方位产学研合作,通过产学研共享平台备案 15 个生物医药领域签约项目。

二是对上争取工作成效显著。2018 年科研与产业化方面获得省级项目 2 个、市级项目 7 个,对上争取资金全年实际到位为 1 650 万元。

三是协同创新日益健全。加快推进重点企业研发机构创新平台建设,大幅提升基地内企业研发机构建有率;扎实推进科技企业孵化器创新平台建设,加快推行众创空间绩效管理。全区拥有罗益生物、正大生物等省工程技术研究中心 7 个,通用电气、西门子爱克斯等省外资研发机构 2 个,济民可信、祥生医疗等省重点研发机构 2 个,云南白药、弘和药物等博士后工作站 4 个。

四是知识产权保护卓有成效。坚持专题培训与一企一策服务指导并举,推进企业建立科学、系统、规范的知识产权管理体系;优化专利专项资助与奖励政策,持续推动专利技术产业化、专利技术投融资等多途径运用。2018 年,生物医药企业发明专利授权量达到 33 件,PCT 专利申请量达到 18 件。

五是领军人才计划全面推进。强化“百企千才高校行”招才引智活动,扩大与北京、上海各大高校科研院所合作,推进校地人才资源共享。通过“智汇新吴”海外高层次人才峰会、科技创业大赛、苏南全球创客大赛等活动,进一步聚集、整合创新创业要素,促进人才、项目与资本顺畅对接,吸引创业团队和科技人才落地。截至 2018 年年底,高新区生物医药拥有诺贝尔人才 1 人、国家高层次专家 10 人、省级高层次人才计划 27 人。

(九)政策扶持精准有力

无锡高新区(新吴区)积极构建完善的政策支撑体系,出台《关于促进以物联网为龙头的新一代信息技术产业和生物医药产业快速发展的政策意见》《关于进一步推动科技创新创业的实施意见》《关于实施“飞凤人才计划”的意见》等一系列扶持政策。精准阶段化扶持，将企业分孵化期、发展期、成熟期不同阶段予以支持，一批先期投入大、建设周期长的生物医药及医疗器械科技企业获得政策有力支撑。

(十) 建设高效服务平台

生物医药产业要素集聚度广、成长周期长，为进一步提高政府公共服务对接效率，无锡高新区(新吴区)成立了苏南自创区无锡高新区一站式服务中心，打造集公共服务和市场服务于一体的综合性服务平台，整合创新创业服务资源，推动服务的专业化、高效率、全覆盖，降低创新创业门槛。

三、2019年园区发展展望

2019年，无锡高新区生命科技园重点吸引一批技术领先、资金充足、产品特色明显的知名生物医药企业和重大项目落户，力争集聚生物医药企业超过180家，实现生物医药产业年增长15%以上，产业规模突破600亿元；加大政策扶持力度，加快出台《关于支持无锡国际生命科学创新园高质量发展的政策意见》，促进产业高质量发展。

无锡高新区(新吴区)生物医药产业存在的不足，突出表现在：产业氛围还不浓。全区生物医药产业虽在全市处于引领地位，有一定规模集群，但仍处地理聚集的初级阶段，集聚效应不明显，企业间信息交流、资源共享、项目合作不够；产业政策导向有待完善。高新区生物医药产业政策主要聚焦于资质认证、批件证书，在要素集聚、支撑平台、业态创新等方面缺乏有力的政策支持。

无锡高新区(新吴区)2019年的生物医药产业发展将采取相关举措，做大做强：

第一，推动国际生命科学创新园建设。结合“围绕一个特色产业、制定一个产业计划、建设一个专业园区、组建一家运营平台、设立一支发展基金、成立一个专业服务机构”的思路，全面加快建设无锡国际生命科学创新园，打造覆盖生命科技早期研发、创新孵化、成果转化、智能展示、专业服务为一体的创新园区，营造“集群、共享、联动”的创新创业生态，提供行业领域最为专业和最为精心的服务。

第二，出台生物医药产业推进政策。结合高新区与阿斯利康共建无锡国际生命科学创新园，加快制定出台《关于支持无锡国际生命科学创新园高质量发展的政策意见》，从办公场地、研发投入设备、平台研发合作、MAH资助、成果转化及落地、高端人才引育等方面为创新创业者构建从研发到临床、再到市场应用的政策支撑体系，推动生物医药产业实现高质量发展。

第三，加大招商引资力度。借助阿斯利康打造大健康产业生态圈契机，瞄准与国际接轨的创新高端项目、瞄准存量资源激活项目、瞄准生物技术与信息技术交叉应用的精准医疗项目、瞄准引资引才相结合的项目，打造针对性更强、重点领域更突出的招商引资；借助2019年系列博览会、兄弟城市考察调研、国外专题招商、海外研发成果对接等多种形式活动，吸引、促成更多重点优质项目落户高新区，走出我区生物医药产业做强、做优的特色路径。

第四，积极营造生物医药产业生态。积极探索与国内一流园区张江高科技园区建立战略合作关系，充分发挥双方优势，开展生物医药专业领域等合作研究，进一步推动双方企业、人才、资金、技术、市场和项目等产业要素的共享、互动和交易，形成资源共享、产业融合、政策叠加和发展共进的良好创新创业局面。同时，举办高新区生物医药领域的沙龙活动，增进生物医药产业链上下游合作，活跃行业氛围，提升行业凝聚力。

第五，构建全面的企业服务体系。建立“线上互动＋线下走访”的工作机制，一方面通过实地走访企业，加强与企业沟通交流，了解企业需求，有针对性地做好企业服务工作；另一方面通过生物医药企业QQ交流群、企业空间及微信公众服务平台，定期发布生物医药行业的发展动态、重大项目进展、相关政策措施、专项资金申报等内容，搭建高效便捷的沟通平台，实现企业服务全覆盖、交流零距离。

作者：陈枫

专项报告 E：无锡（惠山）生命科技产业园 2018 年度报告

一、园区概况

江苏无锡（惠山）生命科技产业园（简称惠山生命园）隶属于江苏省无锡惠山经济开发区（简称惠山开发区）。惠山经济开发区始建于 2001 年 7 月，2002 年 2 月经省政府批准为省级经济开发区，总规划面积 97 平方千米，已建成 56 平方千米，常住人口 20 万。作为惠山区的政治、经济、文化中心，惠山开发区以建设“高端开发区”为目标，秉承“产城融合、宜居宜业”发展理念，精心培育生物医药、新能源新材料、高端制造业等新兴产业集群，成为无锡北部产业与宜居相融合的科技新城。

惠山生命园 2008 年 9 月作为上海张江生物医药基地合作园区启动建

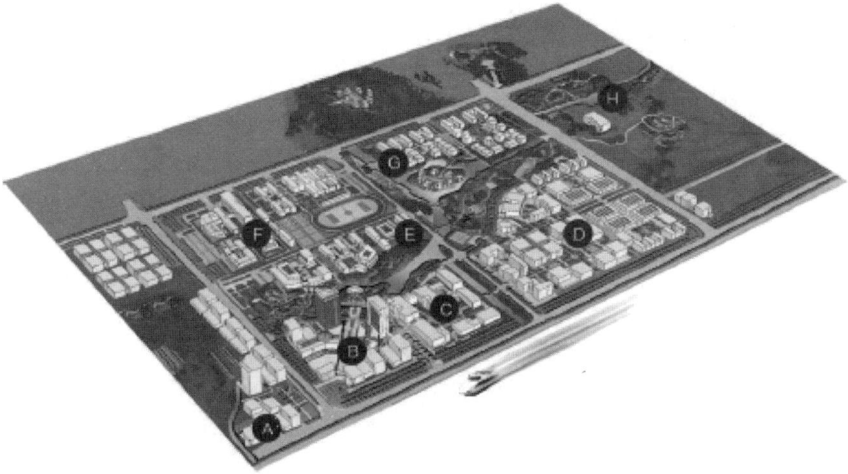

图 E－1　惠山生命园总规划

设,2009 年 8 月建成开园。园区坐落在无锡市正北的惠山新城核心区域,惠山大道旁,毗邻江阴,居于长三角两小时经济圈中心,沪宁、锡澄、锡宜三条高速在此交汇贯通,区位优势独特,交通便利快捷。

园区一期建设规划面积 1 平方千米,绿地率 32%,水面率 6%,功能布局分为服务外包区(A 区)、创业中心(B 区)、企业加速器(C 区)、产业港(D 区)、研发总部集聚区(E 区)、三胞医院(F 区)、商住配套区(G 区)、生态休闲区(H 区)八大区域。

截至 2018 年年底,园区已建成载体 18.25 万平方米,企业入驻率约 98%;在建和拟建载体约 30 万平方米,预计交付入驻率 50%左右。其中,孵化区占地 115.5 亩,建筑面积 22.6 万平方米,产业化区占地 201.15 亩,建筑面积 20.65 万平方米。

表 E-1　惠山生命园主要载体功能分布

区位	载体名称	功能	占地面积(亩)	载体面积(平方米)		
				2019	2020	2021
A 区	服务外包区	产业化区	93.75	15 000	15 000	15 000
C 区	企业孵化器	孵化区	58.50	91 000	91 000	91 000
D 区	产业港一二组团	产业化区	45.90	76 500	76 500	76 500
D 区	产业港三四组团	产业化区	61.50	在建	115 000	115 000
E 区	总部集聚区	孵化区	57.00	开建	在建	135 000
	合计		316.65	182 500	297 500	432 500

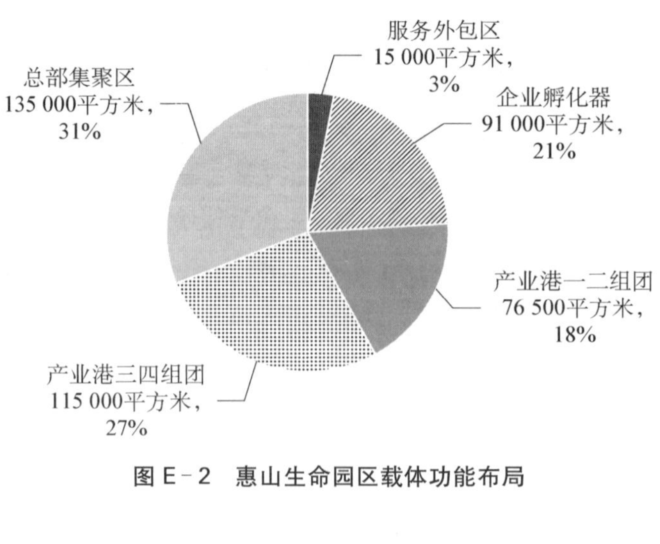

图 E-2　惠山生命园区载体功能布局

惠山生命园依托已有载体，打造以服务外包区、企业加速器、产业港和研发总部经济集聚区等为主要功能区的国家级科技企业孵化器，搭建生物医药产业生态链架构，培育现代医疗器械、高端生物医药、精准医学三大主导产业，集聚国内外较富创新活力的生命科技类企业机构150余家，成为惠山开发区的靓丽产业名片，并在长三角地区形成产业集聚效应。其中，以时代天使、法斯达医学、海德曼医疗等为龙头的现代医疗器械企业，重点发展智能化、数字化、网络化、小型化、家庭化医疗仪器，涵盖牙科手术器械、诊断试剂及配套仪器、隐形矫治器等上下游配套产业链，产业化程度高；以西比曼生物、生基医药、创新药研究院等为代表的医药研发产业，涵盖生物新药、化学新药等创新药研发和技术服务，形成医药高精尖技术企业集群；以中德美联、申瑞生物等为核心、正则精准医学检验所为服务平台的精准医学产业，涵盖基因检测、细胞治疗研发领域，同时以弘轲医疗等为支撑的健康照护产业初现雏形。

园区着力打造创新驱动的科技企业孵化载体，重点建设中小企业公共服务平台、生命科学专家库等特色服务体系，涵盖研发、孵化与产业化生产全方位、一体化的全产业链条；先后获得国家级科技企业孵化器、省科技企业加速器、省科技企业创业孵化链条、省五星级公共服务平台、省科技产业园、省中小企业创业示范基地等各项荣誉与专业资质50余项。

表E-2　惠山生命园获得市级及以上荣誉及资质

荣誉及资质名称	获得年份	行政级别	主管部门
江苏省特色产业园	2009	省	商务厅
江苏省重点培育小企业创业基地	2011	省	经信委
省二星级中小企业公共服务平台	2011	省	经信委
省级高新技术创业服务中心	2011	省	科技厅
无锡生物试剂技术转化服务平台	2011	市	科技局
国家创新基金（中小企业生物检测公共技术服务平台）	2012	国家	科技部
无锡市三星级三创载体	2012	市	
无锡市特色PARK园区	2012	市	
无锡市外贸公共服务平台	2013	市	商务局、财政局

续 表

荣誉及资质名称	获得年份	行政级别	主管部门
江苏省小企业创业示范基地	2013	省	经信委
无锡市生产性服务业有关领域重点企业(专业中介)	2014	市	经信局
江苏省企业信用贯标证书	2014	省	经信委
无锡市知识产权示范园	2014	市	科技局
国家级科技企业孵化器	2014	国家	科技部
江苏省三星级中小企业公共服务平台	2014	省	经信委
江苏省一站式检测公共服务平台—无锡惠山生命园专业服务站	2015	省	江苏省仪器平台理事会
2015 年度省级四星级中小企业公共服务台	2015	省	经信委
2016 年市级创业孵化基地	2016	市	人社局
江苏省科技企业加速器	2017	省	科技厅
江苏省科技孵化链条	2017	省	科技厅
江苏省五星级公共服务平台	2017	省	经信委
江苏省人社厅创业孵化基地	2017	省	人社厅
江苏省科技产业园	2017	省	科技厅
无锡市人才创新创业示范基地	2018	市	人社局
江苏省众创社区	2018		
2018 年江苏省科技服务业“百强”机构	2018	省	科技创新服务联盟

江苏无锡(惠山)生命科技产业园由无锡惠山新城生命科技产业发展有限公司运营,公司为无锡惠山经济开发区管理委员会全资国有企业,成立于 2009 年 1 月,注册资金 5.5 亿元。

园区管理中心实行扁平化高效管理,设有招商部、工程部、产业促进部、资产管理部、财务部和办公室 6 个部门;秉承“开放、包容、务实、创新”的发展理念,园区致力于到“十三五规划”期末成为长三角地区产业鲜明、竞争力强、可持续发展的生命科技产业高端园区。

二、2018 年园区发展情况

2018 年惠山生命园各项经济指标实现了高速成长,主导产业平均增长率均在30%以上，区域内生命健康与服务产值逾25亿元。

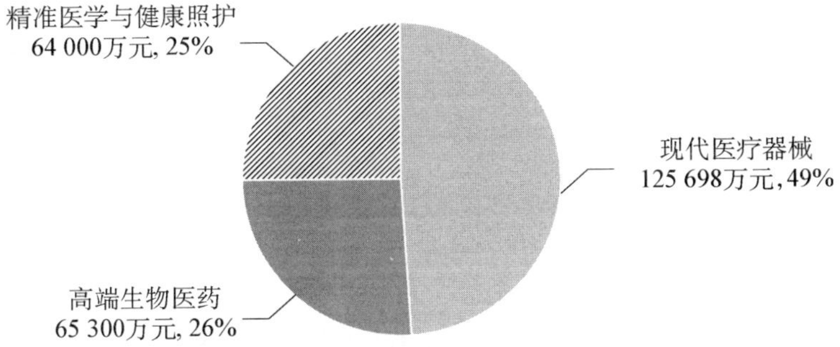

图 E-3　惠山生命园生物医药产业构成

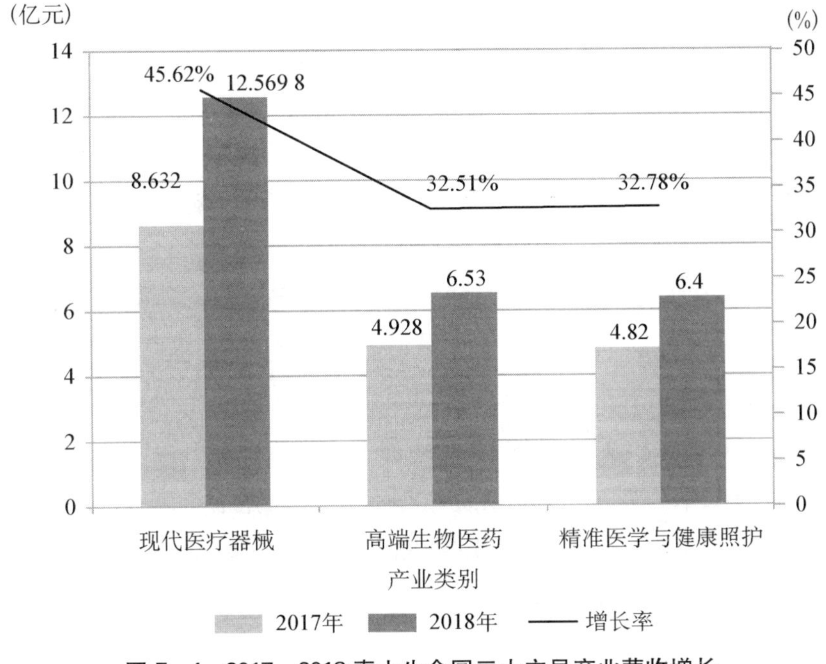

图 E-4　2017—2018 惠山生命园三大主导产业营收增长

2018年年底，园区在业生命科技类企业150家，比2017年年底存量新增32家，增幅为27.12%。

表 E-3　企业数量及产业分布

产业分类 \ 时点	2017 年存量	2018 年新增	2018 年存量	2018 年增长率(%)
现代医疗器械	46	8	54	17.39
高端生物医药	54	18	72	33.33
精准医学与健康照护	18	6	24	33.33
合计	118	32	150	27.12

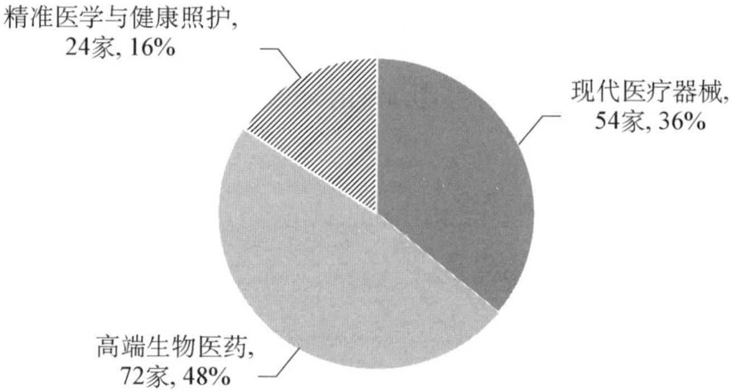

图 E-5　2018 年园区企业数量及产业分布

截至 2018 年年底,园区企业共持有医疗器械产品二类注册证 6 张、三类注册证 33 张、一类备案证 251 张;另有 28 张二类、三类产品注册证正在申报中。出口型企业中,获得 CE 认证 5 项、FDA 认证 1 项、澳大利亚注册证 1 项。同时,有 10 家企业的 18 个产品处于临床阶段。

2018 年,园区获得省工信系统转型升级专项引导资金、省级现代服务业发展引导专项资金等项目 10 余项,园区企业成功申报各类科技计划项目 54 个,其中国家级 4 个、省级 26 个、市级 16 个、区级 8 个,申请产品和技术专利 367 件,获得授权 45 件。

根据产业特点与资源禀赋,园区精心打造“平台+中心”服务体系,以公共仪器技术服务平台、创新药研发技术服务平台等为企业提供专业支撑。园区先后与相关科技机构、专家合作成立北京基因组所无锡健康科学研究院和麦德华教授无锡创新药研究院,拥有江苏省丝网印刷电极式生物传感器工程技术研究中心、江苏省无托槽隐形矫治器工程技术研究中心、江苏省核酸检验工程技术研究中心、江苏省精准医学工程中心、时代天使企业技术中心 5 个省级工程技术研究中心；园区企业则建有安特速医疗感控公共服务平台、无锡市基因检测科技公共服务平台、无锡华坤检测技术服务有限公司、中小企业生物检测公共技术服务平台、无锡市外贸公共服务平台等核心公共服务平台，充分发挥技术和资源优势。

2018 年设立的创新药研发技术服务平台，由华泰创新药研究院承担。该机构由美英加三国院士、国际顶尖免疫学家和肿瘤专家麦德华教授领衔，与无锡市、惠山区和惠山开发区三级政府合作，园区负责承接项目建设；项目总投资 2 亿元人民币，使用载体面积 6 000 平方米，2019 年 7 月投入试运营。研究院设抗肿瘤小分子靶向药物和单克隆抗体药物研发中心、细胞治疗临床应用研发中心、国际人才与学术交流及国际合作中心 3 个子平台，产学研融合。主要领域有：自身免疫病与肿瘤特异性靶标分子筛选预测、免疫细胞研发与制备、小分子药物与单克隆抗体功能筛选、免疫细胞与细胞治疗药物质量检测、药物筛选与评价动物、人源化单克隆抗体制备、药物临床申报与研究、公共技术仪器实验服务等，为新药研发企业提供技术支持。

截至 2018 年年底，园区累计引进各国院士 3 人、国家级人才 5 人、省双创人才 10 人、省 333 工程人才 7 人、无锡市级人才 24 人，国内外各类博士、硕士 300 余人；2018 年，园区企业成功申报省、市级人才计划 13 项 14 人。

园区在专注专业化载体建设和精准化平台打造的同时，持续追求以完善的产业服务和管理举措为园区企业发展提供软硬件上的精准服务，从园区道路整改、网线覆盖、厂房整修、绿化改造等方面入手，为入驻企业和员工提供优质的工作环境。2018 年，为解决园区企业排放物超标、新建项目环评审批阻滞严重，解决项目落地建设最后一公里难题，园区投资 1 500 万元建设污水处理中心，设计总处理规模 500t/d，实施园区企业工业废水统一集中预处理，达标后再接入市政管网，最大程度减少企业建设投入，加快项目落地环保评审流程，解决企业入驻后顾之忧。工程于 2018 年下半年启动建设，一次性建成，计划于 2019 年年底交付投用，将全面覆盖未来 8—10 年园区产业发展规划。园区软服务也积极跟上,定时定点对园区企业进行各类政策、财税融资培训、办证咨询辅导等。尤其针对生物医药、医疗器械行业行政审批办证周期长、审批手续繁复,园区持续深化药政服务平台建设,建立专业团队对接省市区各级药证审批部门,并与惠山区市场监督管理局合作设立生命园服务站,使企业与审批部门零距离对接,高效便捷;引入第三方专业中介机构,定期培训,提高企业药证械证申报效率;强化《企业走访联络制度》,每月集中走访企业,及时沟通互动,第一时间为企业解决实际困难,支持企业高效经营发展。

三、2019年园区发展展望

2019年,惠山生命园将紧紧围绕高端生物医药、现代医疗器械、精准医学三大主导产业,确保到位注册外资、固定资产投资、纳税营业收入和公共财政收入等主要量化经济指标圆满完成,大力推进重大项目建设,聚焦载体、平台建设和配套完善,确保无锡创新药研究院项目年中建成并投入运营,园区公共服务平台完成升级改造并投入营运,D区三四组团建设工程下半年交付使用,E区总部经济集聚区建设工程年底完成主体结构工程施工,全力推进CASI高端医药中国研发基地项目建设。抓住大健康时代的发展机遇,推动园区产业由数量增长型向内涵增长型发展模式转型升级,为产业高质量发展夯实基石。

在当前经济增速放缓的宏观环境下,园区产业发展面临的主要问题有三个:一是园区载体有限,发展空间遇瓶颈,在建载体仅能满足2年内项目需求,单个项目用地严重短缺;二是创新型企业融资难,一些新领域、新技术、新突破,产品创新走在了资本和市场前面,投行机构不见销售和利润业绩不愿出手,资金不足严重影响中小企业发展壮大;三是企业招人难,招高端人才更难。

作为无锡发展生物医药产业高地之一,惠山生命园将紧紧围绕高端生物医药、现代医疗器械、精准医学三大主导产业,向高质量发展模式转变。首先,坚持产业定位不动摇,抓一批重点项目招商,已落地的抓工程建设与投产；其次，通过各种渠道争取发展空间和资源，与相关地区合作共建新型载体；第三，全面落实人才政策，积极为园区企业招引技术与市场人才，与专业高校挂钩合作，深化院校园区协作；第四，争取各级产业基金和天使基金入园，园区在硬件与服务上给予倾斜，鼓励基金投资产业创新与产业化；第五，提升园区管理水平，打造园区品牌形象，进一步深化功能建设、完善产业服务，与时俱进地强化园区软实力，面向国内外展开全方位合作。通过以上工作举措，努力使园区在未来 3 年跨上新一轮发展的更高台阶。

作者：高晓珠

专项报告 F：无锡（马山）国家生命科学园 2018 年度报告

一、园区概况

无锡（马山）国家生命科学园（简称马山生命园）是无锡市委、市政府于 2007 年 9 月批准设立的生物医药专业园区，2008 年 11 月正式开园，成为无锡市首个省级特色产业园。园区隶属无锡滨湖区，坐落于美丽的太湖之滨——马山国际旅游岛，连接锡宜、沪宁、宁杭等高速公路的陆马快速通道可直达园区，园区规划总面积约 2.13 平方千米。

规划理念以地中海建筑风格为主基调，规划的土地性质为研发用地和一类工业用地，规划四至边界：东至马山雪云路，南至峰影路，西至太湖西大堤，北至常州武进边界。已开发土地面积 430 亩，共建成载体 20.99 万平方米，其中孵化载体 4.05 万平方米、公共配套服务载体 6.35 万平方米、产业化载体 10.59 万平方米（载体功能分布见图 F－1）。功能涵盖研发孵化、中试生产、办公会务等多方面。

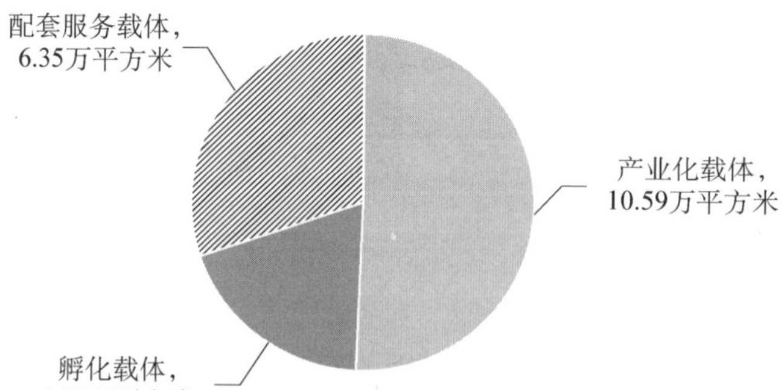

图 F－1　园区载体功能分布

马山生命园产业发展定位集新药研发、生物技术、医疗器械、生物材料、康体养生五大领域，未来几年，园区将走生物医药与医疗旅游融合发展之路，重点建设“三基地三中心”（著名的国际生物医药研发基地、高端的智能医疗器械制造基地、顶尖的国际精准医疗临床基地，前沿的国际健康管理大数据中心、权威的国际医药安全评价中心、一流的国际生命科技学术交流中心），逐步建成集科研孵化、生产制造、康体养生、精准医疗、健康管理为一体的大健康产业体系，将园区打造成国内一流生命健康新城。

开园以来，园区品牌创建工作成效显著，累计获得省级以上荣誉 13 个。

表 F-1　马山生命园累计获得省级以上荣誉

序号	荣誉称号	批准单位	批准年份
1	国际科技合作基地	科学技术部	2010
2	中国（无锡）保健产业园	中国保健协会	2012
3	江苏省特色产业园	江苏省对外贸易经济合作厅	2008
4	江苏省国际服务外包示范区	江苏省商务厅	2009
5	江苏省知识产权试点单位	江苏省知识产权局	2010
6	江苏省科技产业园	江苏省科技厅	2010
7	江苏省特色产业集群	江苏省中小企业局	2011
8	江苏省重点培育小企业创业基地	江苏省经济和信息化委员会	2011
9	江苏省科技兴贸创新基地	江苏省商务厅	2013
10	江苏省侨界人才创新创业示范基地	江苏省侨联	2015
11	江苏省模范职工之家	江苏省总工会	2018
12	江苏省海智工作基地	江苏省科协技术协会	2018
13	江苏省优秀劳动关系和谐工业园区	江苏省人力资源和社会保障厅	2018

无锡生物医药研发服务外包区管理处是园区管理机构，正科级建制全额拨款事业单位；由地方政府出资成立无锡市马山生物医药工业园有限公司，作为园区承担开发、建设、运行、投融资等业务的市场化运作平台。园区共有工作人员 26 人，管理处和工业园有限公司实施两块牌子一套班子运行模式，下设“六部一室”，分别为经济发展部、项目招商部、规划建设部、财务部、资产管理部、党群部和办公室，各部门分工明确，统筹协调，其中经济发展部系园区管理经济运行的主要管理部门，项目招商部负责孵化企业的引

入,规划建设部负责载体的硬件建设,办公室和财务部主要提供园区后勤保障服务。园区倡导"生命科学,从这里开始"理念。

二、2018年园区发展情况

近年来,园区产业规模持续壮大,近3年园区企业实现总产值分别为67.83亿元、67.30亿元、77.77亿元,年均增长5.06%;近3年园区企业缴纳税收分别为8.88亿元、13.78亿元、10.50亿元,年均增长5.74%(见图F-2)。园区企业税收约占马山地区全部工业入库税收的60%,占滨湖区生物医药产业的90%。

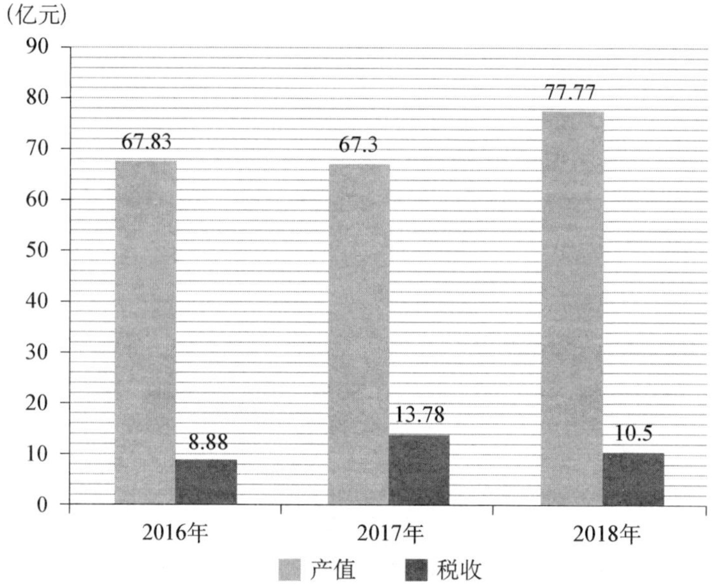

图F-2 园区近3年产值及税收情况

截至2018年年底,园区集聚各类生物医药企业172家,其中医疗器械企业39家、制药业企业11家、生物技术企业26家、研发服务外包企业88家、智慧医疗企业8家(见图F-3)。2018年度分类实现产值3.51亿元、48.99亿元、8.69亿元、16.15亿元、0.43亿元(见图F-4)。

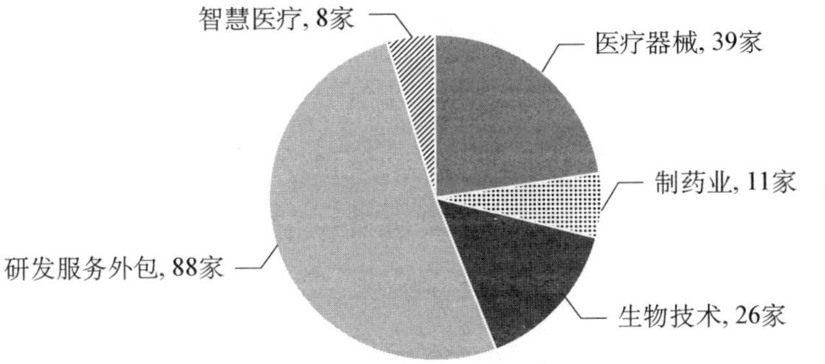

图 F-3　园区企业类别分布

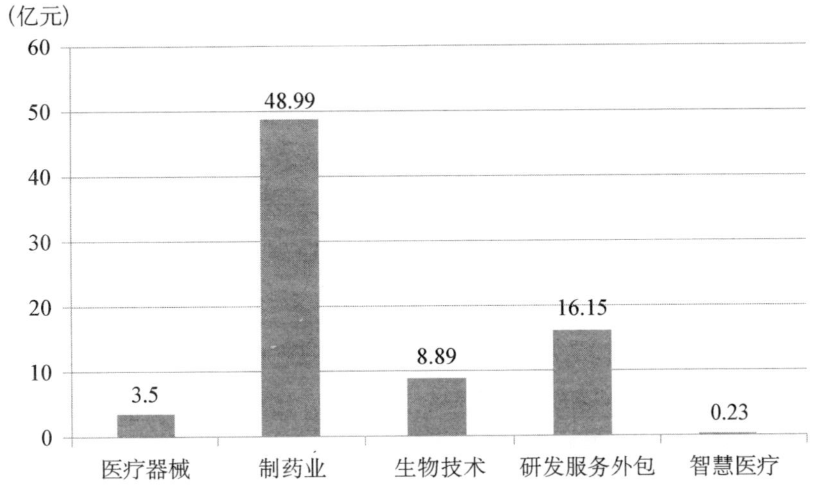

图 F-4　园区企业产值分类情况

2018 年,园区内企业新获得三类医疗器械注册证 5 个、二类医疗器械注册证 4 个、一类医疗器械注册证 328 个。截至 2018 年年底,园区内生物医药企业累计获得三类医疗器械注册证 13 个、二类医疗器械注册证 32 个、一类医疗器械注册证 355 个(见图 F-5)。

2018 年度园区产业发展取得多项新突破。2018 年 3 月,由中裕新药创制、药明生物生产的 HIV 长效创新生物药 Trogarzo 获美国 FDA 批准上市,这是美国 FDA 在 2018 年批准的首款创新生物药,也是药明生物首个商业化生产项目,标志着药明生物跻身成为全球少数几个通过 FDA GMP 认

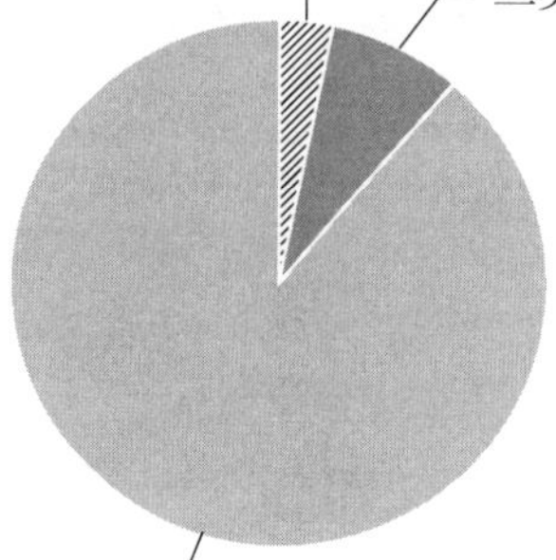

图 F-5　园区医疗器械注册证种类分布

证的生物药合作研发生产服务商(CDMO)。2018 年 5 月,药明新药正式登陆上海股票交易所,股票代码 603259,目前市值超过 900 亿元,同年 12 月登陆香港联交所,进入"A+H"交易模式。2018 年 5 月,傲锐东源公司的产品"间变性淋巴瘤激酶(ALK)特异性抗体试剂"在国家食品药品监督管理局完成注册,成为公司首个获得三类医疗器械注册证书产品。2018 年 7 月,博雅干细胞库再次通过美国血库协会 AABB 为期两年一次的现场复审,并获得了 AABB 颁布的脐血、脐带以及胎盘体细胞的最新认证证书,是国内唯一通过美国 AABB 标准认证和世界卫生组织 NRL、美国病理学会 CAP 实验室能力检测的临床级干细胞库。

2018 年度,园区组织企业申报市科技项目 6 项,全部入围。截至 2018 年年底,园内企业成功申报各类国家级科技项目 18 项、各类省级科技项目 35 项、各类市级科技项目 61 项。

2018 年,园区企业共新授权专利 27 个,其中发明专利 11 个、实用新型 15 个、外观设计 1 个。截至 2018 年年底,园区累计拥有各类授权专利 320 个,其中发明专利 131 个、实用新型 90 个、外观设计 99 个(见图 F-6)。

2018 年度,园区新引进和培育江苏省科技企业家 1 人、无锡市太湖人才计划 2 人、滨湖之光人才 8 人,滨湖之光企业及社会机构奖励 2 家。截至

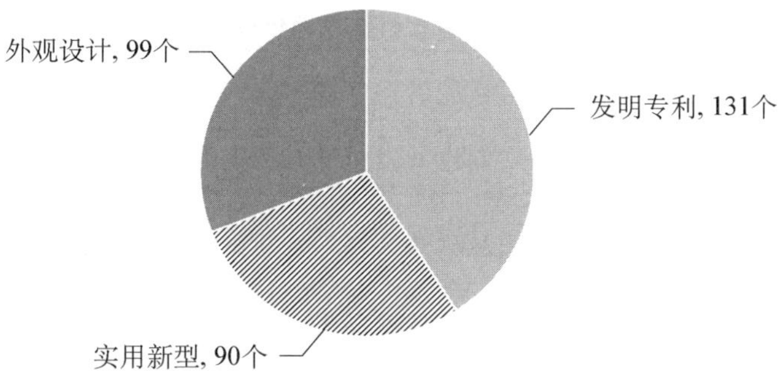

图 F-6　园区各类专利情况

2018 年年底，园区累计拥有院士 4 名、国家千人计划 7 人、国家万人计划 1 人、江苏省双创人才 21 人、江苏省创新创业团队 2 个、江苏省双创博士 6 人、省“333”工程人才 8 人以及 120 余名海归博士及高端科研团队（见图 F-7）。

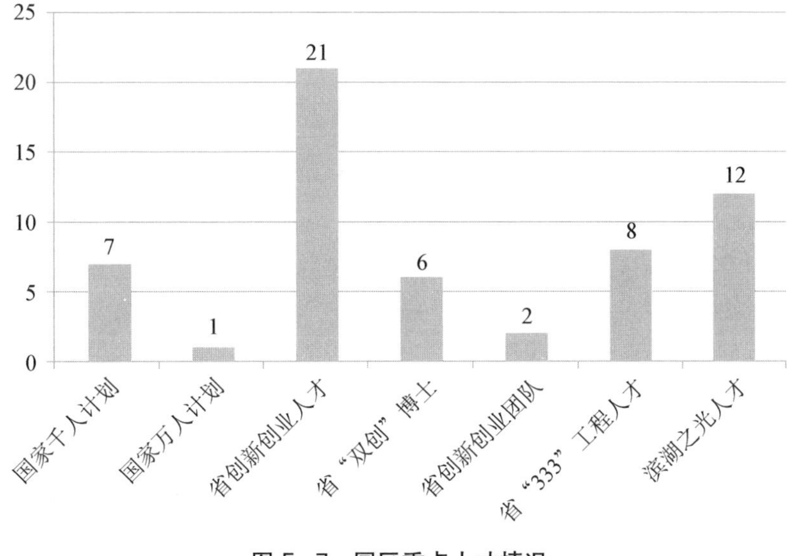

图 F-7　园区重点人才情况

截至 2018 年年底，园区建成省级工程技术中心 5 个、省级公共技术服务平台 3 个、省院士工作站 2 个、省级企业技术中心 1 个、省企业研究生工作站 1 个（见表 F-2）。

表 F-2　　马山生命园省级科技基地建设情况

序号	科技平台名称	运营单位
1	江苏省天然植物食品功能性开发与产业化工程技术研究中心	无锡健特药业有限公司
2	江苏省(华裕)精神神经系统及抗感染药物制剂工程技术研究中心	华裕(无锡)制药有限公司
3	江苏省丝网印刷电极式生物传感器工程技术研究中心	无锡市申瑞生物制品有限公司
4	江苏省单克隆抗体药物开发工程技术研究中心	无锡药明生物技术股份有限公司
5	江苏省高特异性单克隆抗体检测试剂工程技术研究中心	无锡傲锐东源生物科技有限公司
6	江苏省干细胞和转化医学工程技术研究中心	博雅干细胞科技有限公司
7	江苏省国际干细胞联合研究和产业化公共技术服务中心	博雅干细胞科技有限公司
8	江苏省无锡新药开发公共技术服务中心	无锡市马山生物医药工业园有限公司
9	江苏省单抗药物关键共性技术及 ADC 药物研发公共服务平台	无锡药明生物技术股份有限公司
10	无锡贝迪生物工程有限公司院士工作站	无锡贝迪生物工程股份有限公司
11	无锡新融和药业有限公司院士工作站	博雅干细胞科技有限公司
12	无锡药明康德生物技术有限公司技术中心	无锡药明生物技术股份有限公司
13	江苏省企业研究生工作站	无锡药明生物技术股份有限公司

2018 年 4 月 21—22 日,“太湖(马山)生命与健康论坛——2018 生物医药与金融创新”在无锡灵山君来波罗密多酒店会议中心召开,论坛由中国药学会、中国科协企业创新服务中心、江苏省科学技术协会、江苏省食品药品监督管理局共同主办。论坛嘉宾有两院院士、外籍专家以及政府部门、民间团体、学会、协会、科研院所、投资机构、知名企业等 1 300 余人,其间有 10 个项目集中签约,总投资超 10 亿元项目 6 个、超 50 亿元项目 2 个、超 200 亿元项目 1 个,生命健康、临床医学和生物医药产业基金成为本次论坛集中签约的一大亮点。6 月 25—26 日,举行太湖(马山)生命与健康论坛—2018 无

锡 PNP 独角兽跨境加速营路演活动。

强化政策与服务引导。2018 年 9 月，由滨湖区科技局、无锡太湖国家旅游度假区联合制订发展生命健康产业扶持政策，2019 年 4 月 10 日正式印发《滨湖区关于加快生命健康产业发展的政策意见》(锡滨委办发〔2019〕46 号)。园区完善服务，项目从洽谈到入驻及后期管理的流程，源头把控，兼顾项目的数量和质量，注重后期的运行管理和绩效考核。其中，改革了项目准备评审制度和后期绩效考核制度，引入第三方评价机制，邀请园区相关产业的项目负责人对项目进行评审，对项目建立一企一策考核办法。

三、2019 年园区发展展望

(一) 2019 年度园区预期工作目标

园区以加快“三基地三中心”建设为总目标，以“精致精细、品位品质”为新追求，全年新招引生物医药项目不少于 10 个，其中大型生命健康类项目不少于 2 个；园区销售收入和税收(不含一次性税收)保持 10%增长率；申报高层次人才计划不少于 8 人，争取入选不少于 3 人；建成创新研究院、公共服务平台、院士工作站等科研基础设施不少于 1 个；申报省级以上条线项目不少于 3 个，争取至少 1 个成功获批；举办论坛、峰会等重大活动不少于 1 次。园区重点做好以下两项工作：

(1) 引入资本，多方参与，激活医疗资源市场多元化发展。政府搭建平台，嫁接区外资源。抓住总部、投资、研发、知识产权等战略性环节，与外地高端资源合作打造大型医养结合社区、大型医疗康复基地等；推进医疗卫生领域国际化合作，引进国际性医疗机构，推进国际化医院试点，建立与国际接轨的远程会诊系统，完善国际医疗服务结算体系；鼓励市内医疗机构与园区内高科技企业的合作，加强生物医药、医疗器械等方面在研发和临床试验环节的紧密合作，缩短科研成果的产业化周期，加快园区企业的快速发展；大力推动市内医疗机构与园区合作，在马山建立分院，为创新创业高层次人才及当地群众提供高端医疗服务，缓解市属医院紧张局面，实现共同发展。

(2) 产融互动，创新机制，为健康产业营造良好的创新创业氛围。研究试点多元健康金融，由政府牵头，引导民营资本建立大健康产业引导基金，提高产业供给能力，发展健康金融；开展多样化的健康保险服务，建立商业保险公司与体检、护理、康复、养老等机构合作机制，支持商业保险公司提供多样化、多层次、规范化的产品和服务。鼓励开发个性化、针对人口老龄化问题的健康保险产品，满足广大群众多层次、多样化的医疗保障需求，补充医疗保险市场的健康保险产品。

园区发展面临的问题与对策。一是产业转型刻不容缓。外包区地处太湖一类地区，受《太湖流域管理管理》《江苏省太湖水污染防治条例》的制约，环保要求非常严格，药物、诊断试剂的生产项目在本区域内无法实现产业化。为此，首先，项目招引转型，目标向医疗服务、智慧医疗、康体养生转移；其次，充分利用 MAH 制度，包括今后可能推广到医疗器械领域，鼓励研发型企业申报注册证，通过 MAH 的方式，把研发和销售留在本区域内，生产采取代工形式放到合适地方。二是园区载体资源紧缺，所剩载体已无法满足项目入驻要求。为此，园区将尽早规划载体建设计划，统筹载体建设周期和项目招引的数量及进度，载体建设模式采取多形式，积极谋划引入民间资金；积极实施腾笼换鸟，通过绩效考核机制，清退部分低质量项目，提高载体产出效益。三是配套服务有差距，人才、融资、生产性服务都有所欠缺，对园区企业招引与人才引进造成影响。为此，在产业配套方面，进一步完善配套内容，大力引入金融投资、法律咨询、环保咨询、人事代理、财务代理等服务机构，让企业在发展过程中充分享受产业配套服务；在生活配套方面，加快生活配套的硬件建设，完善餐饮、住宿、娱乐等功能，在人才子女就学、签证办理、家属安置等方面提供便利条件。

作者：刘晓宇

第九章　无锡现代服务业发展现状、存在的问题及对策建议

服务业是国民经济的重要组成部分。现代服务业是相对于传统服务业而言，为适应现代人和现代城市发展的需求，而产生和发展起来的具有高技术含量和高文化含量的产业。现代服务业的发展程度，是衡量一个国家和地区经济发展水平的重要标志，反映了一个国家和地区经济的发展阶段。当前，无锡已进入新的经济发展阶段，发展现代服务业对于无锡来说，是构建现代产业体系的题中应有之义，是打造区域中心城市的必然之举，是创造群众美好生活的务实之策，也是建设“强富美高”新无锡的重要保障。

一、无锡现代服务业发展历程

无锡地处长江三角洲地区，是中国民族工商业的发祥地、中国乡镇企业的诞生地、吴文华的发源地，近代以来就以其繁华富庶被誉为“小上海”。改革开放后，其服务业的发展给整个城市带来了巨大的活力。

（一）快速发展期

在2005年江苏省加快发展现代服务业工作会议后，无锡抓紧推进了一系列措施：一是率先出台《关于加快发展现代服务业的意见》，明确了六大重点，同时在进入门槛、税收优惠、资金扶持等方面制订了详细政策。二是规划先行，除了在“十一五”规划中把服务业发展作为重中之重外，还抓紧现代服务业重点领域空间规划的编制，推进现代服务业“三港”（空港、水港、信息港）、“三沿”（沿江、沿湖、沿路）、“九大集聚区”（物流产业、科教创意产业、

休闲旅游产业、文化产业、商务商贸产业等)以及“十五个特色街区”规划编制。三是建立服务业重大项目挂钩联系制度。四是推进现代服务业国际合作,通过到新加坡、马来西亚和我国香港等地的服务业招商,以及举办“中国无锡2005世界城市服务业大会”等,提升无锡现代服务业水平。

(二) 稳步提升期

“十二五”时期,重点发展软件及服务外包、工业设计及文化创意、物联网及云计算应用等先导型服务业,加快培育现代旅游、现代物流、现代金融、科技研发、商务会展等现代服务业。

(三) 高质量发展期

“十三五”以来,出台《无锡市现代服务业提质增效三年(2017—2019年)行动计划》(锡委发〔2017〕21号),提出依托厚实的制造业基础,大力发展金融服务、科技服务、现代物流、节能环保服务四大生产性服务业;依托独特的生态环境,加快发展文化创意、旅游休闲、健康养老三大服务业新业态。无锡市委十三届六次全会提出,重点发展金融服务、科技服务、物流服务、信息服务、会展服务、文创服务、休闲服务、商贸服务八大重点产业。为扶持重点产业,出台《关于进一步加快现代服务业提质增效的若干政策意见》(锡政发〔2018〕49号),持续提升现代服务业发展水平。

二、服务业整体现状

(一) 规模提升,对经济贡献较大

1. 产业规模稳步提升

2018年,服务业实现增加值5 849.54亿元,增长7.1%,增幅省内排名上升了3个位次,占GDP比重51.1%(见图9-1);批发和零售业增加值比重30%(见图9-2),已成为服务业的主导力量;规模以上服务业营业收入922.69亿元,增长6.8%,其中:水利、环境和公共设施管理业营收48.64亿

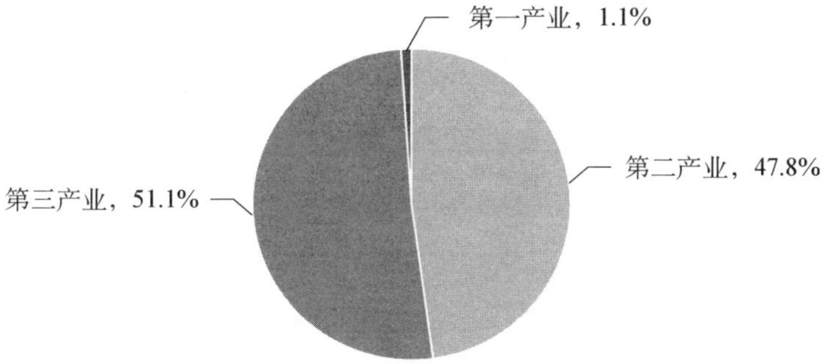

图 9－1　2018 年无锡三产占 GDP 比重

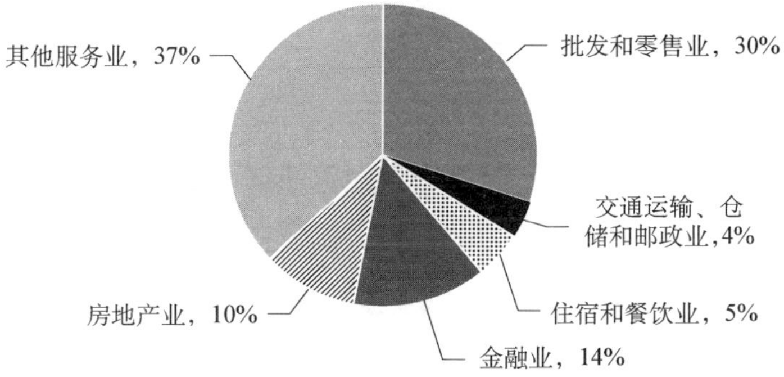

图 9－2　2018 年无锡服务业增加值构成

资料来源：无锡统计年鉴。

元、科学研究和技术服务业营收 100.12 亿元，分别增长 20.2%、10.6%。

2. 服务业投资占比扩大

2018 年，服务业完成投资增长 1.8%，占固定资产投资 59.7%，占比高于上年 2 个百分点，超过第二产业占比 19.6 个百分点（见图 9－3），其中文化体育和娱乐业、交通运输、仓储和邮政业、批发和零售业投资分别增长 86.1%、44.2%、19.6%，而金融业、信息传输软件和信息技术服务业等行业拉低投资增速。

（二）结构优化，主力作用渐显现

1. 产业结构继续优化

2018 年，现代服务业增加值达到 2 977.4 亿元，增长 8.5%，高于服务业

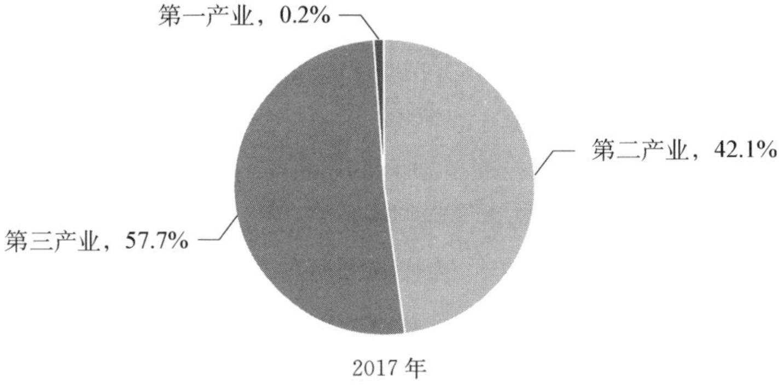

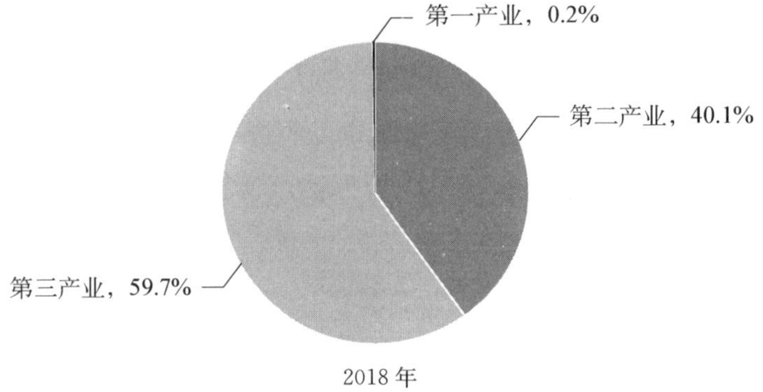

图 9－3　2017 年和 2018 年无锡固定资产投资构成比较

资料来源：无锡统计年鉴。

增加值增速 1.4 个百分点，占服务业增加值比重 50.9％，比上年提高 0.6 个百分点。规模以上高技术服务业营业收入 444.52 亿元，增长 5.8％，占规模以上服务业营业收入 48.2％，同比提高 5.9 个百分点。物流业、科技服务业(不含金融)等现代服务业发展较快，规模以上营业收入增幅分别为 8.2％、6.2％。

2. 服务业企业快速成长

入围 2018 中国服务业企业 500 强 11 家，比上年增加 2 家，创下近 3 年来上榜企业数新高，其中海澜集团销售收入创造了无锡市民企首次突破 1 000 亿元大关的历史。新增服务业上市公司 3 家，药明康德作为生物医药领域的“独角兽”，成为无锡市首个市值超千亿元 A 股上市公司。

（三）集聚发展，各板块均有亮点

1. 集聚水平显著提高

现代服务业集聚区已成长为无锡市现代服务业的重要增长极，并带动了大量就业。2018 年，全市 16 家省级现代服务业集聚区共入驻企业 3.3 万余家，吸纳就业 26.5 万人，实现营业收入（成交额）4 398 亿元，增长 10.5%，实现利税 307.8 亿元，增长 12.7%，完成投资 215 亿元。

2. 各板块发展亮点纷呈

2018 年，江阴成功入选江苏省新一轮服务业综合改革 16 个试点区域之一；宜兴服务业投入增长 6.1%，超全市平均 4.3 个百分点；梁溪区大力推进省级商贸流通创新示范区建设，服务业增加值占地区生产总值比重达 84.8%；锡山区社会消费品零售总额增长 10.3%，超全市平均 1.3 个百分点；惠山区规模以上服务业营业收入增长 22%，超全市平均 15.2 个百分点，增幅全市第一；滨湖区全年共接待旅游总人数 2 567.61 万人次，增长 15.1%，实现旅游总收入 270.99 亿元，增长 15%；新吴区第三产业增加值增长 10.2%，超全市平均 3.1 个百分点。

三、现代服务业发展情况

2018 年，无锡市重点发展金融服务、科技服务、物流服务、信息服务、会展服务、文创服务、休闲服务、商贸服务八大产业。

（一）金融服务业

2018 年，金融业运行保持平稳态势，实现增加值 832.12 亿元，增长 4.8%，占 GDP 比重 7.3%。

1. 信贷总量不断扩大

2018 年，无锡市金融机构各项存款余额 16 056.79 亿元，增长 6.1%，其中人民币存款余额 15 568.68 亿元，增长 6.6%；金融机构各项贷款余额 12 102.76 亿元，增长 7.8%，其中人民币贷款余额 11 971.55 亿元，增长 7.9%；银行业不良贷款余额、不良贷款率持续“双降”，分别为 125.88 亿元、

1.04%,分列全省第4、第11位;服务业贷款余额(不含房地产)4 183.67亿元,比年初增加了71.44亿元。一是直接融资比重进一步提高。社会融资达到1 669.73亿元,直接融资规模继续扩大,全市直接融资发生额910.37亿元,占社会融资规模约55%。新增境内外上市公司11家,上市公司累计达138家,新增上市公司数连续3年位居全省第一,上市公司总数位居全省第一。5家上市公司完成定增,总额75亿元,另有5家公司公布定增预案。新设立各类基金10只,总规模约315亿元。二是金融服务不断创新。抓住国家绿色金融改革试验区增点扩面机遇,宜兴申报创建绿色金融改革创新试验区;组建国发资本运营有限公司,申报设立锡商民营银行取得积极进展;物联网技术创新金融服务持续推动,3家试点法人银行通过仓储质押,累计放款1 296笔,金额16.25亿元;无锡市综合金融服务平台启动,切实解决企业融资信息不对称问题。

2. 保费收入回归合理水平

2018年,全市共有保险机构76家,其中产险公司28家(不含出口信用保险)、寿险公司48家;全行业共实现保费收入377.18亿元,保费规模位居全省第3,其中:财产险保费收入94.16亿元,增长3.32%;人身险保费收入283.02亿元,下降11.94%。一是服务实体经济,保障全面升级。被誉为“无锡模式”的环境污染责任险全年参保企业达到了1 146家,承担责任风险9.2亿元,全国地级市排名第一。各保险企业积极为全市民营企业提供以意外伤害、工伤补偿、医疗健康为主的员工福利保障方案,同时大力发展小微企业责任保险,推动小微企业贷款保证保险业务。截至2018年年底,各保险企业为全市3 627家小微企业提供了468亿元雇主责任风险保障,为2 280家企业提供74.3亿元公众责任风险保障。帮助民营企业“走出去”,全年承保市平台企业375家,支持平台企业出口超过28亿美元,增长11%,政府统保平台规模继续保持全省前列。二是回归保险本源,精准服务民生。无锡特有的“慈福”民生系列保险项目荣获全国慈善领域最高政府奖——第十届“中华慈善奖”。截至年底,该系列保险已累计处理各类理赔案件7.4万起,支付救助慰问金(理赔款)1.1亿元,10.3万户(人)直接受益,有效实现了精准救助。无锡城乡居民大病保险项目已进入居民医保支付系统，实现在定点医疗机构的“一站式”结报，极大方便了参保人。2018 年，市区大病保险参保人员 328.97 万人，其中职工参保人数 223.52 万、居民参保人数 105.45 万。截至 12 月末，市区共有 4.9 万人次、1.28 万人实时享受大病保险补助待遇，受益金额为 8 219 万元，增长 11.4%。

3. 小贷公司规范发展

2018 年，全市共有 63 家小贷公司，其中农贷 54 家、科贷 9 家(其中 3 家为互联网科贷)；全市小贷公司贷款余额为 82.13 亿元，全年累放贷款 75.34 亿元。阿福农贷、联丰农贷等 4 家小贷公司被评为“2018 年度全国优秀小额贷款公司”。

(二) 科技服务业

2018 年，科技服务业形成良好发展局面，规模以上科技服务业机构数 403 家，从业人员 57 157 人，营业收入 701 亿元，其中规模以上科技服务业收入(不含金融)317.17 亿元，增长 6.2%。全市专利申请量 62 681 件，授权量 35 256 件，万人有效发明专利授权量 38 件。

1. 科技创新平台建设取得新突破

华中科技大学无锡研究院建设的“智能制造与机器人应用技术公共服务平台”成为全省首批重大科技公共服务平台的两家之一，建成后将为全省智能制造相关企业提供全方位的技术服务。全市建有省级公共服务平台 26 家，涵盖无锡市集成电路、生物医药、智能制造、新一代信息技术等重点产业领域。无锡市共有物联网创新中心、超级计算技术创新中心、深远海装备实验室 3 个项目列入全省国家重点科技基础设施和创新平台重点培育项目，位于全省前列。累计建成省级以上工程技术研究中心 523 家，占全省的 15.4%，位于全省第 2。

2. 企业研发机构建设取得新进展

江苏长电、江阴兴澄、无锡先导、远景能源等 12 家企业获评全省创新型 100 强企业。华进半导体“大板集成扇出先进封装技术”，填补国内板级扇出技术、材料和装备的空白，入选“第十二届中国半导体创新产品和技术”；法尔胜在国内首创“1 860 MPa 直径 7 mm 锌铝合金镀层钢丝拉索技术”，远东电缆等 11 家企业多项先进技术、产品为港澳珠大桥建成通车提供重要保障。

3. 科技创业载体建设取得新成效

新认定省级以上科技企业孵化器 1 家、科技企业加速器 3 家、“苗圃—孵化器—加速器”科技创业孵化链条 2 家、众创空间 7 家。目前全市累计建成省级以上“苗圃—孵化器—加速器”全过程产业孵化链条 10 个，其中国家级 2 个，位于全省第一；省级以上科技企业孵化器 46 家、其中国家级 20 家；国家级大学科技园 2 家；省级以上众创空间 44 家，其中国家级 16 家。江南大学科技园的“健康食品专业化众创空间”成功入围国家专业化众创空间示范名单，成为全省首批获此殊荣的 5 家单位之一；江阴金属新材料众创社区和无锡滨湖信息安全技术众创社区 2 家单位入围第二批江苏省众创社区备案试点。无锡市入选全省推进双创政策落地、科技企业孵化器运行成效明显市，在《中国城市创孵指数 2018》中排第 14 名，位居全国地级市前列。

4. 大众创业万众创新形成新生态

2018 年，无锡市先后举办了无锡市青年 321 创客节、物联网国际技术转移大会、苏南全球创客大赛暨 2018 年度无锡创客大会等赛事活动，吸引了一批国内外优秀项目来锡参赛和孵化。第四届苏南全球创客大赛共吸引南京、苏州、常州、镇江 4 市创业项目 29 个，海外项目 8 个，苏南区域创客中心初步形成。无锡市科技资源共享服务平台正式上线运营，通过“互联网+”和大数据技术，整合了无锡及全国高校、科研院所、新型研发机构和第三方检测公司等 200 多家机构的科技资源，面向无锡市科技企业和创业团队开放共享并提供优质服务，全面助力企业研发创新和产业升级。

5. 科技创新资源集聚达到新高度

江苏省产业技术研究院深度感知技术专业研究所、无锡富华高技术研究院、无锡量子感知研究所、沈阳工业大学无锡产业技术研究院等新型研发机构成功落户，共建南京信息工程大学无锡研究院协议成功签署，东南大学微纳加工与测试公共平台建设方案通过论证。新增院士工作站 12 家，累计建成院士工作站151家，位列全省第一。涌现了华进半导体、华科大无锡研究院、药明康德等一批高成长型科技服务机构。与公安部交通管理科学研究所签订“一所一策”战略合作协议。成功举办2018无锡市产学研合作科技成果洽谈会，50个产学研项目现场签约，签约资金达到1.41亿元。持续推进全市技术交易体系建设，技术合同成交额达到150亿元，增长38.3%，位居全省第3位。

（三）物流服务业

2018年，物流服务水平提升，全市物流企业1.56万家左右，从业人员17万人左右；规模以上物流业营业收入161.14亿元，增长8.2%；45家重点物流企业（基地）业务收入1 387.67亿元，纳税49.37亿元；快递服务企业业务量累计完成51 181.89万件，增长13.5%，业务收入累计完成58.83亿元，增长6.5%；货物运输量18 639.8万吨，增长7.2%；港口吞吐量23 240.08万吨，集装箱吞吐量61.56万TEU；苏南硕放国际机场新增无锡至德国哈恩、无锡至美国辛辛那提和芝加哥等2条洲际货运航线，完成航空货邮吞吐量12.4万吨，增长15.1%，在全国民航机场中位列第24位。

1. 重点物流园区建设水平明显提升

苏南快递产业园5家分拨中心配置了全自动智能分拣设备，明显提高了分拣和转运能力。百世综合物流园无锡基地正式投运，总面积8万平方米，场地操作面积5.1万平方米，可辐射至江浙沪地区，基地全部使用自动化分拣流水线，仅设备投入就超过1.5亿元，24小时可处理600万单。中国首个IOT未来园区——菜鸟无锡未来园区2018年“双11”正式投入服务，近700台机器人正式上线运行，标志着中国目前最大的机器人智能仓库进驻无锡。顺丰丰泰产业园二期项目投运；友和道通项目复工；圆通航空基地项目拟在空港园区设立航空（物流）基地；圆通航空B757全货机无锡至香港首航成功。

2.“互联网+高效物流”得到推广

信息技术、物联网技术、北斗导航及地理信息技术、自动化物流装备得到普及应用，涌现了以江苏佳利达国际物流股份有限公司、江苏华商城市配送股份有限公司、迅杰物流公司、华邦世捷供应链有限公司等为代表的一批智慧仓储、智慧供应链、智慧配送物流企业。江苏物云通物流科技有限公司、无锡恰途网络科技有限公司和无锡远迈信息技术有限公司3家企业入选交通部无车承运人备案试点企业，完成货物运输信息流、资金流、轨迹流以及数据流“四流合一”，整合货运车辆3万多辆，上传合格运单数达10万余单，数据准确率在全国处于前列，先行先试为无锡市无车承运项目发展树立了标杆。禾健物流作为无锡市“司机之家”试点项目创建成功。佳利达—无锡国际空港货运枢纽及华东区域配送网络建设项目被省交通运输厅列为“培育壮大运输新动能”项目。物流标准化从试点走向常态化。据不完全统计，2018年全市物流标准化试点企业租赁或购置标准托盘(箱)42万个，周转箱3.5万个，试点企业标准化托盘使用率达35.5%，物流企业带托运输率达到58%，进一步推动了物流行业的降本增效。城乡配送有序推进，无锡市成为江苏省首批3家城乡高效配送试点城市之一，中国邮政速递物流股份有限公司无锡市分公司、江苏明佳供应链管理有限公司、中储发展股份有限公司无锡物流中心等11家物流配送企业成为省级城乡高效配送骨干企业。

3. 物流运输结构调整初见成效

一是运力结构持续优化。全市道路货运经营业户1.5万家，道路运输货运车辆7.6万辆，户均车辆数5.25辆，处于全国领先水平。水路货运业户31家，营运船舶1 260艘；全市户均车辆数100辆以上的道路货运企业129家；运力规模5万吨以上的内河水运企业1家，运力规模10万吨以上的国内沿海运输企业1家。二是多式联运成效显著。公铁、水水、铁水等两种及以上多式联运发展，高新物流完成水水联运量1.2万标准箱，众盟物流完成公铁联运量达90万吨，西站物流完成大宗物资联运量达400万吨。众盟物流持续推进甩挂运输，新建物流联盟站场投入使用，探索运行“两端甩挂的多式联运”模式。

(四) 信息服务业

2018 年,全市共 148 家规模以上信息技术服务业企业,实现营业收入 333.98 亿元,增长 4.7%。根据大数据监测运行平台数据,2018 年全市软件与信息服务企业 904 家,申报销售 1 350.36 亿元,增长 15.4%;大数据(云计算)企业 382 家,申报销售 240.94 亿元,增长 34.7%;服务外包离岸执行额全年累计 81.1 亿美元,增长 8.2%;列入统计服务外包企业数达到 1 778 家,从业人数达到 20 万人。

1. 信息服务企业集群发展

无锡市信息服务产业逐步在各细分领域形成企业集群。以多盟睿达、中铠信息、泛亚信息等为代表,逐步形成"互联网+"企业集群,以航天大为、蓝深远望、中科新锐等为代表,逐步形成系统集成企业集群,以曙光城市云、华云数据、太湖云、云端网络、恒云太等为代表,逐步形成云计算企业集群,以曼荼罗、观为监测、曲速教育、浪潮卓数等为代表,逐步形成数据服务企业集群。同时,部分企业也在某些细分领域快速成长,成为独角兽企业或领军企业。艾德无线、华云数据、无锡不锈钢 3 家企业荣登"2018 年中国互联网企业 100 强"榜单,实现了无锡市企业在中国互联网百强评选中零的突破,在全省(共 7 家)位列第一。华云数据在中国大数据独角兽企业 TOP20 榜中排名第 12 位,为全省唯一一家;华云数据和帆软软件入选 2018 中国大数据企业 50 强榜单,为省内仅有 2 家。全市销售超亿元软件企业数量达 40 家。2017 年以来,一批国内知名平台企业先后在无锡植根发展,浪潮集团在无锡成立大数据总部,阿里云在无锡建立物联网总部,海尔集团在无锡建设物联生态网基地,东方国信、徐工信息也相继进驻无锡,为无锡信息服务发展注入了新鲜活力。目前,无锡市拥有国家级软件园 1 家,省级以上软件园 4 家,省级互联网产业园 2 家,省级互联网众创园 3 家。

2. 信息服务平台建设和应用成效显著

一是 10 个工业互联网平台不断取得成效。瀚云 HanClouds 工业互联网平台已于 2018 年 7 月 1 日正式上线;雪浪云工业互联网平台(雪浪制造大脑)工业机器学习平台 V1.0、工业数据分析平台 V1.0、工业算法智能开发平台、工业数据洞察分析平台上线，阳光集团纺织大脑项目、双良智能运维与能效优化项目等顺利推进。红豆集团的“红豆—纺织服装工业互联网平台”项目入选工信部工业互联网平台集成创新应用试点示范项目，全省仅3家企业入围；江苏极熵入选工信部“制造业与互联网融合发展试点示范项目”，实现了无锡市在该项目领域零的突破。朗新科技、观为监测、卓易信息、极熵物联4家企业的工业互联网平台入选省行业级重点工业互联网平台；海澜新能源、雪浪数制的工业互联网平台也分别入选省企业级重点工业互联网平台和省重点工业互联网平台培育对象。二是企业上云行动计划稳步推进。2018年，无锡市远景能源、博耳电力、江南电缆等5家企业平台被认定为省级制造业“双创”平台，较上年翻了两番。双良集团入选省首批五星级上云企业，远东控股、海澜新能源、深南电路、小天鹅4家企业入选省首批四星级上云企业，新日电动车、雅迪科技等14家企业入选省首批三星级上云企业。三是工业互联网生态体系逐步完善。2018年，无锡市成立了工业互联网产业联盟，致力于为工业互联网传感器、网络、云平台、工业机理、应用等相关产业建立有效运行的产、学、研合作新机制，推动无锡市工业互联网产业链的推广应用。同时，企业积极参加江苏省工业互联网发展联盟和中国信息通信研究院的工业互联网产业联盟，融入全国和全省工业互联网发展体系。工业互联网服务资源池加快构建，目前观为监测、华中科技大学无锡研究院等25个工业互联网平台和服务商入选首批江苏省工业互联网资源池，数量居全省前列。

3. 产业发展氛围日益浓厚

2015—2018年，无锡市成功举办四届“ipark”杯互联网创新创业大赛，组织27场路演，发动项目500余个，吸引观摩人员近6 000人次，投资机构与参赛团队对接超300次，项目培训及政策宣讲等活动30余次，获得省级一等奖5项、二等奖5项、三等奖7项、组织奖8项，8个参赛项目获得省级资金支持640万元。2016年和2018年，无锡市分别举办了两届大数据应用创新大赛，吸引了近1 600名大数据领域相关人才组成的近700个团队参赛，提交大数据应用创新方案238个，围绕交通、环保、人口、教育、健康、旅游、国土资源等领域，深入推进大数据与各领域、各行业的融合发展。2018年，成功举办第九届大学生服务外包创新创业大赛，吸引了北京大学、复旦大学、南京大学等在内的全国及"一带一路"沿线国家401所高校3 072支代表队参赛，增长139.5%，阿里巴巴、华为、京东等全国30余家数字服务领军企业参与大赛命题，创业组92.5%的决赛作品获得软件著作权、实用新型专利、外观设计专利。通过举办的这些活动，在全市甚至更大范围内形成关注、关心信息服务产业发展的环境氛围。

（五）会展服务业

2018年，会展服务业营业收入5.16亿元，会展活动从2015年的111个增长到2018年的142个，展览面积达到92.94万平米，带动经济效益46.4亿元左右。无锡获得会展专业机构《中外会展》杂志社的金五星优秀会展城市、《会展财富》杂志社的最具影响力会展城市、《中国会议产业大会》的最具品牌价值会奖目的地等荣誉称号。主要展馆有2个，即太湖国际博览中心、市体育会展中心，总展览面积约7万多平方米。目前，无锡从事展览策划、搭建、广告设计制作等业务的上下游会展企业100余家，能独立举办会展项目的会展主体20余家。

1. 品牌会展影响力不断扩大

近年来，主要举办了世界佛教论坛、中国会展经济国际合作论坛、世界物联网博览会、中国（无锡）国际新能源大会、国际友城交流会、中国·太湖马山生命与健康论坛、中国集成电路制造年会等一批行业顶级会议活动以及徐霞客国际旅游节、国际马拉松赛、无锡国际瑜伽节、太湖国际樱花节等节庆赛事活动。以世界物联网大会2018为例，入场观展人数达18.9万人次，较2017年增加1.6万人次，有47个重大项目签约落地，200多亿元投资，50个产学研项目现场签约，12项双边或多边合作达成协议，5只产业基金发起成立，11个平台载体投入运营或揭牌设立。

2. 招展引会共谋发展

2018年，先后在无锡和上海组织召开"2018无锡会展恳谈会""2018无锡会展业发展推介会暨 CREC 十周年新闻发布会”，邀请国内外会展界精英人士参会，推介无锡市会展业发展整体环境和政策优势。同时，通过组织企业参加 2018 国际会展业 CEO 上海峰会等行业高端论坛和展示会，赴印度、斯里兰卡进行考察及各种宣传、推介活动，全年共新培育、引进会展活动 6 个。

（六）文创服务业

2018 年，292 家规模以上文化创意业单位实现营业收入 248.71 亿元，从业人员 3.2 万人。

1. 文创服务重大项目稳步推进

融创文旅城项目万达茂、剧场主体已完成建设，定于 2019 年 6 月开业。无锡美术馆完成规划选址，惠山古镇核心区二期启动建设，并正式加入江南水乡古镇申遗行列；周新老街保护性修复工程于 2018 年 4 月份启动，接官亭弄、小娄巷历史街区、梦东方・徐霞客国际旅游度假区等文旅项目有序推进。灵山五期拈花湾禅意小镇为满足游客日益增加的住宿需求，在原有客栈的基础上投入 9 000 万元开发客栈 12 栋，目前已投入使用。灵山集团与汉中市联合打造“兴汉胜境”汉文化旅游度假区、与曲阜合作“尼山胜境”文化旅游度假区、牛首山金陵小镇项目已完成签约，当前灵山耿湾上市计划有序推进。

2. 文化服务龙头企业加快培育

无锡市凭借影视动漫出口贸易特色，成为全省唯一一个入选商务部首批国家文化出口基地名单的城市。国家数字电影产业园全年实现营收产值 55 亿元，招引企业 400 余家，影视剧立项 110 部，承接影视剧拍摄制作业务 158 部，接待剧组 35 个。国家数字电影产业园华莱坞二期项目 5 个影棚已建设完成，四档综艺栏目入驻园区制作，提升无锡城市的娱乐热度。园区携手省市合作成立总规模超 10 亿元以上的创意基金。艾德无线公司近年来营业收入、企业规模迅速提升，与淘宝、京东、苏宁等互联网巨头合作日益深入，获得江苏省文化产业重点示范基地称号。央视国际在无锡设立省内唯一从事视频新媒体技术研究领域的省级博士后工作站。

3. 文博会、文创大赛品牌不断优化

举办第四届无锡文创大赛，共发布5个综合赛事、一个子赛事和6个企业定制赛，增设“产业孵化基金”100万元，共收到参赛作品2 500余件，征集量创历届之最，评出金银铜奖35名。举办第八届无锡文博会，以“提升文化标识度　激发文化新动能”为主题，以文化高质量发展为导向，首次设置了重大文化产业项目签约、优秀文化企业表彰、产业项目洽谈会、艺术品拍卖等活动，主场馆面积达4.7万平方米，来自17个国家和地区、20多个外省的896家展商参展，展会参观总人次超13万人次，现场交易额6.33亿元。国家数字电影产业园举办中美影视跨境项目路演（滨湖行）活动，和全球第一个好莱坞社区HPC（Hollywood Production Center）、创投联盟签署三方战略合作协议；举办中摩电影产业合作论坛，签署中摩电影产业战略合作协议。

（七）休闲服务业

2018年，全市共接待国内旅游人数9 817.68万人次，增长7%；接待入境过夜旅游者58.6万人次，增长18.3%；实现旅游总收入1 951.97亿元，增长11.9%。

1. “旅游+”产业融合深化发展

一是体旅融合不断拓展。无锡市获得全国“十佳”体育旅游目的地称号，全国体育旅游“十佳”项目共6个，精品项目共16个。相继举办无锡国际马拉松赛、世界击剑锦标赛、环太湖国际公路自行车赛等重大体育赛事，精心设计“体育+旅游”的旅游线路，观赛及旅游休闲人数取得较大突破。同时，还举办“阳山桃花马”“深氧湖汉马”“水韵无锡·动感蠡湖”首届无锡水上体育旅游节等特色体育赛事活动，吸引众多海内外游客来锡参赛旅游。江阴以马文化为主题建成集马术训练、表演比赛、陈列展示及健身休闲为一体的马文化主题旅游景区；宜兴以茶文化为主题整合龙池山自行车公园、湖汉深氧旅游观光线路打造体育休闲旅游度假产品；环蠡湖区域以水文化为主题建成国家龙舟活动基地、水上帆船活动基地；灵山景区以佛文化为主题与印度合作，举办国际瑜伽节；银鸥旅行社推出自主体育装备品牌“磅礴”，开发出适合水上、登山、徒步等运动的15个系列产品，紧紧抓住体育旅游消费的全产业链，抢抓市场做好文章。无锡市体育产业发展集团成功组建，体育旅游和体育文化传媒两家全资子公司成立，在体育产业发展中发挥集聚、示范效应。二是文旅融合不断延伸。每年举办“全国大学生旅游写生节”，已经累计吸引了近10万人次的美术专业大学生来锡创作体验，为无锡文化旅游影响力的有效传播开辟了新途径。文创旅游产品开发成效显著，《竹报平安路路通》获2018中国特色旅游商品大赛金奖，《吴越春秋紫砂套壶》《运河游礼——抓周》、“金杜米”醉系列黄酒获铜奖，这是无锡市旅游商品近年来参赛取得的最好成绩。西渚云湖茶禅小镇列入第二批省旅游风情小镇创建单位名单，灵山禅意小镇以旅游风情小镇创建总分第一的成绩获评“优秀”，成为全省旅游风情小镇建设的典范。

2. 乡村旅游振兴稳步推进

2018年，美丽乡村休闲旅游示范村建设任务全面完成，基础设施和乡村旅游业态项目数98个，完成实际投资8 923.56万元，璜土村、张阳村、善卷村、祝陵村、美栖村、谢埭荡村、桃源村、万丰社区获评无锡市美丽乡村休闲旅游示范村。宜兴白塔村、锡山山联村、滨湖和平村被评为首批江苏省“乡村振兴旅游富民先进村”。乡村旅游项目建设加快推进，阳山千里走单骑、尚田生态园民宿、疯狂拖拉机农场等乡村休闲项目建设进展顺利；锡山山联黄鳝垂钓体验基地、南青荡玫瑰步道、宜兴秘境乾元古道如期完工；惠山桃源泉乡宿、滨湖云居西村、大隐山居、半亩方塘等特色精品民宿投入运营。乡村旅游宣传推广力度不断加大，连续5年制播《周末去哪儿》乡村旅游综艺栏目，不断推出无锡乡村休闲旅游的最新产品，深受广大市民和游客喜爱。

3. 健康养老服务加快完善

2018年，健康养老服务业单位数2 859家，规模以上健康养老服务收入4.9亿元，增长28.6%；新建养老机构9家，居家养老服务机构10家，新增养老服务床位约2 000张；医疗卫生单位数2 480家，医疗卫生服务收入287.88亿元，其中社会办医疗机构数1 205家，床位数14 618张，占比分别为 49.2%和 31.1%。梁溪区扬子锦辉老年公寓、滨湖区百禾怡养院、新吴区华为养老院等一批养老项目加快建设。继续推进智慧养老服务机构建设,全市智慧养老服务机构总数约 100 家。以宜兴九如城为代表的养老综合体及朗高、康乐年华等品牌机构积极推进医养融合。医养结合试点有序推进,亮点凸显。滨湖区开展全区老年人基本情况调研,推动医疗服务向社区、家庭延伸,加快医养结合机构建设,试点安宁疗护服务,切实满足老年人健康养老需求;梁溪区启动“为爱守护,一生相伴”计生特殊家庭医养结合项目,通过政府购买公共服务方式,依托市便民服务中心平台,开展线上服务和线下服务,打造计生特殊家庭“居家医养一体化”服务圈,得到受惠居民的一致好评;惠山区积极打造“健康长乐”社区居家医养结合品牌服务,为老年人提供家门口的健康养老保障。

(八) 商贸服务业

2018 年,全市实现社会消费品零售总额 3 672.7 亿元,增长 9%,增幅高于全省平均 1.1 个百分点,位列全省第 3 位,为 10 年来首次进入全省前 3(见图 9-4)。其中,批发零售业拉动作用强劲,全市批发和零售业完成社会消费品零售总额 3 382.76 亿元,增长 8.9%;住宿和餐饮业保持稳定发展,完成零售额 289.94 亿元,增长 9.5%。城镇市场依然占据主导地位,2018 年

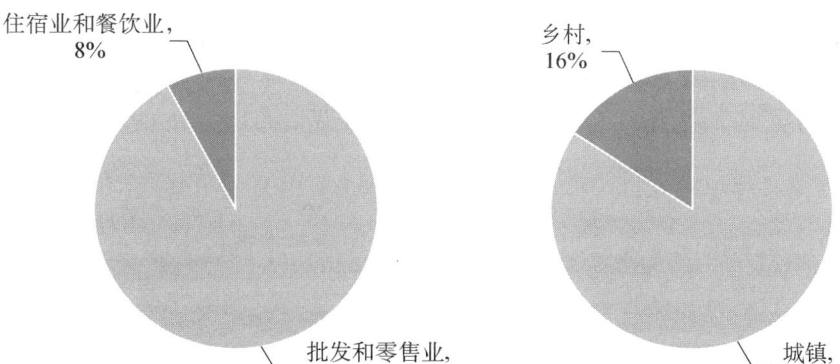

图 9-4　社会消费品零售总额行业构成、城乡占比

资料来源:无锡统计年鉴。

城镇实现社会消费品零售总额 3 136.07 亿元，增长 9.1%；乡村实现社会消费品零售总额 536.63 亿元，增长 8.4%。从限上单位看，限额以上批发和零售业商品零售额 1 028.88 亿元，增长 5.5%。18 大类商品实现正增长的有 14 个类别，增长面为 77.8%。主要商品中，通信器材类、五金电料类、文化办公用品类、石油及制品类、金银珠宝类、饮料类表现较好，增速均超 10%，分别增长 33.3%、23.8%、18.9%、16.1%、11.7%、11%。

1. 新业态新模式不断涌现

限额以上企业通过互联网实现的商品零售额 66.93 亿元；盒马鲜生等新零售知名项目先后开业；南下塘老字号街区、溪南公馆、美湖文化街等众多高品质商业街、步行街成功开业。大力支持老字号创新发展，启动第二批“无锡老字号”评选工作，加强老字号企业线上营销能力。商业企业实力增强，无锡商业大厦荣获全国首批绿色商场称号；江苏华地国际控股集团有限公司入围 2017 年中国连锁百强企业；荟聚购物中心被评为国家级绿色商场，惠山万达成功创建为江苏省绿色商场。国家跨境电商综合试验区成功获批。全市新增 15 个电商示范项目，其中省乡镇电子商务特色产业园(街)区 2 个、省级电商示范村 8 家、省首批电子商务众创空间培育试点 5 家。

2. 消费创建活动成效斐然

2018 无锡消费促进季、金秋购物节等多场活动取得良好成效，全市消费市场保持平稳增长态势。第 19 届中国美食节首次在省会以外的城市举办，吸引了全国上千家餐饮和食品行业品牌企业参与，作为东道主的无锡展馆，推出了中国锡菜十大品牌展、十大名师展、十大名店展、十大新锡菜展，无锡获得了“中国太湖三白美食之都”的荣誉称号。无锡市商贸服务业职业技能大赛成功举办，包含物流与仓储、美容美发以及家电维修三个商贸服务行业的职业技能比赛，共 1 000 多人参赛，为参赛人数最多的一次，旨在提升无锡市商贸服务行业服务质量，进一步增强全市商贸服务业人才队伍的专业技能水平。

3. 传统市场逐步转型升级

全年完成 12 家农贸市场改造，合计改造面积 4.12 万平米，带动社会投资 8 000 多万元，辐射周边市民 30 多万人。蝉联江苏省农贸市场公益性改革试点城市，15 家农贸市场纳入改革试点。无锡金桥国际食品城、无锡国联金属材料市场、江苏省华东石材市场 3 家专业市场被评为“2018 年度江苏省转型升级示范市场”。开展供应链创新与应用试点，无锡天鹏、朝阳及江阴恒阳化工 3 家企业被商务部等 8 部门认定为国家供应链创新与应用试点企业。

四、现代服务业发展存在的主要问题

“十二五”以来，以南京、青岛等为代表的全国中心城市、省会城市服务业发展迎来爆发期，服务业极核功能增大，无锡与它们差距明显扩大，而宁波、佛山等城市则不断追赶无锡，无锡服务业发展压力增大，竞争激烈。

（一）横向看：规模较小，追赶压力加大

从服务业增加值看，2018 年，无锡服务业增加值低于青岛 914 亿元、南京 1 976 亿元；2015 年，低于青岛 727 亿元、南京 1 389 亿元（见图 9－5）。相比较，无锡与青岛、南京差距拉大。

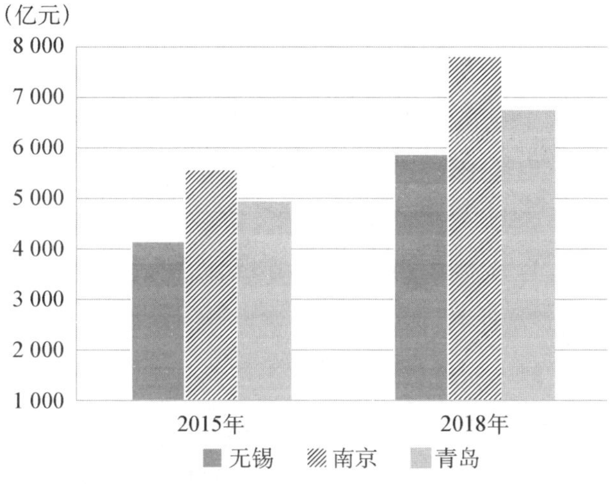

图 9－5　无锡与其他城市服务业增加值比较

资料来源：各城市统计年鉴。

从服务业投资看，2015 年，无锡服务业投资额为 2 914.45 亿元，低于宁波 43 亿元、青岛 273 亿元、南京 440 亿元、长沙 1 211 亿元，高于佛山 1 109 亿元。到 2017 年，与前 4 个城市的差距持续扩大，其中与宁波差距最小，为 779 亿元，与长沙差距最大，为 2 413 亿元，对佛山的优势缩小，为 311 亿元(见图 9-6)。

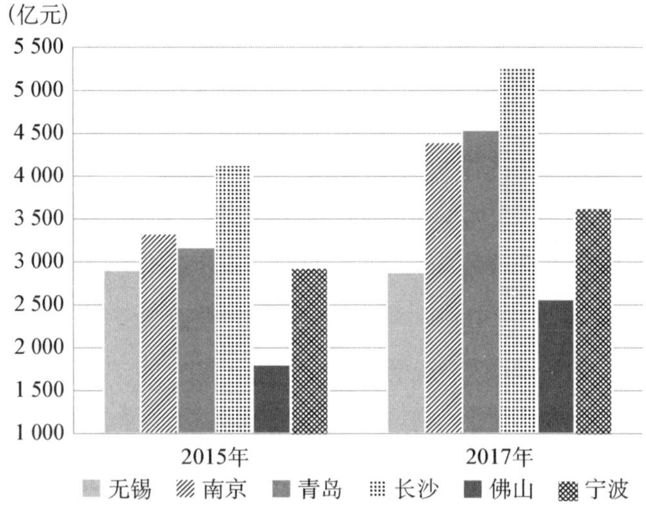

图 9-6　无锡与其他城市服务业投资额比较

资料来源：各城市统计年鉴。

(二) 纵向看：增速放缓，发展后劲弱化

近年来，无锡市服务业增加值占比逐年提高，于 2016 年越过 50%大关，但 2018 年服务业占比下降，低于 2017 年 0.4 个百分点，存在占比提升放缓甚至下降的趋势(见图 9-7)。而且“十三五”以来服务业增加值增速年均仅有 7.8%，远远低于“十二五”期间年均 10.7%的增速(见图 9-8)。

从服务业投资增速看，无锡市服务业投资额和占比逐年攀升，但增速回落明显，“十三五”以来服务业投资增速年均仅有 1.5%，远远低于“十二五”期间年均 15.1%的增速。自 2015 年投资增速(1.4%)断崖式下降后，增速均在 5%以下，短时间难以恢复以前的水平(见图 9-8)。

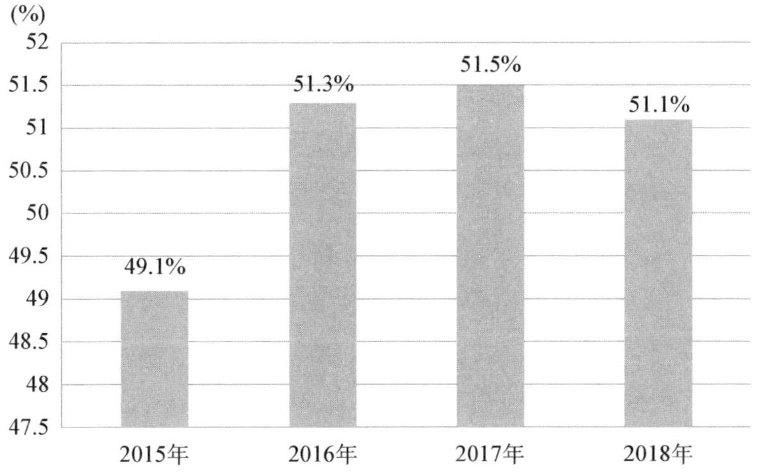

图 9-7 "十二五"以来无锡服务业增加值占 GDP 比重

资料来源：无锡统计年鉴。

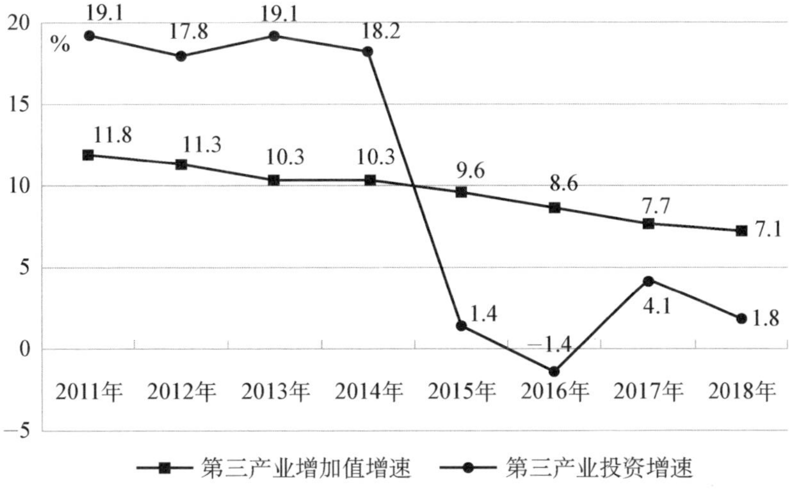

图 9-8 "十二五"以来无锡服务业增加值增速、投资增速

资料来源：无锡统计年鉴。

（三）行业看：创新不强，结构有待优化

服务业结构高度化偏低，体现中心城市服务功能的现代服务业比重明显偏低，辐射带动力亟须提高。国际上，发达国家普遍存在"两个 70%"现象，即服务业增加值占 GDP 的 70%，生产性服务业增加值占服务业增加值的 70%。与发达国家相比，无锡市生产性服务业发展明显滞后。新消费、

新业态、新模式支撑作用较为有限,现代服务业发展较慢,与杭州等国内先进城市相比,无论规模还是影响,差距较大。如无锡市 2018 年规模以上租赁和商务服务业营业收入 158.96 亿元,而杭州达到 996 元,仅为杭州的 1/6;杭州规模以上信息传输、软件和信息技术服务业达到 6 132 亿元,而无锡市(333.98 亿元)远低于此;无锡市规模以上科学研究和技术服务业营业收入为 100.12 亿元,占规模以上服务业营收 10.9%,而杭州达到 914 亿元,青岛科技服务业营收占规模以上服务业营收 16%。无锡服务业的产业创新、业态创新、模式创新和技术创新等都亟须加强,"互联网+"的步伐也需加快。

(四) 载体看:优势不足,潜力有待挖掘

目前,无锡市现代服务业集聚区集聚度不高,一方面存在大量低效低质企业,浪费资源,另一方面还有部分空闲,这些载体有待于今后招商统筹中进一步挖潜增效,同时载体的配套政策及软硬件设施建设缺乏优势。各服务行业规模小,仍然以服务无锡市本地为主,对区域外的吸纳能力有待进一步提高。中心城区核心商圈集聚吸引效应降低,一定程度上削弱了城市服务业的整体功能;宣传力度薄弱,未形成在省内外有知名度和影响力的商业特色街区,服务业的规模效应和品牌意识亟待全面提升。

(五) 企业看:数量不够,龙头企业匮乏

大多数服务企业规模小、信用低、融资难,尤其缺乏知名企业、知名品牌。无锡市服务业规模以上企业数量、营业收入分别位居全省第 7 位和第 4 位,与服务业增加值全省第 3 的总量规模极不相称。2018 年,无锡市规模以上服务业企业数 1 052 家,实现营业收入 922.69 亿元;杭州规模以上服务业企业数 3 724 家,实现营业收入 9 766 亿元。如从物流行业看,目前无锡大多数物流企业"小"(经营规模小)、"少"(市场份额少、服务功能少、高素质人才少)、"弱"(竞争力,融资能力弱)、"散"(货源不稳定且结构单一,缺乏网络或网络分散,经营秩序不规范)、"旧"(设施设备陈旧,机械化水平低),缺

乏功能齐全、竞争力强的物流骨干企业，特别是阿里、京东这类能够提供全国性或全球性物流网络服务的企业。

五、下阶段现代服务业发展思路

按照省委对无锡“在全省高质量发展中当标杆、做示范、做领跑者”的新要求，无锡现代服务业发展要紧跟当前现代科技与网络经济发展的新形势，积极落实中央、省、市重大决策部署和有关精神，打破服务业严峻发展形势的束缚，推动供给侧结构性改革，大力促进服务业创新发展、统筹发展、融合发展、集聚发展、品牌发展，推动现代服务业高质量发展。

（一）创新发展，打造高质量发展新引擎

围绕构建产业科技创新体系，营造激励服务业创新发展的宽松环境，促进技术工艺、产业业态、商业模式创新应用，提升服务业发展水平。一是改造提升传统服务业。通过推广应用新一代信息技术、人工智能技术，对传统服务业的管理、产品、业态和发展模式进行全方位改造提升。支持服务企业研发应用新工艺，提升设计水平，优化服务流程。鼓励挖掘、保护、发展传统技艺，利用新技术开发现代工艺，更好弘扬传统工艺。二是培育发展新产业新业态新模式。坚持包容创新、鼓励探索、积极培育的发展导向，聚焦潜在优势领域，在金融服务、信息服务、文创服务、商贸服务等领域，着力推广应用“人工智能＋”“互联网＋”等技术，加快培育发展新动能。同时，在数字经济、体验经济、平台经济、共享经济等方面，加快业态和模式创新，推动多种形式商业模式和产业形态创新应用，发展壮大现代服务业新业态。三是统筹推进服务业创新发展。以解决重点难点问题为导向，以推进体制机制和政策创新为重点，统筹推进各类服务业改革试点示范，加快创新成果复制推广。

（二）统筹发展，实现现代服务业新提升

整合各类要素，优化资源配置，坚持生产性服务业、生活性服务业同步

繁荣,传统服务业与现代服务业并进发展。一是加快推进重大项目建设。围绕完善产业链、形成产业集群,积极引进投入大、水平高、特色鲜明、带动能力强的服务业重大项目,加快打造一批现代服务业产业集群,有效引导带动民间投资,增强服务业发展后劲。二是加快引培服务业龙头企业。重点引进质量高、带动性强的大企业,积极引进跨国公司地区总部和功能性机构,鼓励外资企业设立研发中心,培育发展以"独角兽"企业为特色代表的龙头企业。推动优势服务企业跨地区、跨行业、跨所有制兼并重组,打造跨界融合的产业集团和产业联盟,培育若干有特点、有品牌、有影响力的服务业龙头企业和企业集团。三是完善政策支持。用好现代产业发展政策资金,突出扶持重点,引导资源要素向现代服务业聚集;积极争取国家、省服务业专项资金。围绕制约无锡市现代服务业发展的突出问题,积极调整完善政策措施,在财政扶持、融资支持、税费减负、人才引育以及用地、水电气价格等方面加大力度,细化完善具体实施办法,提升政策体系的导向性、针对性、实效性。

(三) 融合发展,增强现代服务业新动能

适应产业发展融合化和生活需求多样化趋势,按照产业链上下游各环节发展的内在关联要求,加快服务业与农业、服务业与制造业、服务业各领域之间的融合发展,打造一批以服务业为主的三产融合型企业,强化服务业对现代农业和先进制造业的全产业链支撑作用,形成交叉渗透、交互作用、跨界融合的产业生态系统。一是加快发展农村服务业。鼓励发展生产、生活、生态有机结合的功能复合型农业。支持发展农业生产托管、农业产业化联合体、农业创客空间、休闲农业和乡村旅游,积极探索农产品个性化定制服务、会展农业等新业态。二是推进服务业与制造业融合。促进有条件的制造企业由生产型向生产服务型转变、服务企业向制造环节延伸。充分利用制造业庞大的"市场需求",推进企业竞争焦点从"产品和技术"向"应用与服务"转变,发挥"无锡服务+无锡制造"组合效应。鼓励服务企业开展批量定制服务,推动生产制造环节组织调整和柔性化改造。三是鼓励服务业内

部相互融合。推动服务业内部细分行业生产要素优化配置和服务系统集成,创新服务供给,拓展增值空间。支持服务业多业态融合发展,促进设计、物流、旅游、养老等服务业跨界融合发展。

(四) 集聚发展,创造现代服务业新格局

依托现有各类集聚区、产业功能区,积极搭建各类服务平台,推动建成一批国家级、省级现代服务业集聚区,鼓励建设创新要素密集、创新业态集聚、产城高度融合的现代服务业集聚区。一是建设专业化服务平台。结合科研基地布局优化,在科研资源密集地区,大力发展自主研发、产品设计、创业孵化、评估咨询等科技服务。二是挖掘老城区服务业发展潜力。结合城市更新和棚户区改造,加强文化传承与保育,支持存量房产和土地发展现代服务业,实现老城区转型发展。三是促进服务业集聚区加快发展。坚持产城融合、特色发展,加快完善服务功能,推动集聚区从单一功能向混合功能转型,促进文创、休闲、商贸等生活性服务发展,增强金融、科技、物流、信息、会展等生产性服务功能。

(五) 品牌发展,探索现代服务业新路径

近年来,我国对品牌建设高度重视,出台了一系列重要政策,包括国务院批复自 2017 年起将每年的 5 月 10 日设立为“中国品牌日”等,标志着品牌建设已正式上升为新时期重要的国家战略。服务品牌建设是无锡市迈向服务大市和服务强市的重要支撑。培育一批能够展示无锡服务形象的品牌,发挥品牌对服务业转型升级的引领作用。一是鼓励企业加强品牌建设。引导企业增强品牌意识,健全品牌管理体系,提升品牌认可度和品牌价值,推动服务有形化和标准化,打造世界知名品牌。发挥行业协会、商会在品牌培育和保护方面的作用。二是鼓励品牌培育和运营专业服务机构发展。提升商标注册便利化水平,健全集体商标、证明商标注册管理制度。加强品牌宣传和展示,营造重视品牌、保护品牌的社会氛围。加大品牌、商标保护执法力度,依法打击侵权行为。三是打造城市品牌,促进服务业品牌和城市品

牌相互支撑和带动。服务经济时代无锡的城市品牌,重在打造宜居形象和文化品牌,以吸引更多的创新创意型人才,提升城市在全球及区域网络中的服务功能和价值地位。

作者:陈景芹、王烨蕾、蒋瑛

后　　记

2017年是无锡经济社会发展的一个重要里程碑，GDP首次跨越万亿元台阶，标志着无锡开始迈入高质量发展的新阶段。这是无锡多年来坚定不移推进产业转型升级、大力发展战略性新兴产业发展，尤其是2015年以来实施产业强市主导战略和创新驱动核心战略推动经济动能转换的结果。

2018年，无锡更是交出了一份高质量发展的靓丽成绩单，毋庸置疑，战略性新兴产业在其中扮演了重要角色。新产业的蓬勃生长正在改变无锡这块经济沃土的产业生态，正在重构无锡经济的产业链、价值链和创新链，正在为无锡经济高质量发展注入强劲持续的新要素和新动能。然而，对经济质态的评估仅仅依靠定性的判断是不够的，我们更需要分产业从多维度、多角度、多层次进行定量分析和比较研究。这样具有实证性的总结研究，可以使我们从纵向和横向的角度，动态评估分析无锡战略性新兴产业发展的轨迹、现状和趋势，把无锡新产业发展放到全国乃至世界的坐标系中定位，以不断矫正自己的发展方向和目标，更好地推进战略性新兴产业健康可持续发展。

正是基于这样的初衷，无锡市新产业研究会出于一种使命感和责任感，产生了编著《无锡市新产业发展报告》的设想。我们明知此事难度不小，因为目前新产业尚未纳入国民经济统计体系，产业的边界也缺乏权威的划分，要编著一本具有专业性、权威性、可参考性的蓝皮书报告无疑是一项极大的挑战。然而，没有开始就不会有结果。当我们认定这是一件有意义的事情，并且肯定对无锡新产业的发展具有积极的作用，我们毫不犹豫地选择了行动。值得庆幸的是，我们的设想和方案一经提出，就得到各方的肯定和支持。特别是作为全市产业经济的主管部门——无锡市工业和信息化局对此项工作提供了积极的支持和帮助,使本报告的编著得以顺利进行。市十二届政协主席贡培兴对整个书稿的策划编撰给予了关键性的指导。作为长三角地区最具影响力和权威性的智库——上海社会科学院经济研究所对本书的编著给予了宝贵的帮助。在长三角一体化发展的大背景下,无锡新产业的发展离不开与上海的跨界融合、引领带动。经济所沈开艳所长多年来对无锡新产业的发展给予诸多的关心和支持,对本报告的编著给予了极具专业性的指导,并欣然应允担任主编。与此同时,市发改委、统计局、科技局、财政局、市委党校和市贸促会也给予了大力支持和帮助,并直接参与了有关章节的撰写。此外,无锡市半导体行业协会、无锡市新能源商会、中国宜兴环保科技工业园也积极参与了此项工作。书稿总报告和分报告的执笔人为成稿付出了艰辛的努力。正是有了以上各部门和各单位的关心支持,才使本书得以呈献给关心无锡新产业发展的广大读者。对此,我们深表感谢。

本书分报告所选择的 8 个新产业,主要是根据近年无锡新产业发展的实际状况和无锡新产业的特色优势所确定的,与当年的规划并不完全一致。因为新产业的范畴也是与时俱进,随着科技革命和产业创新而不断演变的。由于新产业目前尚未纳入国民经济统计体系,相关产业的统计数据仍不尽完备,尽管相关部门和机构已经作了很大努力,但疏漏和差错在所难免,敬请读者谅解。相信随着统计手段的不断完善和本次编著打下的良好基础,今后的报告将更趋专业化和规范化。希望本书的出版能够为希望了解无锡新产业的发展现状的各地区、各部门和相关机构及企业提供有一定价值的参考,并对无锡新产业的健康发展起到积极的推动作用。

当前,无锡正向高质量、高水平的产业强市目标迈进,以新产业、新业态、新模式为主要内容的新动能正成为支撑和推动经济高质量持续发展的重要力量。战略性新兴产业代表着先进生产力的发展方向,代表着新经济时代引领产业升级的最强动能。在新一轮工业革命浪潮澎湃向前的激流中,无锡应当紧紧把握时代机遇,抓住集成电路、物联网、人工智能、生物医药、高端装备、数字经济、区块链等的最佳发展窗口,以当仁不让、奋勇争先、坚持不懈的决心、勇气和定力,为无锡战略性新兴产业的发展书写新的壮美篇章!

图书在版编目(CIP)数据

无锡市新产业发展报告. 2019 / 无锡市新产业研究会编. —上海：上海社会科学院出版社，2019
ISBN 978 - 7 - 5520 - 2954 - 3

Ⅰ. ①无… Ⅱ. ①无… Ⅲ. ①新兴产业—产业发展—研究报告—无锡— 2019 Ⅳ. ①F269. 275. 33

中国版本图书馆 CIP 数据核字(2019)第 248120 号

无锡市新产业发展报告(2019)

编　　著：无锡市新产业研究会
责任编辑：应韶荃
封面设计：璞茜设计
出版发行：上海社会科学院出版社
　　　　　上海顺昌路 622 号　邮编 200025
　　　　　电话总机 021 - 63315947　销售热线 021 - 53063735
　　　　　http：//www. sassp. cn　E-mail：sassp@sassp. cn
照　　排：南京前锦排版服务有限公司
印　　刷：江阴金马印刷有限公司
开　　本：710×1010 毫米　1/16 开
印　　张：21. 5
字　　数：301 千字
版　　次：2019 年 12 月第 1 版　　2019 年 12 月第 1 次印刷

ISBN 978 - 7 - 5520 - 2954 - 3/F · 590　　定价：108. 00 元